中國文字學

（修訂本）

陳夢家 著

中華書局

圖書在版編目(CIP)數據

中國文字學/陳夢家著. —修訂本. —北京:中華書局,2011.12
(2025.7 重印)
ISBN 978-7-101-08249-4

Ⅰ.中… Ⅱ.陳… Ⅲ.漢字–文字學 Ⅳ.H12

中國版本圖書館 CIP 數據核字(2011)第 205446 號

書　　　名　中國文字學(修訂本)
著　　　者　陳夢家
責任編輯　朱兆虎　俞國林
責任印製　陳麗娜
出版發行　中華書局
　　　　　　(北京市豐臺區太平橋西里 38 號　100073)
　　　　　　http://www.zhbc.com.cn
　　　　　　E-mail:zhbc@zhbc.com.cn
印　　　刷　三河市鑫金馬印裝有限公司
版　　　次　2011 年 12 月第 1 版
　　　　　　2025 年 7 月第 8 次印刷
規　　　格　開本/700×1000 毫米　1/16
　　　　　　印張 13　插頁 4　字數 222 千字
印　　　數　14501-15500 冊
國際書號　ISBN 978-7-101-08249-4
定　　　價　48.00 元

1947 年

與夫人趙蘿蕤於北京寓所

與于省吾（左）、商承祚（中）合影

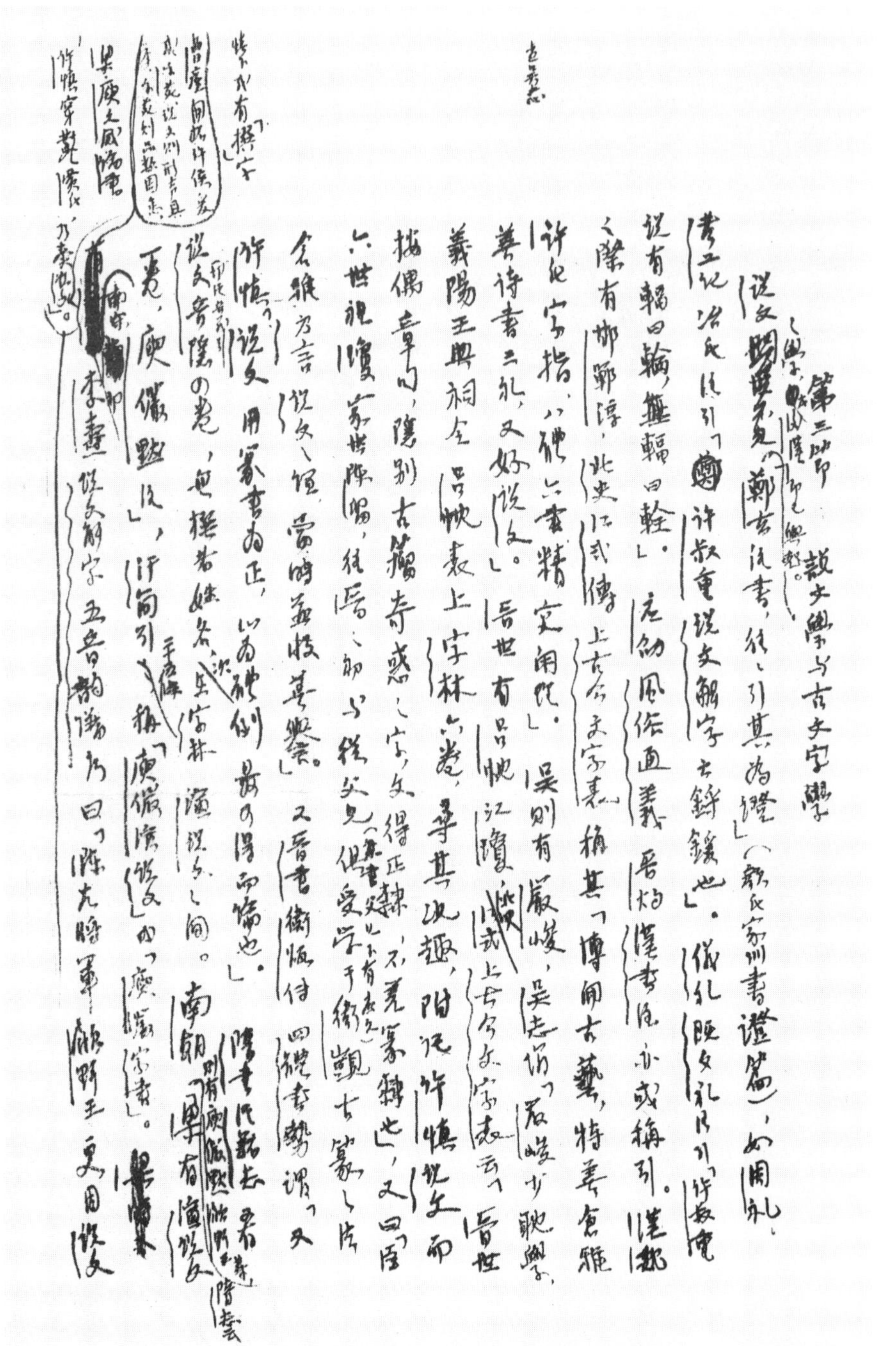

《中國文字學》重訂本書影

出版説明

陳夢家先生(1911—1966)是我國現代著名的詩人、古文字學家和考古學家,浙江上虞人。1932 年於中央大學畢業後,先後在青島大學、燕京大學、昆明西南聯大任教。1944—1947 年在美國芝加哥大學講授中國古文字學,並蒐集流散在歐美的商周青銅器資料。歸國後,擔任清華大學教授,1952 年調至中國科學院考古研究所任研究員。

本書根據陳先生在昆明西南聯大任教時的兩種文字學講義稿合編而成。一爲 1939 年夏編訂的文字學甲編,初寫定六章,1942 年 4 月續作第七章古文字材料,至第一節"甲骨文"即未完而輟。一爲 1943 年"重訂本",改題名中國文字學,可惜亦僅寫了兩章而已。

陳先生將古文字視爲中國文字學的主要研究對象,把古文字的發展分爲五期,系統考察文字的演變,推闡條例,富有創見地提出"新六書説"或"新三書説";指出傳統六書説只是某一時期文字結構的歸納,有許多不周密處;從時代、地域,書寫的方法、材料、工具、手續及書寫者身份等因素推尋字體演變之原因;並分論歷史上的字體,對王静安先生籀文是秦時文字,即周秦間西土文字,壁中古文是周秦間東土六國文字之説,多有辯駁;從而構建了作者自己的文字學體系。"重訂本"又將文字學研究範圍進一步擴大,遵守方法,歸納條例,目的是將文字學建立爲一種科學,可見陳先生文字學自身内部之發展脈絡。

由於本書是早年講義,有些看法在陳先生後來的著作中已作修正,如講義從董作賓先生之説,以爲卜辭是先書後刻,而在殷虚卜辭綜述中已經糾正董説。此在讀者慎擇焉。

本書手稿由中國社會科學院考古研究所提供,由國家圖書館劉波先生根據手稿整理，整理稿復經考古研究所王世民先生校閲，在此併致謝意。整理過程中，對於原稿上的眉批與旁注，用【　】標示，插在正文的相應位置。此次出版，我們在陳先生零散手稿中，檢得説文五百四十部首統系數紙，對説文部首以形義類歸，條理秩然，惟闕“死、亏、高、久、弟、儿、广、仄、夫”九部，爰爲整理，附録於後。另將陳先生夫人趙蘿蕤女士和中國社會科學院考古研究所周永珍女士的兩篇懷念文章作爲附録，略呈先生生平、治學途徑及學術成就，供讀者參考。

　　由於是對原稿進行整理，錯誤之處在所難免，敬乞讀者批評指正。

中華書局編輯部

2011 年 9 月

目　次

文字學甲編　一九三九年夏訂本

中國文字學　一九四三年重訂本

文字學甲編

一九三九年夏訂本

第一章　古文字學的形成

一、古代的小學與文字學

我們現在稱爲文字學的,古人叫它小學。"小學"對"大學"而言,是周人學校制度的一個名稱。小學的名稱,兩次見于西周的銅器銘文上,周初的大盂鼎和西周晚葉的師𡐫毁都有"小學"二個字。禮記追述古代的學制,如大戴的保傅篇説:"古者八歲而出就外舍,學小藝焉,履小節焉;束髮而就大學,學大藝焉,學大節焉。"小戴的内則篇説:"六年教之數與方名……九年教之數日;十年出就外傅,居宿于外,學書計。"漢書食貨志説:"八歲入小學,學六甲五方書計之事。"(亦見大戴禮保傅篇、白虎通辟雍篇。)説文叙説:"周禮八歲入小學,保氏教國子,先以六書。"大約古制八歲以後,入小學學"書"與"數",書、數是六藝之二,亦就是所謂小藝。

以小學來名字學,開始于漢世。班固藝文志叙史籀篇到杜林倉頡故,總稱它爲"小學十家四十五篇",孝平元始中以爰禮爲小學元士,而許慎説文叙亦有"小學不修"的話。【漢書杜鄴傳説:"故世言小學者由杜公。"師古注云:"小學謂文字之學也。"】從此以後,"小學"一名沿用及今。小學類,藝文志把它附于六藝略孝經之後,而入爾雅古今字等于孝經。隋志因之,而入爾雅方言釋名等于論語。舊唐書始以爾雅入小學。宋史小學類並收金石和藝術。明史分小學類爲小學、女學、書數三目。直到清代四庫全書總目小學類分訓詁之屬、字書之屬、韻書之屬,于是小學的類別才算粗定。

古代既以小學名文字學,我們爲什麽不照舊沿用呢? 第一,小學是學制的名稱,不合于稱某一種"學"。第二,古代小學小藝,兼書與數,而數不是文字學。第三,小學是學童初期入學識字之學,而文字學乃是研究古今文字之學。因此,小學只是歷史上一個名稱,它和我們所謂文字學,在内容和意義上並非完全同一。這一門學問爲什麽稱爲文字學,以下自然更要詳細説到。

二、秦漢的字書與説文解字

小學者，興于漢世而極盛于清代。漢當秦焚書之餘，惠帝"除挾書之律"，"廣開獻書之路"，武帝"建藏書之策，置寫書之官"，成帝使"陳農求遺書于天下"，詔劉向校經祕府，于是民間藏書漸出，又得孔氏壁中書，多有先秦的寫本舊籍。當時去古已遠，士子多不大諳習古文，爲讀古書不得不識古文，班固所謂"古文讀應爾雅故解古今語而可知也"。所以漢世字書，劃成兩期，前期繼承秦的字書，只是學童識字的字書；後期則爲通讀古文經的工具，變成了開啟六經的鑰匙。

前期自秦至前漢：秦字書倉頡、爰歷、博學三篇大半取諸史籀篇；漢興，閭里的書師合併三篇爲倉頡篇，武帝時司馬相如作凡將篇，元帝時史游作急就篇，成帝時李長作元尚篇，除凡將頗有新出的字，餘書所載都是倉頡中的正字。此期的字書，今存急就和倉頡的殘簡（見流沙墜簡）。諸書所記都不出名姓、器物、五官、日常用字，都是上所述"小學"的課程，乃學童誦讀的字書。諸書的體例，都是有定句，有定韻，沒有説解，所以便于誦讀。倉頡殘簡四字一句，數句一韻，沒有説解。急就前三言後七言一句，數句一韻，沒有説解。説文口部"嗙"字下引相如及文選蜀都賦劉注、藝文類聚四四所引凡將皆七字一句，是凡將七字一句。【蜀都賦注引凡將"黄潤纖美宜制禪"。】許慎説文叙及郭璞爾雅注所引史篇皆四字一句。以倉頡、急就兩書體例看來，史籀和凡將必也是有韻而沒有説解的。諸書都將同一事類的名物編爲一句，如倉頡"儵赤白黄"都是顏色，藝文類聚四四引凡將"鍾磬竽笙筑坎侯"都是樂器，急就"鼻口唇舌齗牙齒"都是身體部名。故急就説"羅列諸物名姓字，分別部居不雜廁"，此所謂部居乃事類的部居。

後期自前漢之末至後漢：當平帝元始五年（紀元五年），徵天下通小學者爰禮等百餘人，"令説文字未央廷中，以禮爲小學元士，黄門侍郎揚雄采以作訓纂篇，凡倉頡已下十四篇，凡五千三百四十字，群書所載，略存之矣"。説文叙。班固"復續揚雄作十三章，凡一百三章，無復字，六藝群書所載略備矣"。許沖獻其父慎説文解字的表説："慎博問通人，考之于逵，作説文解字，六藝群書之詁，皆訓其意。"凡此諸書，都于名姓器物五官日常用字以外，加以六藝群書所載的字，所以倉頡三篇三千三百餘字，訓纂五千三百餘字，班固所續六千一百餘字，説文九千三百餘字，其所增益的，一部分是六藝群書文字，一部分是漢世通用的文字。此時小學已由學童識字之學進而爲士子讀經之學了。小學如許慎所説,乃是"經藝之本"。所以兩漢的小學家如張敞、桑欽、杜林、衛宏、徐巡、賈逵、許慎都是古文學家,由此可見字學與經學的關係。因當時所傳經本多用古文,所以解經須求助于小學,而古文中的異字常常可供小學之資。同時因爲亡新以六體試史,古文、奇字爲六體之二,所以當時字書不得不采用古文、奇字。當時所見到的古文,大部是壁中書,而壁中書是六經,所以六經文字漸漸加入字書。

　　後期的字書與前期不同者:一是六藝文字的增入,不限于日常文字;二是滙聚許多人的説法和記認而編纂之,不成于一人之手。但是在體例上還是承襲前期的,直到許慎的説文解字才開一新面目。許氏的新體例是:一、每個字都有説解;二、每個字都有形體的分析;三、每個字都寫成小篆或古籀,古籀或小篆有異文的附之;四、以形體分爲五百四十部首,每個部首下所屬的字都是與部首同從的;五、有些字特別注出它的聲讀;六、全書的體例是一致一貫的。許氏的體例是集大成的而非皆是他所創的。字有説解,在先秦的書中已經有了,它們大約是名學發達以後的結果。分析字形,左傳中已經有了,宣十二年楚莊王説"夫文止戈爲武",又十五年伯宗説"故文反正爲乏",昭元年醫和説"於文皿蟲爲蠱"(亦見晉語),韓非子五蠧篇也説"倉頡之初作書也,自環者謂之私,背私謂之公"。分別部居,在前期字書已經有了。以事類爲部居,而凡同事類者往往同形類,如倉頡"黭黸黯黰"都從黑部,急就"鍛鑄鉛錫鐙錠鐎"都從金部;前期字書的部居可以同形類而不必皆同形類,故倉頡"游敖周章"和急就"門户井竈廥困京"事類同而形類皆異;許氏則凡同部首皆同形類。【説文于每一部首中,凡事類相近者例必聚于一處。】字附聲讀也不始于許氏,聲讀有古今之異和方域之異,經傳的注往往標出古今同字的異讀,方言則分別地域而舉同物的異名;許氏兼采之,他並且凡遇諧聲都舉明出來。以上所述,説文一書集合了字音字義字形而成,實在奠定了後世文字學的基礎。許書以後,再沒有一本字書有許書的周密完整,如後漢的賈魴撰滂喜與倉頡訓纂合爲三倉,皆用隷書寫,以後就沒有用篆籀的了;梁顧野王的玉篇大部分仿自説文,有説解而無字形的分析;魏張揖的廣雅承襲爾雅,只注意于義;漢以後的韻書,但顧到聲音,亦不講究字形。

　　説文解字是一部體例完備内容豐富的字書,是研究古今文字的中環。説文大部分是西周晚世春秋六國文字和秦漢文字的總纂,我們可以根據它上溯于周金商契,下而尋漢以後文字之流。説文是研究文字學最重要的書而不是唯一的書,因爲商周的文字還得求之于商周的器物上的銘文,而説文的古文不是最古的文。然而,幸而有説文,我們才能藉它認識金文甲骨文,幸而有説文保存了許多古讀古義，幸而有說文爲我們立了文字學的基礎。所以許慎實在是古今第一個文字學家，文字學的祖師。

三、文字學與古器物學

文字學的材料可以分兩大部：一部是見于古器物的銘文，一部是見于典籍的。後者又可分爲二，一種是字書，包括訓詁書和韻書，一種是普通書籍。秦漢以前，字書存見的少，而典籍上有用于文字學的不多，所以古器物銘文最爲重要。秦漢以後，字書和有用于文字學的典籍較多，所以石刻和器物銘文反立于輔助的地位。從漢隸以後，字形大致已經凝固，沒有像漢以前變化的劇烈，所以研究文字學的不得不以漢以前的一大段列爲最主要的對象。近來學者或稱研究漢以前的文字學爲古文字學，我們以爲文字學的主要研究對象就是它，所以也可以説文字學就是古文字學。

先秦的舊籍，經漢和其後歷代的傳寫，已漸失本形，況且由篆變隸，更大改舊觀。先秦書于竹木縑帛的簡策書卷，因爲不易久存，沒有多大希望再在地下發現。所以我們今日所見的先秦文字，都是留在甲骨、銅器、碑碣、貨幣、陶器、玉石、印璽、封泥上的文字，這些東西保存在地下二三千年之久，因爲質地堅實，不至腐敗。這些東西都是經過歷代逐漸發現的。

有銘器物的收藏和發現而見于記載的，最早在漢代。史記封禪書説：“少君見上（武帝），上有故銅器，問少君，少君曰：‘此器齊桓公十年陳于柏寢。’已而案其刻，果齊桓公器。”漢書郊祀志宣帝時得尸臣鼎于美陽，張敞能讀鼎上的銘文。後漢書竇憲傳和帝時得仲山甫鼎于匈奴。呂氏春秋節喪和安死兩篇述當時盜墓取寶的事，則古物的出土不始于漢。漢以後鐘鼎古物的出土，史不絕書，但往往視作祥瑞，因獲寶而改元。一直到宋，才開真正收藏古物的風氣，士大夫于玩好之暇，間亦考釋文字。所以我們説自宋迄今古器物學有三個時期：一爲趙宋，始有金石圖録考釋的專書，或圖器物的形象，或摹器物的欵識，或加考釋；當時金石並重，所以自宋至今相沿稱此學爲“金石學”。二爲清代，始有前代所未見的古物出現：如道光初四川發現封泥，同、光間山東也有出土；同、光間有銘文的古陶器在臨淄歷城和易州出土很多，光緒廿五年甲骨出土于安陽，廿六年斯坦因于新疆獲魏晉的木簡，三十二年到三十四年又在敦煌得兩漢的木簡、帛紙，又在敦煌石室得唐人手寫本經卷和尚書切韻等殘卷。除此之外，印璽發現較晚，咸、同以後始爲收藏家所注目；各種貨幣的出土，亦比前世爲多；鐘鼎如盂鼎、毛公鼎銘文有長四五百字的，都爲前世所不及。此百年之間，地不愛寶，高冢古墓所出的古物，真是難以計數。它的範圍，早已佚出了金和石，所以我們稱它爲“古器物”而不能單叫它“金石”了。【王國維説：“自宋人始爲金石之學……近二百年始益光大，于是三古遺物應世而出，金石之出于邱隴窟穴者既數十倍于往昔，此外如洹陰之甲骨，燕齊之陶器，西域之簡牘，巴蜀齊魯之封泥，皆出于近數十年間，而金石之名乃不足以該之矣。”（齊魯封泥集存序）】三爲近代，始作有系統的科學發掘。此以前，古器物出土不外自然的暴露、偶然的掘獲和古墓的盜發。所以出土地點，或者不詳，或祕而不宣，或傳誤，而出土情形和同時出土者的名稱數量和地位當然無從知悉。民國十七年，中央研究院開始在安陽小屯作系統的發掘，詳明土層方位，較準確的記載每一物出土的情形和它的環境，它的相伴出土的器物等等。因此我們在歷史上可查考的商都邑（安陽），親自發掘商代人所藏的甲骨，其上記載卜祀商先公先王的卜辭。在同一坑内，我們還可以檢獲商代人的用器、祭器，如陶器、銅器、車器、樂器和石玉蚌骨等物，殉葬的人骨和建築的遺址。于是，我們對于商的認識也擴大了，對于器物銘文的時代也可以逐漸加以斷定。

由上可知古器物由祥瑞而玩賞而入于學術的研究；由金石學而古器物學而入于考古學的範圍。文字學既不能離古器物學，所以古器物學的進步也促成文字學的進步。晚清的人，已經用金文來補正説文，現在我們用六國器物銘文、兩周金文和商甲骨文來研究文字的起源、衍變和它的性質。我們得以如此研究者，完全受賜于清世有前代所未見的古物出現和近代的科學發掘。所以文字學到今日大大的改觀，決不是偶然的。

四、歷代文字學的簡史

“小學”是學童識字的初步，所以字書除秦漢以外，先秦列國一定也有的。史籀篇是周秦的字書。晉汲郡魏冢所出竹簡有“名三篇”，據晉書束皙傳説它“似禮記又似爾雅”，大約是魏的字書。爾雅解釋詩書而多束土的方言，疑是晚周時齊魯人的字書。論語和孟子已經應用文字的形和音來解説字義：如論語顏淵“政者正也”，孟子盡心“征之言正也”，又滕文公“庠者養也，序（古作廧）者射也，校者教也”，都是以文與字相訓；孟子梁惠王“畜君者好君也”，易説卦“乾，健也；坤，順也”，都是以聲爲訓。前舉左傳三條，則當時人亦曾分析字形，以爲辯説的論證。晚周的書如荀子、韓非子、吕氏春秋已有倉頡造字的傳説，易繫辭有文字起源之説，而周禮保氏已有六書的名目。漢人解説六書，以許慎之説最後出而最完備。後漢的小學以通讀經書爲目的，才由識字之學進到解説文字。秦以後，文字的研究每與古器物的出現相爲消長，我們分爲四期來説。

第一期漢。先秦古文經和鐘鼎的出現，所以文字學才發達；兩漢古文家兼爲小學家，已見上述，而説文叙説"郡國亦往往于山川得鼎彝，其銘即前代之古文，皆自相似"，是許氏即或未見原銘，亦知道有金文的存在。

第二期宋。北宋晚期古物的出土最盛，而先秦的石刻如石鼓于唐初發現，宋時發現了詛楚文，于是當時因對于金石的蒐集玩好而漸漸想了解它，不得不先識古字，徐鉉、徐鍇兄弟的研究説文，正應運而生，鄭樵和徐鍇各皆對六書條例加以説明。

第三期清。內府既收藏許多古物，而私家的收藏亦有很富的，所以公私印行金石的書比宋代更多了。其時，研究説文的風氣也極盛，説文家亦漸漸引用金文了，如段玉裁説三代彝器銘文"可以通六書之條理"，嚴可均説文翼欲取金文補説文，王筠説文釋例常常引用金文，而莊述祖説文古籀疏證想用金文構成古文字的系統，以校訂説文小篆的錯誤。但當時對金文的研究，還沒有十分成熟，一直到吳大澂説文古籀補出來，才算是古文字研究第一次的成就。

第四期近代。民國以後照相影印術的發達和科學發掘的興起，使研究古文字者大得便利。同時，古文字已漸漸分立爲數系，如鐘鼎、甲骨、陶器、印璽在吳大澂的書裏是同等並立的，現在各自分家了。清末以來，孫詒讓對古文字始作字形的有系統的分析，王國維則用古文字和古史互相印證；容庚繼承吳氏作金文編，唐蘭繼承孫詒讓對于古文字的認識更其超越前代。北大朱宗萊的文字學（民國十年以前，鉛印）雖是一本簡明扼要的講義，但它只是傳統的文字學，仍以説文爲主。朱氏以後，開始引用新材料放到文字學內的，是容庚的中國文字學（民國廿一年，石印），他的叙述字體是將古器物銘文收容于內的，又于述説文五百四十部首時引證甲金文字。次之，是唐蘭的古文字學導論（民國廿四年，石印），想要把文字的起源、結構，和研究古文字的方法條例完全闡發出來。這兩本書，前者偏重于歷史的陳述，所以是穩健的；後者志在條例的創立，所以是激進的。

我們看漢代的"小學"，宋、清的"説文學"，近代的"文字學"，它們的內容不盡相同，而是相生的。就是文字學脱胎于説文，説文脱胎于小學。從此可知直到近代，才有真正的文字學；而中國文字學的研究，正在開始。

五、文字學的内容和分期

由小學而説文學而文字學,它的内容已經變了。説文包括字形、字音、字義,後世偏于字義的承爾雅而爲廣雅、小爾雅等;偏于字音的就是切韻、廣韻等韻書;偏于字形的承説文而爲字林、玉篇等。清世聲韻學和訓詁學特别發達,漸由附庸變爲大國。所以留下來以字形爲主以音義爲輔的,是狹義的文字學。我們認爲,文字學的内容不止于音形義,研究字與字之間的關係的是文法學,它也當在文字學範圍以内。所以字形、字音、字義、字法四者是文字學的内容。現在聲韻學、訓詁學、文法學既各已獨立成一科學,我們的文字學除開有關于音義法的聯帶叙述外,不再詳述。

就以字形爲文字學研究的對象,已經是非常浩繁。中國文字將近有三千五百年的歷史,從古到今,變易不已。但是漢代可算文字變遷的分界,漢以前是劇變的時期,漢以來地平水淺,其勢已緩。我們現在所研究的是前一段。後一段字形只是風格的變易,而没有根本的大變了。現在依時期和器物分古文字爲五系:

一、殷商文系　紀元前十三世紀——前十一世紀

　　甲、商甲骨文

　　乙、商金器文

二、兩周文系　紀元前十一世紀——前五世紀

　　甲、西周金器文　紀元前十一世紀——前八世紀

　　乙、東周金器文　紀元前八世紀——前五世紀(止于春秋末)

三、六國文系　紀元前五世紀——前三世紀(即戰國)

　　甲、六國金文(甲)

　　乙、六國金文(乙)

　　丙、六國金幣文

　　丁、六國陶器文

　　戊、六國印璽文

　　己、六國竹帛文

四、秦文系　紀元前三世紀(及未併六國以前)

　　甲、秦金器文(甲)

　　乙、秦金器文（乙）

　　丙、秦玉石文

　　丁、秦印璽文

　　戊、秦竹帛文

五、漢文系　紀元前二世紀——紀元後二世紀

　　甲、漢金器文（乙）

　　乙、漢玉石文

　　丙、漢印璽文　　附封泥

　　丁、漢磚瓦文

　　戊、漢竹帛文

　　己、漢漆器文

這一千五百年的文字，是文字學主要的對象。

第二章　文字的開始及其基本類型

一、文字的開始和創造者

究竟中國文字起于什麼時候？中國文字是誰創造的？關于前者，有人甚至于"假定中國的象形文字至少已有一萬年以上的歷史"。但是仰韶、辛店時代紀元前二六〇〇——前二三〇〇的陶片上只有圖畫而沒有文字，文字雖然出于圖畫，而文字不就是圖畫，所以我認爲四千五百年以前還沒有"有意的文字"，至少我們還沒有發現。盤庚遷殷大約在紀元前一三〇〇左右，甲骨文是盤庚以後的商文字，所以我們敢以説，紀元前十三世紀前後確已有文字了。現在看到的甲骨文字，前後不過二世紀半，在武丁時爲象形字的，以後變爲形聲，我們可以看出不到三百年間文字變遷的速度。早期的甲骨文象形的多，可以推想它離原始文字還不很遠。湯的入主中原大約在紀元前一六〇〇左右，在他以前商民族散處于山東半島。中央研究院在山東城子崖的發掘只得有類乎殷虚的甲骨，有鑿灼而不刻字，除非將來發現更早的文字，似乎成湯以前還沒有文字。假定湯時已有文字，一定是近于圖畫的，自湯至盤庚三百年，因爲人事不像盤庚以後的繁，文字的需用較少，文字變遷的速度自然要遲緩一些，所以到了盤庚時，文字還是近于原始的圖形文字。從以上所述的推斷，我以爲文字興于成湯之時，約當去今三千五百年，最早不得過于四千年以上。【域外的各族文字，只消五百年可以轉易得非常屬害，因爲一種制度剛起時，它的變化異常大。因此文字之興設若在去今四千年，則至湯時已近五百年了。】

因此，我甚至于疑心文字是商民族特有的文化。晚周的傳説都以倉頡爲造字的人，然文字必不造于一人，這種説法必不能信以爲真。但何以傳倉頡爲造字的人呢？鄭語是戰國人所寫的，它有"商契能合五教"一句，商是國號，契是王名，"商契"猶"夏禹""周稷"的複合，都是戰國時才有的。商契就是倉頡：爾雅釋鳥"倉庚商庚"，夏小正"倉庚者商庚也"，可證"倉""商"聲同相假，而古音

“頡”和“契”又非常相近。爲什麽説商契造字呢？一、因爲字是商人所造，而契是商的古王，傳説上是賢明的。二、因爲契和“書契”的契古本一個字，最早的字是契刻于甲骨的。戰國時流行創制之説，世本作篇、呂氏勿躬、荀子解蔽和海内經都有所述。大約帝王的名字與創制有關，譬如后稷是始種植的人，因爲稷是禾名；又如夔是始作樂的，因爲甲金的夔字正象一個人持尾而舞。後世的河圖玉版説：“倉頡爲帝南巡，登陽虚之山，臨于玄扈洛汭之水，靈龜負書，丹甲青文以授之。”（水經洛水注引）這種傳説是無稽的，但此受龜書的上洛正是契的封地，而倉頡受丹甲青文的龜書正是商人卜用記辭的龜甲。所以這種傅會不是毫無緣由的，它幫助我們解説龜甲上的文字是最早的文字，發明文字的地方是契的封地，發明文字的人是倉頡實在就是契。但是我們對于歷史的事實只承認：最早的文字是商人契于龜甲的卜辭。

二、文字的起源

文字的起源之説，最早見于易傳，大約是晚周甚或秦漢之際的傳説。繫辭下説：

> 古者庖犧氏之王天下也，仰則觀象于天，俯則觀法于地，觀鳥獸之文，與地之宜，近取諸身，遠取諸物，于是始作八卦。……上古結繩而治，後世聖人易之以書契，百官以治，萬民以察，蓋取諸夬。

繫辭本意，八卦不是文字，八卦是庖犧所創；文字源于結繩，上古的人結繩，後世的聖人改用書契。許慎的説文叙十之九采用繫辭，説：

> 古者庖犧氏之王天下也，仰則觀象于天，俯則觀法于地，視鳥獸之文，與地之宜，近取諸身，遠取諸物，于是始作易八卦，以垂憲象。及神農氏，結繩爲治而統其事，庶業其繁，飾僞萌生。黄帝之史倉頡，見鳥獸蹏迒之跡，知分理之可相别異也，初造書契，百工以乂，萬品以察，蓋取諸夬。

許氏把繫辭改了：繫辭没有把八卦當作文字的來源，繫辭没有説誰創結繩，誰創書契。這一改動，有兩個重要的意義：一是説文字發生的次序，先有庖犧發明八卦，次有神農發明結繩，次有倉頡發明書契，庖犧、神農、倉頡三個聖人是先後相次的,而八卦、結繩、文字三件事是先後相承的。二是説文字是由簡單的八卦而結繩,再變到複雜的書契,因爲庶業其繁,所以文字由簡而繁。這兩個觀念再加上一切事物制度皆有其創制的人,是當時學者對于古代社會制度的一種懸測和解説。他們對于古制有探求究竟的熱誠,所以對每一事物制度都想求出最早發明的人物;他們對于古史似有進化的唯物的觀法,所以以爲一切制度都是由簡趨繁的(繫辭下"古者"一節就是説明此理)。所不幸者,許氏引用了這種説法而加以系統的改造,漢以來的文字學者竟然即以爲它是歷史的事實,直到今日尚遺留其害,我們對此不得不徹底加以辯駁。

第一,八卦結繩是不是和書契同具文字的作用? 是否可以在書契以前代替文字? 它的發生的時代和地域是否與書契有銜接的可能? 八卦者用--和—來象徵兩種相反的對立的符號(它象徵陰和陽、消和長、弱和强等等)。疊三爻而爲八卦,疊六爻而爲六十四卦,象徵世間諸事諸物。所以同是一個乾卦☰,可以象徵天、圜、君、父、玉、金、寒、冰、大赤、良馬、老馬、瘠馬、駁馬、木果等等。但是在文字上馬和金是絶然兩個形、兩個音、兩個義。所以八卦和文字性質各異。在商卜辭中從無八卦的蹤跡,八卦是蓍法,興于殷周之際,它是西土的周人所用的。所以在時間和地域上它都接不上東土商人的文字。結繩不過是一種數目的符號,等于計算的籌碼,我們不能説籌碼是文字。同是一個結,可以表示生了一個小孩,也可以表示死了一條母牛;但是在文字上,畫一個女人腹下一個倒形的子,子上有血,就是甲骨文的毓(育)字。結繩的風氣盛于西土,如今的藏族、苗族和山西販夫有之。文心雕龍書紀篇説:"契者結也,上古純質,結繩執契,今羌胡徵數,負版記緡,其遺風歟?"朱子也説:"結繩今溪洞諸蠻猶有此俗;又有刻板者,凡年月日時以至人馬糧草之數皆刻板爲記,都不相亂。"(圖書集成引。)文字創于商族,結繩只是西方未開化民族的籌碼制度。

第二,文字是不是由簡趨繁? 象形文字以前是不是有簡略的表意的符號文字? 我們看無論哪一國的文字,即使是拼音文字,它們的字母無不從象形字變來的。商周文字到近代文字,其演變不外循着兩個規則:一是字體的趨簡,一是字數的增多。字體的趨簡是一個大略的主勢(詳下三章一節),自然免不了例外:從象形字變到形聲字,有時先加形符加聲符然後脱去原來的象形,所以在演進中似乎是增繁的,其結果是簡的,這是一個例外。"籀文好重疊",是官書所以保守較繁複的古式,這也是一個例外。比較原始的文字(象形字或聲假字)常常爲求意義的確定而加形符,如菁字變成遘,這種是字數的增加,因爲菁遘並存,而且組成這新字的分子也因時而趨簡,這是第三個例外。字形的趨簡,字數的增多,基于兩個原因:一是人事的日繁,一是書寫工具的進步(此點詳下)。從上看來,文字是由繁趨簡,至少由漢族文字的進化史看來,象形文字以前沒有表意的符號文字。

文字既不起于八卦結繩,而實起源于圖畫。許慎在述八卦結繩後,説:"倉頡見鳥獸蹏迒之跡,知分理之可相別異也,初造書契。"又説:"倉頡之初作書,蓋依類象形,故謂之文。"是倉頡取象于萬物的本形而圖畫其文,所以文字起于圖畫。所謂依類象形,就是"仰則觀象于天,俯則觀法于地,視鳥獸之文,與地之宜,近取諸身,遠取諸物"。繫辭和許慎用來説明八卦之所以作成者實在就是説明文字之所以作成者,因爲許氏以八卦爲初起的文字。文字取象于天、地、人、物、鳥獸、樹木(地之宜就是周禮大司徒"各以其野之所宜木"的宜),所以文字乃是天地萬物各別的圖畫;萬物各異其類其形,所以造字必得"依類象形"。萬物各別的圖象,就是象形文字。所以許慎説象形字是"畫成其物,隨體詰詘"的。文字起于畫,許慎已經一半説了。唐張彥遠的名畫記引"顏光禄云圖載之意有三:一曰圖理,卦象是也;二曰圖識,文字是也;三曰圖形,繪畫是也",也把文字認爲圖畫的一種。到孫詒讓直截了當的説"蓋書契權輿本于圖象"(名原),文字與圖象同出一源,所以傳説上造書與造圖同屬一人。呂氏勿躬説"史皇作圖",高注云"史皇即倉頡",淮南子修務説"史皇產而能書"。

在我們的版圖以內,非漢族的原始文字,直到現在還保存非常接近圖畫的象形文字。雲南省永甯麗江維西的摩些人的文字,雖然也附有音符,但大部是一幅一幅連環的小型圖片,一句話就像一張畫。紀元前十三世紀的甲骨文,已經有了假借的應用,是很成熟的文字了。在初期的銅器銘文上(商和周初的都有),有時刻着幾個非常近于圖畫的字,如殷文存、續殷文存和金文編附録上所見的都是。有些人以爲這類字早于甲骨文,這是錯誤的。這些都是氏族的名徽,較常用字更富于保守性。但是這一類氏族的名徽確是與文字的發生有關。圖畫與文字同源而不是一件事,下節就要説到。用圖畫來發揮文字的功用,起于二件事:一是以畫記名,一是以畫記史。以畫記名者,古人往往在用器、祭器和明器上繪下作器者的族名,以表示器物的主權所屬,祭統所謂"夫鼎有銘,銘者自名也",銘的初義就是名字。最初只有族名或官名,後來漸漸在祭器上銘以被祭祖先或其氏族的名號,以及祭者或作器者的名號。後來又漸漸加上作器的緣故、作器的年月日。後來就變成了兩周的銅器銘文,由簡單記名發展爲"文章"了。以畫記史與瞽者的誦詩傳史同是文字未有以前的"史"。呂氏論大篇引商書説"五世之廟,可以觀怪",天問序説屈原"見楚賢王廟及公卿祠堂圖畫天地神靈古聖賢怪物行事"。五世之廟中可觀之怪,即此古圖畫了。天問是楚廟壁畫的説明,先有畫而後有文;今本山海經文本來是附圖的,也許圖先于文。這兩種現在只有文而圖失。漢人的墓室石上往往刻古今事跡的畫,還是廟堂繪畫的遺風。所以,古代的圖畫,後代也用"文章"來代替了。以畫記名記史,漸漸發展到"以文記事",商卜辭就是"以文記事"。

　　所以我們説,"以畫記名"是早于"以文記事";但是我們現在所看到的商周銅器上的"族銘",是一種古代"以畫記名"的遺留,它的法制是古的,但是它自己的年代不能早于甲骨文。這種"族銘"在西周的前期還是繼續存在,有許多明確的證據。

三、文字與圖畫

　　文字與圖畫是同源的,但文字不就是圖畫。史前的人類,利用自然石爲工具武器,我們常常在史前的遺址洞窟内,發現一個摩光而用過的石斧。它和一般的自然石非常接近,所微異者是它稍加人工的修摩,而曾經爲人當作工具或武器的。因此,我們不能隨意俯拾一切自然石,而指定它是石器時代的工具武器。文字與畫的關係,也是如此。中國史前的陶器上,有許多幾何圖案的花紋,有些陶器是有彩色的;這些幾何式的花紋,原先就是自然物的寫象,我們由商周的銅器花紋可以看出來。安特生甘肅考古記把墓葬中的骨板而刻劃作齒形狀的綫條者疑爲一種原始的文字,【甘肅考古記原文頁十四:"在西甯縣朱家塞遺址中之殉葬物,有數長方形之骨板,其上刻有條紋。余疑此或即一種原始之文字,或記載一種與死者有關之抽象意義。"】這一定受了象形文字以前先有指事的暗示。【甘肅陶器與中原所見異,其形制恐非一源。】唐蘭卻把安氏所搜集的辛店期陶甕上雜置在圖案花紋中間的人物鳥獸等畫文,確認爲最初的文字。唐氏這種鋭敏可貴的立説,卻是受了另一種暗示,就是這些畫文和甲骨文、金文的圖形文字非常近似。

　　我們若承認唐氏此説,就得把中國有文字的時期提到去今四千五百年左右,約當夏代的時候。反之,我們若可以否認他,就足以證實就目下可見的古遺物中,去今四千五百年還沒有"有意的文字"。辛店期陶甕上的畫文,我以爲有兩種可能,都不能算作"有意的文字"。第一,它也許是"族銘"。古人多用鳥獸器物作族名。這種夾雜在圖案花紋中的"族銘"後來與圖案混合爲一整體的花紋。起初僅爲某一族器物的花紋,用來裝飾並區別其族類的,古器的花紋作用在此。後來爲別族所采用，成爲通用的花紋，此時花紋只用作裝飾，族名另用文字標出。第二，它也許簡直就是花紋的一部分。花紋本係實物的寫象，漸漸幾何化、圖案化，爲了使花紋生動起見，在圖案當中重新插入實物的寫象。如此我們在商周的銅器花紋中，得見圖案的中間另繪牛首、蛇、龍、蟬、龜、魚、漩渦形等等實物的圖畫。它們強調的繪于一顯著的地位上，比圖案花紋來得接近于實象，有時是立體或半立體的（而圖案永遠是平面的），有時就是器物的耳、柱和其他器物的附件。戰國晉的銅器，往往附以立體鳥獸爲裝飾，也是一種復古的時尚。

對于辛店期陶器上的畫文，我們或以爲它就是花紋，最多不過是"以畫記名"的族銘。族銘只是一種徽幟，而"以文記事"的"文"至少除"名"以外有表示"形容"和"動作"的功用。準此而論，辛店期畫文不能算作"有意的文字"，正如我們在古遺址中所得的自然石，不一定皆是石斧。但是上節已說過，以畫記名記史是用圖畫來發揮文字的功用，我們認爲它還是圖畫，而且是文字所發源的一種圖畫。

在此說一說文字與圖畫同而不同的地方：一、圖畫是物體的寫象，它的目的在擬像，比較的求作成物體的正確的寫照。文字也是物體的寫象，它的目的在傳意，所以只要達到"視而可識，察而見意"的地步，不必個個字是"畫成其物，隨體詰詘"。二、因此圖畫是客觀的、具體的、寫實的，文字可以是主觀的、抽象的、寫意的（此皆就與圖畫比較的而言）。【鄭樵六書證篇象形第一條："書與象同出，畫取形，書取象；畫取多，書取少。……書窮能變，故畫雖取多而得算常少，書雖取少而得算常多。"】三、圖畫的篇幅是不受限制的，文字卻有約束成一表現一事一物爲單位的趨向。四、圖畫經約束成一表現一事一物的單位，它由個體變爲共相了。我們畫一個人形的"人"字，所畫的是甲，甲的"人"乙的"人"，約束成一個共同的象形的"人"字，象人之形。所以凡稱"人"，不管他是甲乙，同用這個"人"字。圖畫則不然，甲是甲，乙是乙。文字近于小孩的圖畫，他們畫男人女人大人小人都是一個人形。五、文字不必太具體太像，它可以加以人意。文字與語言皆是社會性的，它一被社會所公認，約定俗成，個人只有服從它而應用它。下面論"文"一節，從許多實例上可以更清楚的分別圖畫與文字。【名原："蓋書契權輿，本于圖象，其初制必如今所傳巴比倫、埃及古刻文，畫成其物，全如作繢，此原始象形字也。其形奇詭，不便書寫，又不能斠若畫一，于是省易之，或改文就質，微具匡郭，或刪繁成簡，斠粗大意，或舉偏賅全，略規一體，此省變象形字也。最後整齊之以就篆引之體，而後文字之與繢畫其界乃截然別異。"】

揚雄在法言的問神篇説"言,心聲也;文,心畫也",文字乃是"心"的畫。文字與圖畫隔着這個"心"字。也因爲文字是"心"的畫,所以它能脱胎于畫而成爲傳達思想情感最便利的工具。

四、圖畫語言與文字

最早的文字是物體的圖畫,所以是"象形"的。説文叙説"視鳥獸之文","依類象形,故謂之文",又説"文者物象之本"(從段注依左傳宣十五年正義補),所以象形文字就是"文"。説文"文,錯畫也","文"實即是"畫"。甲骨文的"虎"字畫成 ,象虎之形,它就是虎的畫圖。所以"文"是物體的圖畫。

人看見虎,將其形象圖畫下來而用作文字,這就是"文"。但在有"虎"這個文字以前,已經有虎的存在。在没有文字之先,人看見虎而叫它 Xuo,它就是虎的名字。莊子逍遥游"名者實之賓也",公孫龍子名實論"夫名,實謂也"舊注説"夫名所以命實也",説文説"名,自命也"。其實"名"是人對于萬物個别的稱謂,如稱虎爲 Xuo。所以"名"是物體的稱謂。

語言也許先文字而存在,故在没有"虎"這個文以前,已有 Xuo 這個名。既有"虎"這個文,同時便讀這個"虎"爲 Xuo,就是用"虎"的"名"稱虎的"文"。"文"與"名"本不是一的,它們是物體的兩面,文是此物體的圖畫,名是此物體的稱謂或命名。後來,或借用"名"來代"文":儀禮聘禮説"百名以上書于策"注"名,書文也,今謂之字",釋文"名謂文字也";論語子路"必也正名乎"皇疏引鄭注"正名謂正書字也,古者曰名,今世曰字";周禮外史"掌達書名于四方"注"古曰名,今曰字,使四方知書之文字得能讀之";又大行人"九歲屬瞽史諭書名"注"書名,書之字也,古曰名"。名者,名字。名與字,文與字都是古今字。文與名相混,故文或曰字,管子君臣篇"書同名",中庸"書同文",秦始皇瑯玡臺刻石"書同文字",所以名就是文,就是文字,而"文字"之稱始于秦始皇,先秦但稱文或名。名就是言。就物而言謂之"名",就其所以名之者曰"言"。古言音一字,所以言也就是音。

大約較古時文字稱爲"文",如左傳和國語;較晚稱爲"名",如儀禮和周禮;秦和秦以後稱爲"文字"或"字"。許慎對于"字"有一新説,他説:"倉頡之初作書,蓋依類象形,故謂之文,其後形聲相益,故謂之字,字者,言孳乳而浸多也。"許慎以象形字爲文,"形""聲"相益的字叫做字。

以下凡用"文""名""字"的名稱,都各依照它原來的意義,就是:凡畫成物體的形象者曰文，凡稱謂物體的名字者曰名，凡形聲相益的文字曰字。【段玉裁周禮漢讀考序(經韻樓集第二卷)：“點畫謂之文，文滋謂之字，音讀謂之名，名之分別部居謂之聲類。”】但爲不背傳統稱名起見，凡字體仍稱爲文或書，如甲骨文、篆文、篆書等；凡六書皆稱爲字，如象形字、形聲字。其他普通的稱謂，用“文字”或“字”，如說“秦始皇同一文字”“倉頡造字”等。

五、文字的基本類型

由文字的進化史看來，“文”“名”“字”代表三個階級。【形體的變化，聲音的假借，意義的引申。】文字最初是象形的“文”，如“其”字甲骨文作𝕎，象箕形。箕的名字叫 Kji，所以 Kji 是𝕎的名。𝕎後來加六（就是六）聲作𝕐（有時假六作其），金文有一字作𥫶，就是箕的形聲字（從竹六聲），【汗簡引尚書作𥫶。】其和𥫶是“字”。𝕎、Kji、𥫶，是“其”字的三個階級：文→名→字。

萬物各異其類，各異其形，所以依類象形的文是物各相異的。但是萬物的“文”雖各異而“名”可以相同，即是在圖畫上“旗”和“麒”是兩個絕不相同之物，在說話的聲音中，“旗”“麒”同是 Kji，並且與“箕”也同名。當沒有造成“旗”和“麒”兩個字以前，因爲它們和“箕”同名，所以先就借用“其”的聲音（也即是名）來名“旗”或“麒”。“其”本是“箕”的文和名，因“其”與“旗”“麒”同名，所以借用“其”作“旗”“麒”。這種就是假借字之一，我們如今稱它爲聲假字。卜辭的“羽日”就是“昱日”，說文“昱，明日也”，爾雅釋言和廣韻作翌。卜辭還沒有“翌”或“昱”兩個字以前，因爲“羽”和“昱”同名，所以借用羽翼的“羽”這個名來名“明日”的“昱”。所以“羽”“昱”是“名”“字”而沒有文。有許多字是無法有“文”的。如像代名詞的“我”，語詞的“其”，無法象形，只能借用武器名“我”名“你我”，只能借用“箕”名“其他”。

同一個“其”，可以借用作旗、麒、祺、供、期、基許多字，這許多字都同借用“其”字的名。爲了易于分別起見，不得不加扩、鹿、示、人、月、土等形符作偏旁，這就是“形聲字”，就是“字”。

有些字，本來是象形字，如“日”“月”，一直是“文”。有些字，本來是聲假字，如“我”“其”，一直是“名”。有些字，本來是聲假字，如“其”（假作期）、“羽”（假作翌），後來變成“期”（從月其聲）“昱”（從日立聲）；或本來是象形的文，如甲骨文的鳳和風作鳳，後來變成“風”（從虫凡聲）：這種都是“形”“聲”相益的“字”。因此，文、名、字不但代表文字進化的三個階級，並且代表文字三個基本

類型。第一類型“文”,象形字屬之;第二類型“名”,聲假字屬之;第三類型
“字”,形聲字及其他形聲相益的字屬之。我們今以象形字、聲假字、形聲字做
代表。

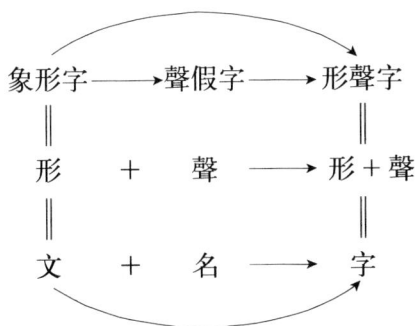

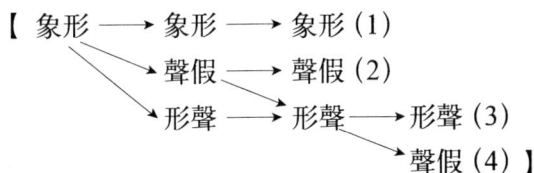

象形字 ⟶ 聲假字 ⟶ 形聲字

‖　　　　　　　‖

形　＋　聲　⟶　形＋聲

‖　　　　　　　‖

文　＋　名　⟶　字

【象形 ⟶ 象形 ⟶ 象形 (1)

聲假 ⟶ 聲假 (2)

形聲 ⟶ 形聲 ⟶ 形聲 (3)

聲假 (4)】

這三類字,是三個型式。每一個字,無論它屬于哪一個型式,必具有三個表
德,一是形,一是聲,一是義。每一個字,必具此三表德而不同型式者,就在每一
個字雖各具此三表德,而此三表德之間的關係,各因其構成的型式不同而異。

第一類型　象形字

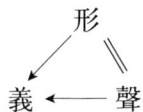

形

‖

義 ⟵ 聲

【(Ⅰ)表形字

(1)全表形字

(2)半表形字】

第二類型　聲假字

【(Ⅰ)表形字

$$形$$

$$義 \xcancel{\nwarrow} \quad 聲$$

（Ⅱ）表音字

　　（1）全表音字

　　（2）半表音字】

第三類型　形聲字

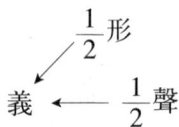

$$\frac{1}{2}形$$

$$義 \longleftarrow \frac{1}{2}聲$$

1/2 形 + 1/2 聲 = 義

　　第一類型如“虎”字，“虎”象虎形，“虎”讀 Xuo，即虎的名字，“虎”字的義即一大口豐尾的老虎。所以文、名、義三者皆同一，一看到象形的虎字，立刻可以知道它的形、它的讀音和它的意義。第二類型如“我”字，今用作第一人稱代名詞，“我”字本象一武器之形，本沒有“自己”的意思，惟古音武器的“我”和自稱的“我”同爲 ngâ 聲，所以借用武器的“我”以稱人稱的我。凡人看到“我”這個字形，而讀成 ngâ 聲，這個 ngâ 聲與人稱的“我”同名，因此知道這個“我”字的意義爲“自己”。所以一個聲假字是從字形而得其字聲，由字聲比較與它同音的“語”而得此同音語的義，其經過是：

我（武器之象形）　　　　　　　　　　形

↓　　　　　　　　　　　　　　　　　↓

ngâ（武器“我”之聲）　　　　　　　　聲一

||　　　　　　　　　　　　　　　　　||

ngâ（語言中第一人稱之聲）　　　　　　聲二

↓　　　　　　　　　　　　　　　　　↓

我（假作自己之義）　　　　　　　　　義

第三類型如“麒”字，這個字由一半形符一半聲符相合而成的。一半形符“鹿”表明麒是鹿類，一半聲符“其”表明麒是一種名叫 Kji 的鹿。所以由一半形符

"鹿"而得其義的大類,由另一半聲符"其"而得其義的小類。

　　"形""聲""義"三表德的關係,亦相等于"文""名""義"三者的關係,相當于"外物""口耳""心官"三者的關係,亦相當于"文字""語言""意義"三者的關係。文者,目所見表述物的形象的文字;名者,耳所聞(或口所説)表述物的名字的語言;意者,心官因目見物的形象、耳聞物的名字所識起的意義(或心官于口欲説出物的名字時所識起的意義)。

六、文字學的新分類

　　在上一章第五節,曾説字形、字音、字義、字法是文字學的内容。現在根據上節所述,重新爲文字學作一新的分類。研究"文"的學爲文字學。研究"名"的學(即物名的音的)爲語音學。研究"文"與"文"的結構者爲文法學。研究"名"與"名"的結構者爲語法學。研究"文""義"之間、"名""義"之間、"文""名""義"之間和"文""名"之間的關係者爲意義學,就是訓詁學。文字學、語音學、文法學、語法學、意義學:這五種學皆屬于廣義的文字學。廣義的文字學,我們可以名之爲"語文學",而以文字學專指研究"文"之學。

第三章　漢字的結構

一、論“文”

　　所謂“文”就是象形字，象形字愈古者愈近于圖畫，這是一個原則。本來是象形的文，後來爲別的字借去做聲符成了聲假字，後來又有形聲字。象形發展到形聲，而形聲字的一半還是象形的。中國字以形聲字爲最多數，所以説中國字起于象形而一直保存象形的特色，是毫無可疑的了。象形的文爲什麼在中國亘四千年之久而不變爲音標文字？這至少有三個大原因。第一，因爲中國語是單音綴的孤立語，倘使把象形字變成幾百個表示不同音綴的音標單位，用它來記錄語言，必至十分不便。【北平語有四二○音位，加聲調將近一三○○。趙元任説。】【中國語是有聲調的語言。人人能發此調而不自覺，寫讀音調比較難。文字不標聲調，在漢語中是極不合式的。】況且，中國語的區域異常寬闊，它包含許多不同的語系與方言，所以音標文字不能統一運行。這是第二個原因。最後，中國文字歷來由執政的國家所推行、所繼承、所維持，國家用其武力從其本來的區域開拓至其他氏族所占有的區域，這些區域各有不同的語系，然中央政權往往派遣史官去，使用統一的文字。【因此從古到今，中國的區域逐漸擴張，中國境内民族逐漸複雜，無論漢民族或非漢族作統治者，他們都用傳統的漢字作統一中國的工具。並從而推到鄰近的國家。】中央以外的區域，爲勢所迫，且亦樂于吸收較高的文化，所以即取征服者的文字爲文字，這些文字常常離開它自己語言有若干距離。但是語言與文字不能相距過遠，所以周朝的史官派遣到列國去“達書名于四方”，而列國因語言習俗之不同自然稍有改易其文字的；西周以後，列國之勢日益膨大，許慎所謂“諸侯力政，不統于王……言語異聲，文字異形”，故有秦始皇的同一文字。其實始皇以前，文字的異形究竟不十分大，變異最屬害的六國文字，仍然可以追尋它上與商周古文、下與秦漢篆隸一脈相承之處，只是譌變簡略些而已。這個版圖極大的國家，爲自族或異族所分割篡奪,而其象形的文字永遠是統一的、獨立的。

中國象形的文字,不但有其悠久可貴的歷史,它並且有種種得自圖畫而又優于圖畫的許多特性。這種特性,便是中國文字主要的特性,使這種象形的文字得以應用裕如。分開來説,一是象形字可以具有許多詞性,二是象形字具有許多作用。

象形字出于圖畫,而圖畫不但表示物的實體且可以表示物的狀態和動態。所以象形字不但象物,並且象事象意。在文法上,同一象形字兼具名詞、動詞和形容詞三種詞性。試舉甲骨文的例來説。血字作🜚,象器皿中有血形(名),卜辭血用作祭名(動),"血室"用作形容詞。"上帝"(名)"禘"(動)"帝史"(形)同作帝。來作苯,象麥來之形(名),卜辭"往來"(動)"來日"(形)同作來。卜辭"帝佑"(名)"祐(動)"右馬"(形)同作又。卜辭"有事"(名)和出使的"使"(動)同作事。卜辭雨象雨形,"大大雨""又雨""遘雨""來雨"(名)"其雨""不雨"(動)同作雨。由此可知,一切象形字必得是名詞,而最初是名詞 substantive。因爲象形字是實物的圖畫,而最早的象形字用于"族銘"。實物不但是靜的,並且是動的,🜚字象一個人,同時象一個手在搖動的人,所以走字從之作🜚,走是動詞。實物有時在它本身表彰一種情狀或形容,如🜚字象一個人,同時象一個長髮的人,所以這個"長"字是形容詞。

象形字具名、動、形三種基本的詞性,這因爲象形字是脱胎于圖畫的。然象形字不就是圖畫,因此它又有五項作用:

(一)抽象作用　圖畫是客觀的、具體的、寫實的,象形文字可以抽象的有所指。所以甲骨文的一二三三可以表示任何東西;上下作⌣⌢,代表任何一物在皿上或皿下;小作∴,象沙也象雨滴也象血跡肉汁;□或○象徵星、雨、電,等等。所謂抽象者,從許多個別的具體中抽繹出共相來。文字的産生和應用,往往經過心官抽象的手續。

(二)簡化作用　圖畫比較的求作成物體正確的寫照,象形文字只要達意,往往趨于簡略。文字有自繁化簡的趨勢,現在舉二十四個字的實例如下:

1. 🜚 觚文	🜚 前編四·二九·四	🜚 亞毀爵	説文所無,走字所從
	🜚 後編下四·十三		

2. 爵	前編六・四〇・五	猷鐘，逆所從	（屰）
3. 父癸卣	後編下二二・三	何觶	（何）
	前編六・三〇・七	大保毀	（伐）
4. 父丁毀	唐蘭藏	盂鼎	（包）
	前編一・三〇・七		（保）
			（俘）
5. 癸爵	前編五・二七・六		（企）
6. 子爵	前編一・三九・六	矢毀	（兄）
		剌卣	
7. 父乙莫瓡	前編二・八・三	長日戊鼎	（長）
	前編七・五・三		
8. 父辛尊	前編三・一九・二	伯庶父毀	（及）
9. 且乙卣	萃編二五八	觶文	（游）
		仲斿父鼎	
10. 父辛甗	後編上二二・六	戒鬲	（戒）
11. 己楓爵	前編四・二・三	毛公鼎	（楓）
	後編上十六・四		
12. 爵文	前編五・三六・七	䚛鎛	説文所無，從素從命

13. 子爵	後編下二四・十二	牧毀	説文所無，經傳有之
14. 癸飲卣	菁華四・一	左師飲壺	龡（飲）
15. 亞父戊鼎	戠一・一	羌尊	羌（羌）
	前編一・九・六	奠羌白鬲	
16. 父辛卣	拾遺十一・十七		舁（舁）
	前編六・二一・六		
17. 父己觶	後編下三八・九		所從
18. 隹魚鼎	前編三・一・二		舊所從
19. 且辛卣			或鵁鴑
20. 爵文	前編二・一五・五	餘尊	隹（隹）
21. 子父辛鼎		爵文	斤（斤）
		頌壺 新字所從	
22. 母卣	前編七・三二・二	菁華一・一	近（近）古文作
23. 父乙尊	後編上七・十二 縈所從	召白虎毀	束（束）
	前編六・四六・五	辟東毀	東（東）
24. 子鼎	前編五・三六・七疢所從	疊文疢所從	矢（矢）

　　上列的字，分为四行：第一行是殷周初期的金文，接近于所謂"族銘"的，原字除 18 外，都載于金文編附錄上。第二行是商甲骨文，凡字的右角有▲號者甲骨文編放在附錄内而未解的，其餘見于正編。第三行是周金文，有#號者金文編放在附錄内，其餘見于正編。第四行是漢説文的正篆，字不見説文者特別標明。現在逐一解説這些字：

　　（1）説文没有，也許是夭字，走字從之。第二行兩個字是一字，甲骨文編誤分爲吳夭二字。（2）逆字的初文，象倒大。（3）象人荷戈而行，是何字，也是伐字。（4）象人背負小兒形，是保【古文保作俘】和包字，也是俘字、抱（捊）字。（6）祝的初文。（9）象人持旗形，疑是旅字，甲骨文地名。（10）象人持戈儆戒之形，初期金文又有象大持斤者是兵字。【（10）也許是戌字。】（11）種藝的初文。（12）繇或繛，説文没有。（13）偪字，説文没有。（14）象人伸舌而飲于酒皿。【此或盜字。】（16）説文"异，舉也"，初期金文和甲文象舉子之形，甲文省作已，説文誤已作已。（17）舊字所從。（18）第一行金文編釋鳳，恐怕是舊字所從，説文説舊"从隹，中象其冠也"。（19）從戈從鳥，廣韻有鴋字，注"鳥名"；甲文妣貞從弋，金文貳從戈，古代戈弋本一字，所以這個字是雉（説文）或鳶（大雅和玉篇）。（21）這是斧斤的斤的象形，歷來無識，金文編附錄有許多從斤的字，附錄上二四頁從豕從又持斤，是殺的象形字；附錄下二八頁有從木從斤的是析的初文。（22）第一三兩行是近字。甲骨文斤字從刀，所以商人的刀就是周人的斤。【天五九"斤其𡉈囚"，假作近。】【斤字作 𠬝 或 𠬝，背上有鈎形。倫敦Oscar Raphael 藏斤正作 𠬝 形（倫敦中國博覽會二四五號）。】（23）甲金束、東一個字，象橐形。

　　我們把四行來比較看，則可以知道，一二兩行比三四兩行更近于圖畫，而初期金文尤甚，譬如人形其手、趾、頭部都極詳實。三四兩行大體上較一二兩行爲簡略，偶爾也略加無關的文飾。

　　在時間上，第一行比第二行同時或稍晚，我們可以看出初期金文與甲骨文一脈相承的關係。但是，雖然初期金文較甲文更近于圖畫，它的時期只會近于甲文而不能早于甲文。【族銘富于保守性。】因爲金文是鑄的，可以從容在土範上鈎畫，並且可以畫成實體；而甲骨文用刀契于龜甲獸骨，一契不克重修，而時間又不容許細畫。因此甲骨文只是線條的、較省略的，而初期金文是實體的、較繁的。我們在上章批評過以初期金文早于甲骨文的錯誤，原因是他們不明白甲骨文、金文的書寫工具與時間的不同。

　　(三)分化作用　　簡化,大體不變;分化,由整體分解爲部分。上面(二)第
10 第 16 兩個字,都是先經簡化又經分化的結果。圖畫可以表現物象的全體,文
字只要表示重要的部分以達意,而約簡成一書寫的單位。分化有三種:

甲、全體化爲半體

1. 前編六・二二・七 → 徙觚 → 父癸爵

2. 前編八・十・一 → 前編七・二・三 → 後編上十二・九

3. 爵文 → 前編七・八・三 → 後編下二・一

4. 萃編七三 → 後編下三六・三

乙、全體化爲分體

1. 父乙尊 → 戜卣 → 宅毀 → 說文甲字

秦兵符文

2. 觚文 → 爵文 → 漢騶氏鏡

3. 鼎文 → 盂鼎

4. 寫史鼑 → 戒鬲

5. 珥鼎 → 天尹鈴

6. 剌鼎 → 說文古文其　　戰九・一六

7. 召伯虎毀 → 散盤　　說文奉字

8. 且丁罍 → 亞覃父乙毀　　楚王鼎

9. 子爵 → 頌鼎

10. 父癸尊 → 前編五・四六・六

11. 〔圖〕前編七‧十五‧三 → 〔圖〕末觶 → 〔圖〕説文末字

12. 〔圖〕毁文 → 〔圖〕鐵雲藏龜一八五‧三

丙、聯體化爲散體

1. 〔圖〕犾毁 → 〔圖〕同毁

2a. 〔圖〕僪舌毁 → 〔圖〕或者鼎

2b. 〔圖〕菁三‧一 → 〔圖〕後編下三〇‧八

3. 〔圖〕前編五‧三六‧四 → 〔圖〕兮田盤

4. 〔圖〕亞妓告瓹 → 〔圖〕 → 〔圖〕盂鼎

5. 〔圖〕頌鼎 〔圖〕頌壺

上列是二十個字分化以前的初文和分化的情形。

甲、（1）甲骨文編以爲步字，後來省去行或彳；第二文金文編以爲赴字，其實亦是步字，第三文金文編不釋，┓是彐的一半，還是步字。（2）第一文甲骨文編未釋，是第二文的初形；第二文是郭的初文；第三文是啚。（3）第一文是金文的衛字，象圍垣的四周都有人守衛之形；第二文是甲文的韋字；第三文是甲文的正字或足字。（4）第一文是門，第二文是戶，而這兩條卜辭説“密于三門”“密于三戶”，三門就是三戶。

乙、（1）第一文是戎的初文，象人持戈甲形；第二文是戎字，從戈從甲，這兩文金文編未釋；第三文是兵甲的甲字；第四文是小篆的甲字，和干支甲乙的甲並非一字。【即字是鄉字的一半，片字是木的一半，毛公鼎析或從卜，卜即片字。】（2）第一文象人倒提人而以戉殺之，是威的初形；第二文是威字，從戉從大，以上兩文金文編未釋；詛楚文和漢金文威已從火，火、大形近而譌。（3）第一文是保和抱字，也是俘字，俘是這個字的分散；第二文是孚字，孚是俘的省，俘省去人而成孚，猶如甲金僪省去人而成冉。（4）第一文説文作颭，訓爲擊踔，其實是第二文戒的初文。(5)第一文金文編附在虤部,其實是第二文弄的初文。(6)金文編附在虤部,是説文古文"其"的初文。(7)第一文金文編以爲對字,其實是小篆奉的初文,銘云"奉揚"就是"對揚"。第二文是封字,封奉古一字。(8)第一文金文編未釋,其實是第二三文共字的初文,共字象人奉獻器皿形。(9)第一文金文編未釋,其實是第二文尹的初文。(10)第一文金文編未釋,其實是第二文取的初文,古人戰爭時獲左耳爲"馘",取義同此。(11)第一文是甲文的耤字,第二文是耒字,金文編未釋,象人持耕曲木形。(12)第一文象人持弓,第二文從又持弓。

　　丙、(1)第一文金文編未釋,其實是第二文吴的初字,象人持飯器,古民族名往往象人頂持一物,大概即其族的專門職業。(2)a是金文的偶字,(2)b是甲文的偶字,但第一文甲骨文編放在附録。(3)是甲金的執字。(4)字所從的旂,象斤上有游之形。古制注游于兵器上,斤上注游便是旂字,後來把斤字拆開來,變成從㫃從斤,説文遂誤以爲"從㫃斤聲"了。(5)是監字,象人俯伏盛水的皿(即鑑)以照面容形。

　　由此可知後來從"又"從"奴"的字,古時多半從大從虤。大和虤都是"人"全部的象形,後人嫌其太繁,只取其"手"便足以達意了。文字因分化,所以一幅全體象形的圖畫,變成幾個單位的並立,因此説文中以爲會意形聲的,古時本爲象形。如此節所舉諸例,弄、共、戒、尹、取、戎、吴、俘等字説文以爲會意,偶、旂、執(亦以爲會意)、監等字説文以爲形聲。如上節所述,伐、俘、保、兄、及、戒、飘、异等字説文以爲會意,企、何、長、游、飲、雐等字説文以爲形聲。這些字皆因簡化分化的緣故,而分成幾個單位,其實它們本是相聯爲一體的。原始象形經簡化分化以後,與圖畫距離更遠了。

　　(四)指示作用　象形字經過人意的加重、省略和變位,因此而示意者,就是指示作用。今分三類:

　　甲、加重或顯著"文"的某一部分以示意者。如側立的人形,畫上了足趾而爲企字,畫上了舌頭及皿而爲飲字,畫上了長髮而爲長字,畫上了口而爲兄(祝)字(例見本節〔二〕)。又如加點于刀而爲刃,表示刀刃上有血;加點于又而爲寸,表示肘所在之處;加點于口而爲甘,表示口中含物而美;加點于口上而爲ᗃ(即曰字),表示説話。

　　乙、省略或隱没"文"的某一部分以示意者:如木作米形,省去其頭而爲朱,就是説文欙的古文,甲文乘字作ᛉ;如子作ᛏ形,省去兩臂便是説文的了字(♀)【引伸爲完了】，省去一臂便是説文的孒或𡿨(♀或♀)。本節（三）乙(2)戉字象以戉殺人，那個人是沒有頭顱的，可見是殺了的人。

丙、變異轉換“文”的方位以示意者：如大作𡗕形，象人張足垂手形，若變兩手爲一上一下就成𡗜字；若倒過來就成屰字(例見本節〔二〕)，若側首就成夭或矢，金文有這兩個字。人和尸金文作♀和♀，倒轉來就成♀，説文訓“變也”，化字所從，也就是説文珍的古文。兩個人相隨，面皆左向者是从(從)字，面皆右向者是比字，面一向左一向右而背相背者是北字，面左右相向者是卯字(金文有之，説文邑部字，即鄉字)。【林二·二·一八，匕戉之匕從倒人】

　　　𠨍(从)→♀(人)

　　　𠤬(比)→♀(姒)

　　　𠨭(北)

　　　𠨐(卯)

北和卯是不會錯的。“比”和“從”字只是方向的不同，在甲骨文中“比”“從”二個字不易分別，旅字從“從”與從“比”是約略相等的，姒字向左或向右是約略相等的【金文皆作𢑇】，似乎向左向右無關。但“人”字和“衆”字(從三人)在甲文中大多數向左，所以向左向右的分別到底是有的。我們取甲骨文編、金文編統計一下：

	甲骨文		金文	
	向左的，	向右的	向左的，	向右的
♀ 人和尸	106	21	30	0
𠨍 从和從	與比無別		27	4
𠨊 衆	29	4	3	0
𣃚 旅	相等		77	16

𠤬匕	相等	4	6
𠤎比	與比無別	0	5
𡜴妣或妣祉	即匕字	0	6

則金文的“人”“从”“從”“眾”幾乎全部向左,从、從、眾同一音系,旅字十分之八向左;匕字大多數向右,妣字全體向右,比字全數向右,比、妣同一音系(甲文并字全數向右,是一例外),故知比和妣已有多數向右的趨勢了。【左人尸右匕,此與秦楚尚左有關。】同樣的是“見”字,在甲文中可左可右,到金文一律向左,向右的便是“艮”字了【限字從艮,音與見近。艮根皆與見音近。】:

甲文:𧠐𧠷24次 𧠨𧠬6次 都是見字。

金文:𧠨𧠬8次 是見字。

𦣻1次 是艮字。

其餘如甲文上下左右作⌒⌣𠃊𠃌都與方位有關。【甲文晨從𠂆或𠂇象人傾側形。】在説文內,某字是某字之反,有些是多餘的,但在文字中確實有因方位不同而示意者;而且時代愈晚,方位愈固定,同一字的方位不同不但意義上有差別,往往分衍爲兩個字,形相反而聲義也相差異。

　　象形文字的指示作用,有一點須留心者,即此文的指示作用在此文獨立表現爲一文字時最爲顯著。反之,若它爲另一字的偏旁,則其指示作用可以隱没。如本節(二)第一行有許多人的偏旁做企字,此企字不當舉踵解,與不從止的“人”字同義。【左各的ナ又是有方向之別的,但是金文的差字從左也可以從各(攻吴王夫差劍)。】

　　(五)會合作用　會合作用,係會合二個以上的“文”以見意,這二個以上的文是並立的。所以它是形與形的相益,而不是形與聲的相益(即不是形聲字),形與形都得能獨立表現爲文,所以會合中的“文”不能有一若指示象形中所加的“點”。會合有二種:

　　甲、異文會合。如自(鼻)與犬的會合而爲臭;日與月的會合而爲明;口與欠的會合而爲吹;口與鳥的會合而爲鳴; ⚌ (災)與日的會合而爲昔(以上的例都見甲骨文)。凡異文會合字皆由形與形的相益而得義與義的限制或表彰。如鳥和口相並立,自然只有鳴叫之義,口與鳥互相限制,即所叫的必須是鳥而鳥必須是叫;如日與月而表彰爲明亮。

乙、同文會合。如兩木則爲叢木的林,兩人則爲相從的从,三個日則爲精光的晶,三個羊則爲羊臭的羴,三個隹則爲群鳥的雥。凡同文的會合皆因形相益而得義的表彰,或因方位的指示而得義,如比、从之例。

異文會合往往和象形字的自聯體而散爲分體(本節〔三〕丙)者混淆不清,如在(三)(丙)(1)的一例中,吳字通常以爲從夨從口,那便是會合字了,今由(三)(丙)的解析,知道吳字本象人手持飯器,其後口的離體只是經分化而已。此節吹和鳴兩字則不會是"分化",因爲欠字鳥字本來已有口了,外加一口只是會合(但此與準形聲中的象形字再加形符的一樣)。

同文會合,有一點與指示作用相類,即在它獨立表現爲一文字時才能發揮它會合的意義。反之,若它爲另一字的偏旁,則它的會合意義可以隱沒。如獨立爲文時,人與从,木與林,在聲義上都不同;但金文的旅字可以從一人可以從二人三人而都是"旅"字;金文的楚字可以從一木而都是"楚"字。

由以上看來,文字總有自聯體散爲分體的趨勢,而異文會合乃是在此趨勢下使形與形發生新的會合。但也有原先是會合象形,而後來更由合而聯,就近于未分以前的聯體的象形。在金文中有二顯著的例。金文編附錄有十個倸字,都屬于初期金文,吳大澂以爲負囊形,其實它就是重字,井侯毁重字作 ⚌ ,它是

⚌ → ⚌ → ⚌ → ⚌ → ⚌ 説文　【×:擬】

又金文彔毁彔作 ⚌ ,彔從虍從豖,齊灰鎛彔字作 ⚌ ,合虍于豖中。金文編誤以爲豕字。

由上五項所述,"文"可有兩大類:

一、原始象形　就是未經抽象、简化、分化、指示、會合以前的象形文字,是近于圖畫的。"族銘"多屬于此類。

二、省變象形【孫仲容所謂"省變象形"】　可以分爲五種,就是:

抽象象形——舊説以爲指事的一部

簡化象形

　　　　　　舊説以爲會意和形聲一部

分化象形

指示象形——舊説以爲指事的一部分

會合象形——舊説以爲會意的一部

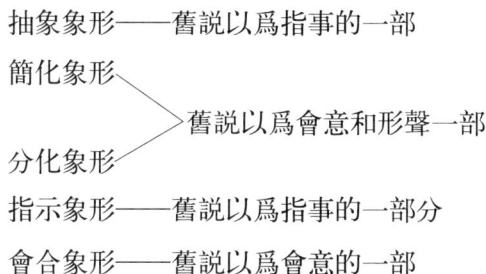

“原始象形”是最早的形態，其次是“省變象形”。省變象形以後，分“形”與“聲”兩途發展爲“聲假字”和“形指字”（詳下），匯聚而爲“形聲字”。

　　象形文字在“形”的發展中，有三個形態：

　　（1）形不變——指示象形丙，分化象形丙。

　　（2）形增益——會合象形甲，指示象形甲。

　　（3）形省簡——抽象象形，簡化象形，分化象形甲乙，指示象形乙。

同文會合，不能説它增或不變。就大勢來説，象形文字是自繁漸趨于省簡。【在發展中離開寫實加入了人爲的變化。】

　　我們所謂象形，實際上包括説文六書中的“象形”“指事”“會意”和一部分的“形聲”。以下所述，其稱：

　　“象形”——就是具有本節五項作用者，亦即舊所謂“象形”“指事”“會意”和一部分“形聲”。

　　“象物”——就是六書中的“象形”。

　　“象事”——就是六書中的“指事”。

　　“象意”——就是六書中的“會意”。

它們的關係是：

象形　——象物

象形　——象事

　　　　——象意

二、論"名"

　　文字的基本類型有三，所以稱謂事物的方法也有三：（1）用"文"來名物，如"虎"字象虎形而讀作虎；（2）用"名"來名物，就是假借別個"文"的音來名物，如用武器的"我"名自己的"我"；（3）用"字"來名物，如江字用水類工聲來名大江的江，從水是"以事爲名"，工聲是"取譬相成"；用"字"來名物實際上是（1）（2）兩種的合用。

　　現在的中國語（即漢語）是單音綴的孤立語，所以用中國文字來記錄中國語，或用中國語來讀中國文字也是單音綴的。一個字一個音綴，在很古的以前已經如此了。但是我們從古文字的現象看來，發現有許多例外。在分述這些例外以前，先要注意幾件事：

　　第一，中國文字起于象形字，而象形字最初是圖畫，圖畫主要目的在傳述一個事物，而同一個事物有許多看法，如上節（二）（3）那個字，象人荷戈遠戍出伐之形，所以是"何"字，是"伐"字，也是"戍"字，這是一件事的三面，所以聲音也不同了。

　　第二，用二個以上的文表述一個觀念或事物，後來複合爲一個字，也就因此讀成一個音綴了（這些字大多數是單位字和專名）。

　　第三，因爲方音不同，同一字而有不同的聲讀；在春秋以後由于私人教學和崇尚家法的緣故，遂發生書本上的異讀。

　　第四，古代很像有複輔音的遺蹟。

這四件事實，可以幫助我們解釋以下的情形：

　　甲、形近通轉　大、天、夫、立四個字，同從"大"，象人形。今音義有別，而形不盡相同。但是，古文字例得互通。如："大"可以通"天"，卜辭"大乙"，荀子成相篇、世本和殷本紀都作"天乙"。【卜辭天戊或作大戊。】"大"又可以通"夫"：卜辭"大甲"或作"夫甲"，金文大鼎"善大"即"膳夫"，工吳王大差鑑"大差"即吳王"夫差"，商鞅量"卿夫〻"即"卿大夫"，玉柲銘"柔則天〻其柱才上"應讀作"柔則大，天其柱才上"，鉢文"鄭夫〻"即"鄭大夫"，又鉢文"夫〻"即"大夫"，秦瑯玡臺刻石"御史夫〻"即"御史大夫"，"五夫〻"即"五大夫"。【重文異讀爲戰國時期的特色。秦右厷弩"五大⚏"即"五大夫",金索五"下軍大⚏"印"大⚏"即大夫,"辟夫⚏"節即"辟大夫"。】"大"又可以通"立":甲骨文狄字或作狛,竝字或作㣔。"立"又可以通"天":金文秦公鐘"才立"毁文作"才天",玉柲銘"癸"字即"竝"字。"立"金文又讀作"位"。大、天、夫、立、位的古音是 t'âi、t'ien、p̦iu、lïəp、ǰʷi,只有大和天還相近。在詞性上,大是形容詞,天是名詞形容詞,夫是名詞語詞,立是動詞,位是動詞名詞。由此可知這五個字發源于"大",所以和"大"字可以通轉,但後來有不同的用法,各有不同的詞性、不同的義,而不同其音了。形近通轉,所以卜辭的"密于三門"萃七三,中研五二七又作"密于三户"後下三六·三。【以下稱形近通轉爲"形的替代"。】

　　乙、同字異讀　同字異讀,由一文分衍爲數字。甲骨文夕、月一字,後來加一點于月中作🌒的爲月,不加點作🌙爲夕;兄弟之兄和祝禱之祝同作兄,後來加形符"示"的爲祝,依舊者爲兄,金文則加"圭"爲聲符作覠。母、女一字,後來女字加二點者爲母,依舊者爲女;【正、足一字。】壽(即疇)、雍一字,同作畐,甲文商王名雍己作此,故竹書紀年雍己名伷,伷是疇的注音;夭、矢一字(金文亦同),比、从一字,尸、人、妣一字,後來分別方位判爲二字;鄉、卿一字(金文亦同),血、盟一字(金文亦同,後來金文加明字爲聲符,而方言中血還有喊作盂的),皮、克一字(金文亦同),以上數字,形不變而聲讀異;矢、寅、黄一字,矢作🏹,加口作🏹者爲黄、寅,而寅字亦作矢。金文束、來一字,束、東一字,永、辰一字(以上三字甲骨文亦同);呂、寴從呂,宮、雝也從呂,而聲讀不同;同和冂都從冂,而同字加口;辟和屛一有口一無口,而屛亦可假作辟,可見古時屛、辟一字;池、沱一字,它、虫一字(甲骨文亦同)。同字而異讀異義,其所用以區別者有以下種種的形式:

　　(1)加指標的,如月夕、母女之例(關于此點,詳下);

　　(2)加形符或聲符的,如祝覠、血盟(明爲聲符)之例【(2)與形聲字有關】;

　　(3)分別方位以定彼此的,如人、妣、比、从之例;

　　(4)小篆或隸書寫作異形的,如它虫、束來之例。

　　丙、合文　以上所述兩條,一爲形近的字可以不同聲讀而通用,一爲同一個文字而有異讀。這都表示象形字以形爲主,而聲讀反而不很確定。此條與下條所説,是兩個文合爲一字而只讀一個音綴,或者一個文而有兩個音綴。所謂合文,就是兩個音綴的兩個文或字合成只讀一個音綴的字。(此有一例外,石鼓文皆是四字一句,其"爲卅里"讀作"爲三十里",卅在金文與世爲一字,不是合文,而讀成兩個音綴。倘若十係卅的分拆,那末卅也可以説是三個十的合文。)

合文的第一種是一個數名和物名複合成一單位，今舉例于下：

林一・八・十三 後上二八・三 後上二八・三 前七・九・二 林一・
一四・一七

後上三一・六 前六・三四・二 前七・一五・四

前七・三九・一 前六・四三・二 庫方九七二 後上二二・三

前三・二三・二 後上二四・九 前七・三・一 秦公敦

簋朕鼎 秦公敦 子禾子釜

大敦 函皇父敦

孟鼎 孟鼎 令尊 説文 説文

這些字，便是：

白（百）　一白▲（百）　三白（三百）　五白（五百）　五一白（五百）

千▲　　　三千　　　　五千

旬　　　　一旬▲　　　四一旬（四旬）　六一旬（六旬）

牛　　　　一牛　　　　三牛　　　　　八（分）牛（半）▲

斗　　　　升　　　　　秆▲

兩（兩）　一兩▲（兩）

人　　　　一人　　　　二人　　　　　伍▲　　　　　什▲

由此可知現在的"百"字是一、白兩字的合文（白和黑白的白也許是一個字），甲
骨文五百或作"五一白"。千字是一人兩字的合文，甲骨文三千、四千、五千都是

合文,只有"千"字成爲合文。"四一旬""六一旬"就是"四旬""六旬","一旬"合文就是説文云字(雲古文),甲骨文云字亦用作雲字,甲骨文編把它放在附録頁三七裏。一牛、二牛、三牛在甲骨文都是合文,"半"字是八(分)和牛的合文,意即半個牛,半字後來引申爲量的單位,史記項羽本紀集解引徐廣説、漢書項羽傳注引孟康説、李陵傳注都説半是五升器的量名,惟獨史記的索隱引王劭説:"半,量器名,容半升。"金文的"秆"字從半升,就是量名"半"的專名,而説文和徐、孟説同,云:"料,量物分半也,從斗從半,半亦聲。""兩"字在早一些的銅器内作网,較晚的才作兩。一人、二人金文合文,甲文六人也爲合文。説文的"伍""什"必是五人、十人的合文。以上百、千、云(旬)、半、秆、兩、伍、什這八個字,在甲文、金文、説文中都已由兩文合爲一字,而只讀一個音綴了。我們由"三千""五千"的仍讀爲兩個音綴,知道"千"字古讀"一人"兩音綴(人和千音近相假);餘可類推。

由上所述,那末可以類推的知道:

馴庚壺　是四馬或馬四的合文,説文云:"馴,一乘也,從馬四。"

嗎曾姬無卹壺　是匹馬或馬匹的合文,説文所無。

驂　説文云:"駕三馬也,從馬參聲。"

古人以四馬爲一乘,所以贈人以馬或四匹(文侯之命)或八匹(竹書紀年),銅器錫馬多爲四匹,亦曰馬乘(克鐘),亦有卌二匹(大鼎)、十匹(卯敦)、馬兩、馬四者,故馴成一單位。驂是三馬的合文,許氏誤以爲形聲字,詩干旄疏引王肅説:"夏后氏駕兩謂之麗,殷益之以一騑謂之驂,周人又益一騑謂之馴。"馴、嗎都見于東周金文,驂本當作馼,説文作驂。我們由此知單位的合文與制度有關,故馬有馴嗎驂,而百、千、旬、伍、什、半、秆都是十進制的産物。

"半"本是分與牛的合文,半和升合爲秆,是爲"倍合文",就是第二次的合文。"兩"字本爲一、网的合文,是"二"的單位,所以它和車合爲"輛",是兩個輪,因爲車是輪的象形;和糸合爲"緉",是兩隻鞋,説文云:"緉,履兩枚也。一曰,絞也(兩股繩叫絞)。"書牧誓疏引風俗通説"車有兩輪故稱爲兩,猶履有兩隻亦稱爲兩",詩"百兩御之""葛屨五兩"都只作兩。半和秆通用,兩和輛、緉通用,所以秆、輛、緉是倍合文,也可以説它們是類推的專名:秆是半升,輛是兩輪,緉是兩履,又是兩繩。同樣,嗎是匹馬,而不是匹布。【甜師遽尊,百、世二字合文;拜一、朋合文。】

以上這些單位合文，其聲讀的條例是，凡與"一"合文者以其所合的下一字爲聲讀，除此以外則以所合的數名的聲讀爲聲讀：

百＝一白▲，千＝一人▲，云＝一勹（旬）▲，兩＝一网▲。
半＝八▲牛，粞＝半▲升，伍＝五▲人，什＝十▲人，駟＝四▲馬，驂＝三▲馬，
　　嗎＝匹▲馬，輛＝兩▲車（輪），緉＝兩▲糸（履）。

　　合文的第二種，是"大""小"等形容詞和物名複合成一物名，在甲骨文中有雀、兔、𡨥、豕、𡩋、坐、𦥯、猷、𡳿、㞠，金文中有李、省、坒、夵、帚，現在保存的，只有雀、兔、李三字。金文的奪字都從雀，甲骨文有𡩋字（後上一九・一三），前人不識，就是奪的初文。夵就是說文"夸，奢也，從大于聲"，初期金文于作亐。兔字見甲骨文編附錄頁二十六，舊不識，卜辭"帚兔"女子名；說文兔字作娩，廣韻作𡚾（侯部），爾雅作嬎，集韻嬌或作兔，與甲骨文同。【金文伯晨鼎"弜彡"是彤弓彤矢的合文，所以甲骨的祭名"彡"……】

　　合文的第三種，是用一假借字爲形容詞和物名的複合。此與上一種略有差異，上一種如雀是小和佳的合文，小和佳都是本義。此種的合文，一文是本義，一文是假義，如勿和牛合爲物，勿是雜色牛。武丁時的卜辭，"勿""牛"是分爲二字的（前四・三五・二，佚一二六），到祖庚祖甲的卜辭，勿牛合爲"物"字（續一・卅・六，後上一九・九），而帝乙之世多合成犁。勿是犁而帶泥的象形，假借爲雜色，所以"勿的牛"就是"雜色的牛"。甲骨文又有"犅"字（金文亦有，魯頌"白牡騂剛"作剛，說文作牰）、"犙"字（即熾與牛之合文。熾，赤色），依"物"爲"勿""牛"合文的例，可知是剛和牛的合文、戠和牛的合文，因此也可以推知甲骨文的：

　　　　"牝"是匕和牛的合文，
　　　　"豴"是匕和豕的合文，
　　　　"駁"是匕和馬的合文，等等。

　　這些字至今只保存"牝"字。牝是匕的牛，匕即是母性的，此處假用人類的母性爲牛的母性。甲骨文的"牡""豵""馲"都是父性的畜類，現在只保存"牡"字。這種合文，和英語有一點相似，英語的 He 和 She 是男性的他和女性的她，而男性的動物可以叫做 He－goat，He－ass，女性的動物可以叫做 She－goat，She

– ass，She – bear。

合文的第四種，是相反的兩個文的複合，如甲骨文 ⟨圖⟩ 是上和下的合文，"牲"是牝和牡的合文；金文 ⟨圖⟩ 是上和下的合文，"尖"是小和大的合文。【石鼓"尖"合文。】這些字都沒有保存下來，後來的俗字中有尖小的"尖"和關卡的"卡"。

合文的第五種，是由兩個字的專名變成一個字的專名或變成普通義的字。卜辭的商水合成滳，後世還是分作商水；晝水合成澅，後世有這個字。凡山名水名往往先是合文，後來併爲一字。卜辭女子的字，如妊（姙壬合文）、妃（母己合文）也許就是説文的任或姙和改，改還是女字而任字兼用作信任的任（古人、匕一字，故妊變作任，詩經大任的任仍是姓氏）。由女字的妊而成信任的"任"，猶如卜辭好是女字而後來有美好之義。這種例是很多的。大乙以前的先王有大甲、報乙、報丙，在卜辭中作：

田——是甲和囗的合文，囗是匚的正面，這個合文便是説文的匣字。匣所從的是甲乙的甲，與兵甲的甲音同而形義都異（參看上節〔三〕〔乙〕〔1〕）。

⟨圖⟩——是匚和乙的合文，匚字説文"讀若方"，所以史記作報乙，這個合文便是説文的"匫"，是一種注水的器皿，也字和乙字音同，也許是一個字的分衍。

⟨圖⟩——是匚和丙的合文。這個合文便是説文的匬字，説文説"一曰箕屬"，也是一種器皿。説文㇈匚分爲兩部，金文不分，而卜辭報丁或從㇈，就是説文的㇈，匬字説文隸于㇈部。

最後，合文的讀法有一變遷，即是甲骨文上下二個以上的文的複合不一定順讀，而周初一律改作順讀，如：

甲骨文　　　　　　　　　　　　金文

肝　逆讀得十一月。習見。

肚　順讀得十月一。習見。　　　亘　戊辰彝。此商器。

青　順讀僅此一見。佚存一〇八。　青　習見。

⟨圖⟩　逆讀得五十。　　　　　　　￥　順讀得五十。大盂鼎。

⟨圖⟩　逆讀得八十。　　　　　　　个　順讀得八十。小盂鼎。

孟鼎是周初康王時器，則知此種交替在商周之際。

　　丁、複輔音　英國的 Edlcins，瑞典的 Karlgren，都先後提到中國古代有複輔音。林玉堂作“古有複輔音説”，又添了許多證據。這一種説法，現今已漸爲學者所承認了。古今的方言中，還保存許多蹤跡：如筆“秦謂之筆”（説文），“蜀人呼筆爲不律”（郭注爾雅），“吳謂之不律”（説文），“貍之言不來也”（大射儀鄭注，射義釋文），“貍一名不來”（封禪書集解引徐廣），“風曰孛纜”（孫穆雞林類事）：是古有 pl－這個複輔音。【淮南子主術“鷄鸐”高誘注：“讀曰私鈚頭。”】古文字中，亦可略舉其例：如甲骨文命令一字：是古有 ml－這個複輔音；又有一䭷字，從馬，高老皆聲：是古有 kl－這個複輔音；如金文“攸勒”康鼎或作“攸革”，大孟鼎“敏朝夕入讕”，讕字假作諫：是古有 kl－這個複輔音。

　　以上四條，由丙知古代一字可以有二音綴；由丁知古有複輔音；由甲乙知古代一字可有許多讀法。這種都是單音綴文字的例外，其原因已述于前。大體的趨勢，還是一字一音綴。所以“不律”到底簡稱爲“筆”，“不來”到底簡稱爲“貍”，“孛纜”到底簡稱爲“風”。所以可以説，中國語文大多數是“單名”的。還有些“複名”的遺存，如“蟷蠰”“蟋蟀”“蒺藜”“栝樓”“傀儡”“獟獢”，究竟不多。這些複名，大多數同屬一事類，如“傀”“儡”皆從人。這些複名，倘析取其一，如“傀”字，就無義了。

三、論“意”“義”

　　意與義兩個字是有分別的。【“意”義有三：一、本義；二、引申義；三、假義。】【意義者即我們語言的内容。】

　　説文叙上于論六書時三次提到意：一曰“指事者，視而可識，察而見意▲”；二曰“會意▲者，比類合誼，以見指撝”；三曰“轉注者，建類一首，同意▲相授”。漢世以義爲誼，周禮肆師鄭衆注云：“古者書儀但爲義，今時所謂義爲誼。”所以“比類合誼”就是“比類合義”。“比類合誼”和“建類一首”相類，是説會意字是會聚二以上的事類而合成一“形義”；“以見指撝”和“察而見意”相類，是説會意字因合義而“見意”所指。許慎説“合誼”而不説“合意”，而在其他處又用“見意”“同意”，又説“厥誼不昭，爰明以諭”，故知“意”和“誼”是有別的，亦即“意”與“義”是有別的。

　　義或儀是儀象、儀容、儀表之謂：説文“義，己之威儀也”，“儀，度也”，廣雅釋訓"儀,儀容也",左傳襄卅一"有儀而可象謂之儀",管子形勢篇"儀者萬物之程式也"。義是物象發露于物者,其形于語言則爲議,說文"議,語也"。自外物之象而言,曰儀曰議。自人心之對于外物而言曰意,說文說"意"是"從心察言而知意也",意就是識,識和意都從音。儀爲物象,意爲識象,議爲發言,意爲察言:義和意是"外物"與"心官"之對,是"施"與"受"之對:

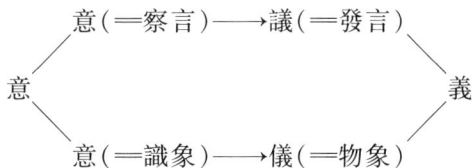

$$意(＝察言) \longrightarrow 議(＝發言)$$
$$意 \qquad\qquad\qquad\qquad 義$$
$$意(＝識象) \longrightarrow 儀(＝物象)$$

　　這個分別,非常重要。由這個區別,可以說明象物字(象形字)和象意字、象事字(即會意與指事)的分界:象物字因形而得義,如因虎字而得虎義;象意字、象事字因形而得義,因義而見意,如口與鳥的會合而得鳴之形義。由此形義經心官之思慮而察知鳥口即叫義;如因刃字而得刀上有血之形義,由此形義經心官之思慮而察知刃上有血即刀鋒之意。所謂"意"者是隱藏于文字的形之內者,必須用心思會而後得知。反之,義或誼則是表露于文字的形之外者,目見即得。但這也是比較的,我們在經驗上認識"弓"這樣實有的東西,一看見象形文的"弓"字立刻認識它是"弓",要是弓的形制已不存于今日,我們看見商卜辭上的弓字就無法認了。關于日月鳥獸等萬物,古今不變,這些物的象形表義無遺而無用人意的。

　　文字需要意會。語言亦然。發言者有所施曰述(Expression),受言者有所受曰聞(Impression),言者有所未施而聽者可意會者曰藏(Suppression)。在文字上,書者有所象(E),讀者見其儀(I),書者有所未詳或所指非實而讀者可心知其意者曰意(S)。所以"義"字若就其廣義而言,是指物的外形的"義"和藏于物內的"意"而言。我們于二章五節的末了,曾經說文字的:

　　　　形——聲——義,相當于
　　　　文——名——意,亦相當于
　　　　外物——口、耳——心官,亦相當于
　　　　文字——語言——意義,等的關係。

文字三表德的"形聲義"之義是包括"義"與"意"的。形聲義三者的關係不是

平行的,各因爲不同其類型而異其關係。然而文字的形與聲乃文字的儀容,
所以：

象物字(形指字附)：

$$形 \!=\!\!\! 聲 \rightarrow 義$$

象意字：

$$形 \!=\!\!\! 聲 \rightarrow 意$$

象事字：

$$形 \!=\!\!\! 聲 \rightarrow 意$$

形聲字：

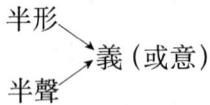

半形
半聲　→義(或意)

聲假字：

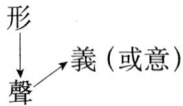

形
聲　→義(或意)

這五種字,可以分爲兩類半:前三種因形而得義,是形義字(就是本義);

后一種因聲而得義,是聲義字(就是假義);還有半類就是形聲字,它介于(或兼有)形義與聲義的。

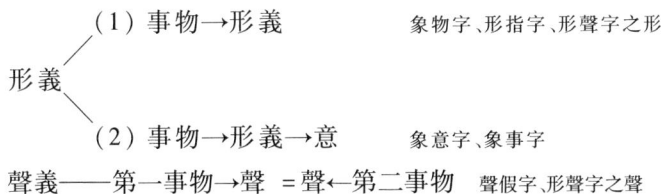

　　　　　　　　(1)事物→形義　　　　象物字、形指字、形聲字之形
　形義
　　　　　　　　(2)事物→形義→意　　　象意字、象事字
　聲義——第一事物→聲 ＝聲←第二事物　聲假字、形聲字之聲

關于聲義字,可以看二章五節論第二類型的例子。

　　源于圖畫的象形字(象物、象事、象意)和一半是象形字的形聲字,它們的"形"和"義"是合一的。因爲象形字源于圖畫,所以文以義爲主:同是一個字,因意義別而聲讀異;本是兩個字,因形義近而得通用,以上已略有説到。此地所述,爲:

甲、義的引申(Extention)【此處加引申字與假借字不可混同。1.象形之引申;2.形聲之引申。】
(1)詞性的變更:命令——受令——令長
　　　　　　　　 V　　 N　　 N
　　　　　　　 長髮——生長——令長
　　　　　　　　 A　　 V　　 N
　　　　　　　 解衣衣我,推食食我
　　　　　　　　 N V　　　 N V
　　　　(V　動詞, N　名詞, A　形容詞。)
(2)外延的擴張:人降▲→雨降▲→物降▲(説文:"降,下也。")
　　　　　　　 玉之文理▲→文理▲或物之文理→事物之道理▲(廣雅釋詁三:
　　　　　　　　 "理,道也。")
　　　　　　　 天人的頭顛→天至高之上(説文:"天,顛也,至高無上。")
(3)意義的轉折:日太陽(太陽每日一現)→每日▲,今日▲
　　　　　　　 右右手(手左右相助)→佑▲助,侑▲食
　　　　　　　 止足趾(趾止于所止)→停止▲,居止▲

詞性的變更者,本章第一節已說到,象形字具有一切詞性。詞性變更了,往往用"聲調"來區別它,如長短的長(Ａ)爲平聲,長高的長(Ｖ)爲上聲。在英語中,動詞用作名詞,或名詞用作動詞,它們的區別法有二:一是以帶音不帶音爲區別,二是以 Accent 的前後爲區別,如:

V. use halve Mouth	progress'	Object'	Rebel'
‖　　　　‖			
z　　　　dh			
N. use half mouth	Pro'gress	Ob'ject	Reb'el

和漢語以四聲區別很相似。中國文字有聲調和聲尾(陽韻字即收聲尾-m,-n,-ng者,陰韻字即不收聲尾者)之別,恐怕與意義有極大的關係。

外延的擴張者,象形字往往由個體變爲共相,上章第三節已說到。如"降"本象人的足止從山阜的高處向下降,後來擴張爲雨之自天而降,後來凡一切物之自上降下者都用"降"字。意義的轉折者,就是從字的本義經一轉折而另申一新義,如"日"本象太陽,后因太陽每日一現,所以由"日頭"而變爲"日子"了。

乙、形的代替(Substitation)　代替就是上節甲所謂形近通轉(代替指其形符的交換,通轉指其因形近或結構相類而義相通轉),凡是形近必是義通,所以可以互相替代:"大甲"可以作"夫甲",因爲"大""夫"形近義通;金文"宕"或作"庌",因爲"宀""广"形近義通。兩個字之間,其全部的形或其一部的形與別一字形義相近者往往可以"同意"。象形和形聲的同意可分幾種:

(1)象形字　子、全部分同類者　　　　　　　　　　　　　　　夫,大

丑、各部分同類者　　　　　　　　　**大** + 皿→益

　　　　　　　　　　　　　　　　　合 + 甘→合

寅、一部分相同一部分同類者　　　**大** + 皿→益

　　　　　　　　　　　　　　　　　大 + 甘→去

(2)形聲字　子、聲相同而形相類者　　　少 + 木→杪

　　　　　　　　　　　　　　　　　　　少 + 禾→秒

丑、形相同而聲相類者　　　　　　水 + 木→沐

　　　　　　　　　　　　　　　　　水 + 未→沫

寅、形與聲皆相類者　　　　　　　走 + 束→趐

　　　　　　　　　　　　　　　　　足 + 脊→蹐

卯、形相同而聲異者　　　　　糸＋壬→紝

　　　　　　　　　　　　　　糸＋宗→綜

（1）子，上節甲已詳，我們所當特別留心的，是商鞅量玉柲銘鄭大夫鉢和瑯玡刻石的“重文異讀”。（1）丑，是益合二個字，説文血部“益，覆也，從血大”，血皿互通，大是“蓋”的象形，説文壺從大，許慎説“大象其蓋也”，益字義即皿上覆蓋。甲骨文壺或從𠃊，或從𠃊、𠃊就是合字所從，所以合字下象器皿而上象蓋。益和合今作蓋和盒。（1）寅，益字又和去字同意，去字上部從大與益字同，皆象“蓋”，下從凵就是説文“凵，盧飯器，以柳爲之，象形；筴，凵或从竹去聲”，凵是飯器的象形，加一蓋子即去，以其爲竹編故又作筴，可知去是一飯盒的象形。説文算和筭兩個字也是同意的，説文説：“筭，長六寸，計厤數者”，“算，數也，從竹從具，讀若筭。”金文具字象兩手弄貝，所以筭字是兩手弄玉，算字是兩手弄貝，貝玉都是古代的貨幣，所以同有計算之意。由丑寅兩項的例子看來，凡是構形相類者聲類亦相近，因爲益、合、去古音近，而説文説算讀若筭。反之，我們也可以説：凡構形相類聲相近而義亦相類，如甲骨文及字象以手捕人，敏字象以手捕女，敏、及發聲近，所以這兩個字古義必近。（2）形聲字的例，都見于説文：“杪，木標末也”，“秒，禾芒也”；“沐，濯髮也”，“沬，洒面也”；“趉，側行也”；“蹢，小步也。”這三對字，也可以説是三個字，説文兩引詩正月“不敢不蹢”，或作趉或作蹢，可證這本是一個字。形聲字而同意者，很多是同一個字的分衍，看王筠説文釋例的“同部重文”和“異部重文”可以隨處遇見無數的例。形的替代，對于認識古文字，有無窮的方便。金文有鼒字，從齊從鼎，是方鼎的名稱，又有盠字，金文編分別爲兩個字，其實就是此地（2）的寅項。（2）卯的紝、綜兩字，説文都説“機縷也”。

　　形的替代，在研究古文字的歷史中，極爲重要。古文字的類型也因形替而異。如訊字説文爲從言卂聲，是形聲字，金文作嘁，甲文作𠭥（續編三・三一・五），甲金文象形，從口，從人背縛執訊之形。小篆以言代口，以卂代九，而省糸。金文的韋字（參看三章一〔三〕甲三）象兩個足趾分守在圍垣之外，當中的口象城垣而金文韋和從韋的字往往作衛，當中改從帀：説文“囗，回也，象回帀之形”，“帀，周也”，囗和帀同意，所以可以相代。

　　形的替代，須是同事類或近事類的，所以蠏或作鱫（説文）而不能改從鳥，因爲魚和水虫是近事類的。聲義字是聲的替代，須是同聲類或近聲類的。鬲是三足的鼎用來烹飪的，歷是經歷，因爲鬲和歷聲音相同，所以有時借用歷字代替鬲字。郊字和高字聲音相近,所以"郊禖"或作"高禖"。這些聲假字,舊說稱它爲假借字,例子極多,此處不再援舉。兩個字之間,形和義完全不相干,只是聲音相同或相近,就可以彼此相代。因此,字與字的同意有四類:

一、形類同聲類同而義同　　益,合;沐,沬

二、形類同聲類異而義同　　夫,大;紝,綜

三、聲類同形類異而義同　　鬲,歷;高,郊

四、聲類異形類異而義同　　初,首;后,辟

這末了一類就是爾雅釋詁的"初、哉、首、基……始也","后、辟、公、侯,君也"。初本是裁衣之始,首本象人的頭,所以共有始義。

四、論"字"

"文"以前就是圖畫,文字不是由幾種基本構圖的點綫拼合成的,文字也不是由簡趨繁:所以"文"以前並沒有一種"半字"的存在,也沒有一種有系統的"指事"文字先象形而存在。

許慎説形聲相益謂之字,所以"字"是:(1)形與聲的相益,(2)形與形的相益,(3)聲與聲的相益。(1)就是"形聲字";(2)就是"象意字"(象形字經會合而成者,即會意),"合文"(本章二〔丙〕)和"原始象形"(本章一〔二〕及〔三〕第一行諸字)等;(3)就是聲假字的重複。這幾種都叫做字。它們是有區別的。形聲和後者的區別,是形聲爲形與聲的相益。後四者中,合文是顯然特異的:它是由二個文相合的,它由二個音綴而成爲單音綴,它多半是單位字和專名。原始象形和同體的象意字是相同的,不過後者是疊體;原始象形和異體象意字的分別,就是上節所説象形字因形而得義,而象意字因形而得義因義而得意。此即是説,原始象形字是一幅圖畫,望形而知意;象意字是兩個文的會合,須用心意會;象意字的會合,是人爲的。聲假字的重複就是一文有兩個聲符,它屬于以下所説的準形聲。【此須修改。】

關于象意字、合文和原始象形,在以上各節已經論到。所以這一節論"字",要特別研究形聲字,因爲形聲字是基本類型的代表,而且是文字演變最後一個類型,它是非常重要的。

"象形字"以後,"形聲字"以前,文字的演變循着兩個方向發展:一是"文"

的或形的發展,就是象形字的"文"因爲具有一切詞性而意義可以引申擴張,所以在"文"上加以符號以求意義的確定,在聲音上用聲調聲尾做輕微的差異以示區別【形聲字所以形成的本身的與環境的因素】;

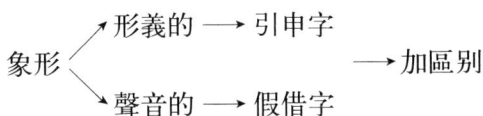

象形 形義的 ⟶ 引申字 ⟶ 加區別
聲音的 ⟶ 假借字

一是"名"或音的發展,就是象形字的"名"有時假用其聲音爲別一字的"名字",有時因爲兩個名字的聲音相同甚或相近而互相替代,所以象形字復具有聲符的作用。前一個發展,顯得象形字的應用在形義上因爲太廣泛不得不有所限制,所以有符號和聲符的加入。【有,從又肉聲,肉爲聲符以限制。】後一個發展,顯得象形字的借用因爲太廣泛而更有求助于象形的必要,所以許多聲假字需要加形符以求意義的限制與確定。【發展過程中之矛盾對立:(標準化與或體化,固定與變化)。】這兩種發展,同時基于人事的進步,因爲庶業其繁,物名的類別由粗而細,地域的擴張與交通的頻數,方言漸漸影響于文字,同時語言本身也在變,于是象形文的加形符以定類別,加入或更換聲符以定語言【重新估定音值】,乃成爲急不容緩的了。

所以形聲字和類似形聲字的發生,大約有七個原因:

第一個原因,象形字因爲聲讀不一,所以注聲于形。如風和鳳本是一個字,在初期甲骨文只作𩿾,象鳳鳥形,後來大概聲讀有異了,所以後期甲骨文風字加凡聲作𩿋。釋名說"風,氾也",雞林類事"風曰孛纜",而甲文風從凡聲,都是收-m聲尾的;如今鳳風都收-ng聲尾,大約有一時期風和鳳的分別在聲尾的不同,風是收-m尾的,所以後期的甲骨文風字加凡聲。此一個例,也可以說明上節所謂的上古文字的聲調和聲尾是意義的區別。又如"自己"的"自"古與"鼻"字是一個字,後來加畀聲爲鼻字,而自己的"自"不變。

第二個原因,聲假字因爲一字數用,所以注形于聲。如其本象箕形,借假爲期、麒、旗等字,所以加月形表示是日月之期,加鹿形表示是鹿類的麒。如羽是羽毛的象翼形,借爲第二天的翌,所以加形符"日"作翊以與羽毛的本義區別。羽毛本義則加聲符而爲翼。

第三個原因,象形字或聲假字,既加了形符,又加了聲符,脫去原來的象形或聲假,以後加的形與聲相益成字,這一種叫它蛻變形聲。如𠀒本象箕形,加丌聲而爲其,加竹形而爲箕,其後脫去原來的象形而以竹和丌相益爲笄。這可以說是前兩種的總合。【三、a. 羽→昱;b. 其→笄。】

　　第四個原因,聲假字因時間空間而稍稍變異其聲讀,所以注聲于聲。如
"世"本象葉形,借爲年世的世,世聲讀漸近于立聲,所以金文世加立聲作枽。

　　第五個原因,象形字因爲意義紛歧或類別加繁,所以加注形于形。前者如
寸本象肘形,因又有尺寸之義,所以手節的肘加肉形;又如四字本象口出氣息
形,戰國時假四爲數目的亖,所以加口爲呬,説文説:"東夷謂息爲呬。"這一類字
很多,舊皆以爲形聲,其實是走失了的象形更用形符加以追認而已。【戶+日→
啓;它→蛇。】後者如皿本象一洗濯用的器具,後來或用木製,或用金製,所以加
木、金而爲櫺、鑞。

　　第六個原因,象形字因爲詞性繁多或意義紛歧,所以注一指標(就是符號標
記)以確定詞性和意義。如"又"和"右"甲骨文同作又,後來加指標"口"于又作
爲左右的右,不加指標的作爲"復"和"再"的又。

　　第七個原因,兩個文複合而成一個字,即以其中的一個文爲聲讀,所以另一
個文似乎成爲形符了。如五人合爲伍,五是聲而人好像是形符。

　　這七個原因,形成了七種字:

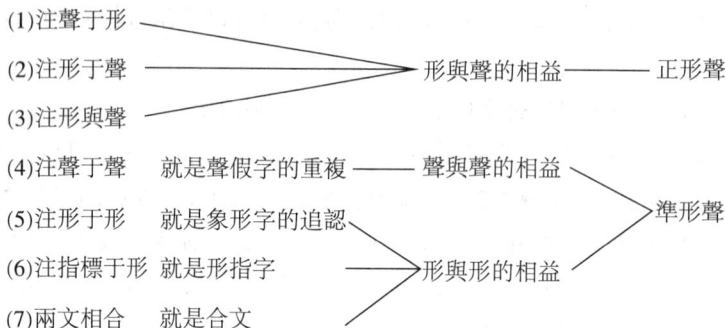

```
(1)注聲于形 ─┐
(2)注形于聲 ──── 形與聲的相益 ──── 正形聲
(3)注形與聲 ─┘

(4)注聲于聲　就是聲假字的重複 ──── 聲與聲的相益 ─┐
(5)注形于形　就是象形字的追認 ─┐                 ├ 準形聲
(6)注指標于形　就是形指字　　　├ 形與形的相益 ─┘
(7)兩文相合　就是合文　　　　─┘
```

前三種因爲都是形與聲的相益,所以是正形聲。後四種(5)(6)(7)是形與形的
相益,(4)是聲與聲的相益,所以或者兩形之中以其一當作聲符,或者兩聲之中
以其一當作形符,我們叫這四種爲類似形聲或準形聲。

　　形聲與類似形聲,是由象形字和聲假字附加形符聲符而成的,所以可以分
別爲"先有部分"和"後加部分":

先有部分	后加部分	
(1)形	聲	形與聲之相益
(2)聲	形	
(3)形或聲	形與聲	
(4)聲	聲	聲與聲之相益
(5)形	形	
(6)形	指標	形與形之相益
(7)形(次品)	形(首品)	

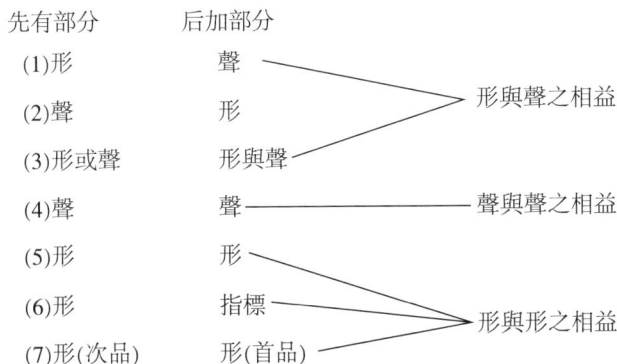

(7)是合文,所合的兩個文,本無先後可分,此權以次品(即形容詞)爲先有的,首品(即名詞)爲後加的,如伍以人爲先有,以五爲後加。由這七種字的構成,知道(3)(5)兩種是較晚的,因爲(3)是次第經過(1)(2)兩種相益而蛻變的,而(5)是在物類漸繁以後。(3)(5)兩種字,開始見于周金文,其餘五種字在商卜辭中已經有了。

　　形聲字不是一種突然產生的造字方法,也不是固定設下的造字法則,它乃是由象形字和聲假字在發展當中逐漸地增加形符聲符,因此自然而形成的一種形式。它之所以要加形符聲符,完全基于文字的和人事的應用上的需要,不得不加。我們由蛻變形聲的歷史中,可以看出一形一聲是後來的結果,它在演進過程裏,經有兩形一聲的階級。在説文中,似乎形聲以一形一聲爲定式,其實這種定勢是歷史的自然結果,不是一種先定的配合的公式。我們現在從甲文金文和説文中,略舉一些例。

　　子、一形二聲
　　　甲文:驫　前四・四七・五。從馬從高從老,古老耂一字,所以也是從耂。馬是形,
　　　　　　高耂都是聲,高老古複輔音。此是説文驁字。
　　　金文:翊　盂鼎,麥尊。從日從立從羽。日是形,立羽都是聲。甲骨文作翊和翊,或
　　　　　　假羽爲之。此是説文昱字,明日也。
　　　説文:韢　許慎説:"韢也,从韭,次弟皆聲。"次和弟兩個字聲音完全相同的,所以
　　　　　　互相借用。石鼓文有㰅字。
　　丑、二形一聲
　　　甲文:㝬　從宀從女,都是形,木聲。甲骨文地名,或作㝬,就是説文"㝎"字;金文

作𣏟,也是兩形一聲。小篆從宀從𠂹,未聲,也是兩形一聲。

金文:鍂　陳子匜。從皿從金從它。皿金都是形,它是聲。金文作盇和鉈,或假它字爲之。此是說文匜字。它的構成同于竘字。

說文:梁　許慎說:"橋也,從木從水,刅聲。"金文梁國的梁作汈或渠,小篆是合水和木爲形符,刅聲,和上例同。

寅、二形二聲

甲文:【商金文寙】參續殷文存"王七祀工寙"觶,"大保寙"方鼎。

金文:鑄　鑄子鼎。從金從火,都是形;從壽從𥂴,都是聲,𥂴是甲骨文的注字。金文鑄或省火,或省壽,或省金,或省金壽,或省金壽火。

說文:竊　許慎說:"盜自中出曰竊,從穴從米,卨廿皆聲。"廿疑係七之誤。

卯、三形一聲

甲文:

金文:𩰬　從鼎從肉從匕,都是形,爿聲。或省匕,或省鼎,或省爿。此是詩"我將我享"之將。甲骨文亦有此字。

說文:寶　許慎說:"珍也,從宀從王從貝,缶聲。"金文從宀從王從貝,皆形,缶聲,與說文同。金文或省貝,或省玉,或省貝玉,則是二形一聲,一形一聲。

一形二聲所舉甲文一例,是可有疑問的。說文說"年九十曰蒿",大徐本作"從老從蒿省",小徐本作"從老從蒿省聲"。所以甲骨文這個字,也許是從馬蒿聲。一形二聲,二形一聲,三形一聲,二形二聲,在甲骨文中例子很稀少,在說文中也寥寥無幾,而金文最多。二形一聲,金文又有鍂,金皿皆形,于聲,或作盇和釪;又有鑻,金鼎皆形,禾聲,或作盉;又有區即簠字,金匚皆形,古聲,或作匤。這類例子最多,而且多半是器名。由此可知從商世到秦的統一約一千年中間,形聲字從變動漸漸趨于凝固一定。二形,二聲,甚或三形,都不是形聲字的正,雖然形聲並非必須一形一聲,其所以一形一聲乃是歷史的自然的合理的結果。

在此一千年中,不但一形一聲由附有變例而成爲正例,而且形聲字的形符和聲符也從可以通轉替代而漸趨于定格。上一節中,曾述及形的替代與聲的替代,此處再舉形聲字的例:

一、形符的替代

甲骨文滴或從〈或從巛,〈、巛通轉;雒或從𣃤,或從口,𣃤、口通轉;逆或從彳或從止,彳、止通轉;蔡或從艸或從林或從棥,艸、林、棥通轉;盦或從皿或從凵,皿、凵通轉。金文立或作𨑊,宕或作庌,尢或作尦,宀、广、宮通轉;博或從十或從干或從戈,十、干、戈通轉;盇或從皿或從鼎或從酉,皿、鼎、酉通轉;蘇或從

艸或從木,艸、木通轉;職金文作𧍰,耳、首通轉;鼖或作堵,亶、土通轉;盂或作
𨰠,皿、鼎通轉;簟或作籚,旱、皿通轉。【說文𧲸,金文作𧲸,金文編不釋。】

二、聲符的替代

甲骨文妹或從未或從木,未、木通轉;戈或從才或從屯或從中或從朱,才、
屯、中、朱通轉。金文廙或作庱,異、立通轉;齋與盡、盦一字,都是方鼎,齊、妻
聲轉,鼎、皿形轉;旂或作㫿,斤、言通轉;格或作𣙙,各、害通轉;笘或作簹,呂、
膚通轉。聲的通轉,往往因形的通轉而轉的,如木、未本係一文,中、屯本係
一文。

形聲字形符聲符的通轉,時常是歷史的或時代的。如甲骨文的𦥑,爾雅作
𦥑;潸說文作砅而其或體作𣷡;𤏻說文作犅;𪆰說文作雉;𠈃說文作俘;陳說文作
徟;奭下三〇·一五前人不釋,說文作奱;𪚨下三六·三前人不釋,說文作𧔥;菉
𦺄、𦯬說文作蔍;椎集韻作𪅶,或體作𪆰。金文的例子更多了:如𨮯說文作觶;娟
說文作妘;𢽅說文作撲;戉說文作職或作𦥯;盤說文作槃;庿說文作序;𠤎說文作
𠈃;嚇說文作訷;豕即𧱔,說文又作𧰨;𡥈說文作雉;室前人不釋,說文作序或宁;
鄭前人不釋,說文作𨚑;龠前人不釋,說文作龠,大和△通轉;𧘇說文作裹;衣前
人不識,說文作褕,丁即主字,主蜀聲轉;醸說文作酏和酣;霝或以爲霝龠合文,
其實是集韻霝字,因爲金文龢或作龢,龠音通轉。其他如周金文從斤者,卜辭多
從刀;周金文從走者,卜辭多從止。這種影響及于全部的諧聲系統。

形聲字有古今之別,所以周禮外府注鄭衆說:"齎或爲資。"鄭玄說:"齎資同
耳,其字以齊次爲聲,從貝變易,古字亦多或。"形聲字的形轉聲轉,造成形聲字
的或體,而說文中所謂"或體",實即指此。說文大徐本作"或作某",小徐本間
改作"俗作某",于是段玉裁或以爲此是俗體。王筠說文釋例說:"說文之有或體
也,亦謂一字殊形而已,非分正俗于其間也。"張行孚從王說,而謂"字之有正體
或體,猶詩之有齊、魯、韓,雖在同時,乃別有師承也"。許瀚也同王說,而謂"或
體俗體者,皆以紀小篆之異文也"。但許瀚補充了二點:一由聲類而定說文"或
體不盡出自秦篆,而亦有漢人附益之者";一謂"不惟或體非俗,即俗體亦猶之或
體也。俗,世俗所行。猶玉篇言今文作某耳,非對雅正言之而斥其陋也。凡言
俗者皆漢篆也"。

三家的說法,有一點共同對的,就是以或體爲異文而非俗體。許瀚進一步,
以爲說文的俗體是漢世的或體,也是對的。王氏的證據是說文的或體有時是說
文的正體所從,所以或體只是殊形異文而已。但是三家立說,不免受有小篆爲
正體的暗示,所以許瀚說或體是小篆的異文,王氏說是一字的殊形,此"一字"似

指説文的正篆。王氏據説文姻之籀文媚,所以説淵的或體𣶒或是籀文;又據㳂、𣸩、濇、絅、蠭説文以爲或體,而玉篇以爲古文,所以或體又有古文。

　　我們由古文字的研究看來,或體實在是從"文"到"字"的發展中因"形"與"聲"的加入而生的異體不固定的組織,而這種"異"或"或"多半遵循形的替代和聲的替代。自有文字,文字就開始變易,已變的與未變的、如此變的與那樣變的差異就是"或"。説文叙説"大篆十五篇,與古文或異",又説李斯等三篇"皆取史籀大篆,或頗省改",周禮鄭玄注"古字亦多或"。凡此或字皆謂一字于本形以外兼有異體。説文叙之"或",就是漢書藝文志的"異":因爲藝文志説史籀篇"與孔氏壁中古文異體",又説李斯等三篇"而篆體復頗異"。【或體或屬于同時代的,或屬于不同時代的。】

　　我們以爲説文的重文皆是"或體"或"異體",而此所謂"或""異"係對説文的正文而言。説文的正文據許慎自叙説"今叙篆文,合以古籀",是混合籀文古文和篆文而成的【應注意"古""籀""篆"往往是相同的,不同時始注出重文作某】,因此説文所有的重文都是或體,重文中的:

(1)籀文,是正文的異體,亦即是西周晚葉時史籀篇文而異于正文的"古文"或"篆文"的;

(2)古文,是正文的異體,亦即戰國時孔壁中書而異于正文的"籀文"或"篆文"的(奇字即古文而異者也);

(3)篆文,是正文的異體,亦即是秦漢的小篆異于正文的"籀文"或"古文"的;

(4)俗體,是正文的異體,亦即是漢時的文字而異于正文的"籀文"或"古文"或"篆文"的(説文引漢人諸書而異者屬之);

(5)或體或作,是正文的異體,亦即自商迄漢的異體而不屬于(1)(2)(3)(4)諸項的。

關于(1)(2)(3)(4)以後要詳細論列,此先把它的結論提出。(5)或體差不多形聲字居多,至少是許慎看作形聲字的。説文中的或體,有二三百以上,可以分爲數類:

甲、形聲字形符的通轉

　　A.形符通轉　如詠之或體咏;最多。

B. 再加形符　如匡之或體筐;不多。

C. 形符增省　如退之或體徂,𩑈之或體鬊;甚少。

乙、形聲字聲符的通轉

A. 聲符通轉　如蠙之或體蚵;不多。

B. 聲符增省　如蜮之或體蟈;不多。

C. 省去形符　如䪥之或體矩;甚少。

丙、形聲字形符與聲符的通轉　如稃之或體粖今作麩;次多。

丁、形聲與象形互爲正或

A. 象形正形聲或　如谷之或體臄;不多。

B. 形聲正象形或　如䱒之或體魰;甚少。

C. 象形正準形聲(象形加形符,或象形加形加聲符)或　如厷之或體肱,网之或體網;不多。

D. 準形聲正象形或　如秫之或體朮;甚少。

戊、象形字的增省　如雧之或體集,頂之或體𩒨;甚少。

這五類,甲類占全部"或體"的半數以上,而其中 A 項占甲類的十分之九;乙、丙、丁三類約略相等,三類的總數也不過全部"或體"的半數。說文的或體,許瀚説亦有漢人附益者;其實我們由古文字看來,不但有漢代的,且有商周的。

1. 或體同于甲文的:秫之或體朮,甲文同(佚七一〇);疇之或體𠃬,甲文作𠃬;砅之或體濿,甲文作澫,石鼓亦同;壘之或體垒,甲文同;㬎之或體㬎,甲文作㬎(前七・二五・四);退之或體衲,甲文作冄𡌞,舊不釋;雧之或體集,甲文同;【歾的或體朽,甲文𣧘(或𣧘)下二三・七,就是朽字(甲文采從木亦從果)。】穅之或體康,甲文同;育之或體毓,甲文同;䱒之或體魰,甲文漁字同;𣲢之或體溢,甲文有益。

2. 或體同于兩周金文的:䰞之或體釜,東周金文同;詠之或體咏,西周金文同;徙之或體祉,甲、金文都有;哲之或體悊,兩周金文同;靁之或體靁,東周金文作𩆞;㬎之或體㬎,兩周金文同;冂之或體坰,西周金文作冋(假作絅);雧之或體集,西周金文同;髮之或體𩬊,西周金文同;育之或體毓,兩周金文同;処之或體處,兩周金文同;畺之或體疆,金文西周作畺作彊,東周始作疆。【谷之或體臄,𥁰鼎國名臄,舊不釋;歌之或體謌,東周金文作訶(說文言部有訶字,云:"大言而怒也。");延之或體征,金文同;滕之或體淩,姑淩句鑃淩作𥁰,舊不釋。】

3.或體同于兩漢金文的:稤之或體康,漢金文同;鏒、藥、鼺三字均同或體;舩之或體躬,漢金文窮從躬。【蠹之或體董,漢金文同。】

因此,(1)由丁類 B 項簎的或體魿,丁類 D 項秌之或體朮,疇之或體畕,稤之或體康(以上皆見甲文),淵的或體牖,筮之或體互,鏗之或體亞,知道或體可以是象形字,所以或體可以早于正文的形聲字。(2)由或體的同于商甲文、周金文、漢金文,知道或體不限于哪一時代,而可以早于漢世。所以我們説,説文所載或體是自商迄漢從"文"到"字"的演變中的異體。它之所以在説文中別立者,因爲它不見于史籀篇、孔壁中書和倉頡篇的。或體大部分既是商迄漢形聲的異體,所以它可以和籀文或古文的偏旁相同,如王筠所舉示者。我們在上面説過,"從商世到秦的統一約一千年中間,形聲字從變動漸漸趨于凝固",説文的正文代表凝固了的形式,而説文所載或體則代表此一千年變動的痕跡。這變動既是從"文"到"字"的變動,所以大多數是象形與形聲的或異(即文與字的或異),和形聲的或異(即形符或聲符的替代通轉)。説文或體戊類是象形字的增省,爲數不到十字。

説文所載籀文、古文、篆文俗體或體等重文,王筠的説文釋例併爲"同部重文"。他的所謂"異部重文",就是古文字本爲一字,因形聲的替代而分衍爲二型,説文分置于二部的,如"嘖,聚語也","傶,聚也",其實本是一字。如此之類,若以我們以上剖析或體的結果來看,它們本是正或之別,而在意義上也略有差異,如嘖爲聚語而傶爲聚人,到漢世便以爲二個字了。所以我們也可以説,説文的同部重文,是文字"形"的或體而意義依舊不變的,異部重文是文字"形"的或體而意義稍有差異的。

古文字中形聲字的替代,是研究古音的好材料;它的價值比由説文諧聲系統以推古音更爲有據,而且可得略定年代。將來古文字的研究和古音系的研究,必須互相關照才能有更大的發展。我們此處暫且不講聲系。

我們在此可以研究一下形符的如何構成。金文中金部、言部、心部、走部等的字很多,而在甲文卻是少見。甲骨文只有一個唫字(前六・六〇・三)是從金的,説文有這個字,前人未釋;有一些從心的字;以言字、走字作形符的,幾乎没有。金、言、心、走等部的字,怎樣忽然發現于金文?這有兩個原因:一是物質的加繁,人文的進步,所以心部、言部等表現思想的字不得不加以新的形符;二是因爲形符與形符複合而成爲一個新的形符,或者一個形符忽然加入一個新分子而複合成一形符。關于後者,我們可以舉一個顯明的例,這個例一則説明新形符的如何構成,一則説明形符如何由變動而趨于凝固。

　　以下把説文卷二止部、辵部、彳部、廴部、行部、走部、足部等七部的字見于甲、金的分列于後：（不見于説文的作［　］號）

甲　止部				
甲文	周金文	漢金文	説文	附注
衛,徛	㝢	歬（即歬字）	㝢	
歴,歮	厤,歷		歷	
歸	歸，鐇，鐇籀文婦		歸	
	埵		埵	文獻作踵
乙　辵部				
▲崔	進		趡	亦即越字。甲文編二·一五及附四五
▲禼前四·三七·五	咼,徦	過	過	
▲奎	徎		達	甲文編附二三
正	征,徎		延	或體作征,亦即正字足字
走	徒		徒	
皀	徨,徇,徇	追	追	
蹇			遷	
▲塵	▲徲		邐	甲文編誤此爲逐字,金文編附下九
㐁	徎		逐	
▲丘	▲丘		近	甲文編附五八,金文編附上四八
▲埡後下廿一·一六			遡	
▲埀			遁	甲文編附一六
蓳,構,徲	徲		遘	
𡧛,徉,徎	徎		逆	
逢			逢	

诣菁九·一六，戠十一·四				甲文編附録
徙	徙		徙	
徑	徑		迳	
▲徥前四·四七·四			［迳］	玉篇："迳，行也。"
▲秫前五·三八·三	徥		迹	籀文作速，石鼓文作速。
▲衕前六·二三·二	徎，徵		迬	
▲衕			迷（?）	甲文編附六二
▲衕前四·二·一			遂	
衕,㣔,㣔	術		巡	亦即衍字
㝡,㝡,㝡	㝡,㣔,遄（?）,㝡,㣔,趲		遺	
屖	遟,徲		遲	亦即徲字
	衜,衜	道	道	石鼓文作衜
	䢙	遺	遺	
	㣔,徟	遠	遠	
	▲遬		［迊］	廣韻迊同帀
	赶		迁	
	徫		違	亦即衛字
	徔		述	亦即術字
			【金文萬作萬、邁】	
丙　彳部				
徝	悳,德,德	德	德	
徲	徲		徲	亦即遲字
▲彶前六·二二·三			彶	亦即迪字
▲得前六·二二·三	皮		彼	

彶	彶		彶	亦即及字
▲復	復	復	復	
▲坴		徐	徐	亦即玉篇之途字
▲氾,窋,肏,昆前七·三〇·一			復	玉篇古文作迊,説文或體作衲。甲文編附一三、五三,正編二·一五
▲徔甲文編二·二四	▲徔徔乍且丁鼎		〔代〕	玉篇:"代,行也。"
▲衎			徬	玉篇"彷徉"
▲衎	▲徎,徎		〔徉〕	玉篇"彷徉",又有迋字
邘, 卸, 衚,坙	邘,卸,御	御	御	
尋,得	尋,得	得,得	得	
	佽,後,迄	後	後	
丁、夂部				
延	延	延	延,延	摯乳爲誕
	聿(此或律字)	建	建	
【金文編2.26 　　】				
戊　行部				
衛,韋	衛,壑,衛,衛		衞	亦即違字
▲衎下一四·六	▲衎		徏	亦即辵字
▲衎前六·二三·七	徍	(陶文有迋)	衍(?)	
▲衎前六·二三·四	歨		歨	説文在戈部
己　足部				

▲歴	▲羅，羅（即晨）		跞	甲文編二・二二，金文編三・二二
▲猝下四二・八			踔	
疋			跁	【此亦是起字】
▲徑			［躊］	甲文編二・二二，玉篇有躊字
	▲徑		踽	
	躋		躋	
	路		路	
庚　走部				
峛	峛，趄，徑		起	
▲隹	越		趟	亦即進字
▲蹖，蹖			趯	亦即躍字
▲屮，徟（甲文出）	▲徟		趉	亦即出字，金文編二・二六
	徟		趙	
	趏，徙		趏	
	趩，徤		趩	
	▲徶（?）		趙	
	趭		趭	
	趙	趙	趙	
	趠		趠	
	趣		趣	

　　從這個表看來，可以明白說文部首的整齊劃一，是較晚的現象，亦可以說是秦始皇同一文字以後的定式。在金甲文中，形符並不固定，而且時代愈早，愈不固定。止部的字，甲文可以從行。辵部的字，甲文從止的最多，其次從行、彳、彳、步等。彳部的字，甲文從彳的最多，其次從止、辵、行等。廴部的字，甲文從彳，漢金才始作廴。行部的字，說文或分入辵部、彳部、戈部等。足部的字，甲文從止、彳、辵等。走部的字，甲文從止。到了兩周金文，辵部的字大部分都從辵，但間亦可從彳、止、行、走等；彳部的字大部分從彳，但小部分還可以從辵；走部

的字大部分都從走,但間或還有從止、彳,或從徒的。由時代的先後來分,則商代只有止、彳、行、辵四個部首,而止部最多;到周代始有走部和足部,一共有九個部首;到秦漢始有夊部,又約成七個部首。所以説文這七部本來只是"止"和"彳"的演化,至周而有"夭"的加入,試列表以明之:

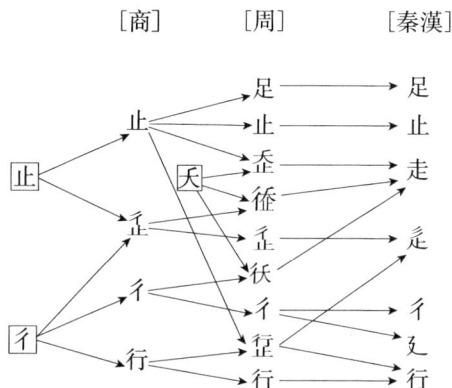

[商]　　　　[周]　　　　[秦漢]

足 —— 足
止 —— 止
歪 —— 走
徛
辵 —— 辵
彳 —— 彳
止 —— 夊
行 —— 行

由此亦可見,走部的字是由"止""彳""辵"三部加夭而成。夊部的字,據漢金文所示,係由彐曲下而成夋,隸作夊。

這七部字都是從彳和止分演出來的,而甲骨文彳和止又互相通轉,所以這七部字都可以互相通轉,王筠的"異部重文"的一部分,就是這類。今舉説文的例于下:

走部	辵部	彳部	行部	足部	止部	夊部
趡,走顧皃。		徲,行皃。		躍,行皃。		
越,度也。	迷,踰也。					
		迁,往也。	徎,之也。			
		遲,徐行也。	徑,久也。			
		後,迹也。	衛,迹也。	踐,履也。		
趄,遠也。	逴,遠也。					
趙,僵也。				踣,僵也。		
趡,走頓也。				蹟,跋也。		
		徲,相迹也。		踵,追也。	歱,跟也。	
		待,竢也。			峙,躇也。	

因此,甲文的催,我們可以釋作進,亦可以釋作趄,金文已分別進趄爲二,但是也可以説它仍然是一。甲文的昆是跽字,也可是起字。

　　形聲字的形符和聲符,不但形體可以增省變易,並其地位也不一定。甲骨文辵部的字只作"止","止"可以在聲符之上,亦可以在聲符之下,亦可以在左右。金文陶文等都有這類例子。後來的形聲字大部分是左形右聲,但是在它的發展過程中,本不是如此規定的。

　　這一節"論字"與本章第一節"論文",都詳舉例子,以明象形字和形聲字本不是一種預定的構制文字之法,乃是文字逐漸演變的自然結果。就其出現的先後而說,象形字最早,形聲字最晚,而中間經過聲假字和形指字。象形字由繁而簡,但是一象形只限于一事物,所以須有無數的象形以應無數的事物。如此于構制上應用上皆爲不便,因爲文字數量不能太多,太多了不易記用。又有許多事物,不能象形。所以用象形文字來表現事物終有它的極限。中國文字在它的發展中,雖曾經有利用"形指"以限制意義的一個時期,但是它的效用還不夠。因此,一個象形字和聲假字,不得不在中途加聲符形符,最後就與此後加的聲符形符複合而成一形聲字。這方法成爲後來構制文字最簡便的方法,凡有新事物的出現,就依此構制新字。用這方法所構制的字在中國文字中占據大多數,所以中國文字可以說是象形字和音標的複合。

　　形聲字是文字發展中所留存的最簡最善的法則。它之所以成爲一種最普遍的構制文字的方法,因爲它具備許多優點:一、它可以爲無窮構制文字的方法,無論什麼新事物的出現,都可以配合一形一聲來表現它。二、它可以見形而知其事類,循聲而通其音讀。三、它使得形與聲互相限制而得義,所以形符聲符如同邏輯上構成一定義的大類小類一樣。四、它不失象形字的本色,同時又具有音標的作用。

五、論"形指"

　　我們已經在上面好幾次提到,從"文"到"字"的演進的當中,經過"聲假字"和"形指字"兩個程序;形指字大多數是從"象形字"到"形聲字"中間關于"形"的發展的過渡現象,而聲假字是"音"的發展的過渡發展。但是,形指字在文字演變史中只占據一個很短的時間,不像聲假字的應用在既有象形字後以迄既有形聲字後永遠存在的。因爲它的短促,所以爲從來的文字學者所疏忽;又因爲它是類似形聲字的,所以通常將這類字歸併爲形聲字。我們現在特別另造"形指字"這個名目,意在指示從象形到形聲曾經"形指"這一個歷史的跡象而已。

　　所謂"形指字"，就是上節所述七種形聲字的第六種，屬于準形聲的。它是由形符和指標相合而成的，所以叫"形指字"，猶如由形符和聲符相合而成的叫"形聲字"相類。這一種指標，有一些近于英文的 suffix 和 prefix，然而也不盡相同。這一種指標的作用也有一些近于英文的 Morphome，然而也不盡相同。可是，它的確是一種文法上的符號標記，用來限制象形字的意義的。它和形聲字相似之處，即形聲字在其發展中是以形符或聲符去限制象形字的，而形指字是以指標限制象形字的，指標和形標音標都是用來限制的。它和象事字也有相似之處，因爲指示象形有一部分也用符號標記來指示的，而"形指字"也具有指示的作用。所以"形指字"者，是在象形字上加以"指標"用以指示限制它的詞性與它的意義的。

　　我們依照各種"指標"的不同，分述"形指字"的例于下面。

　　（1）以兩小橫爲指標的：

　　甲文"有""右""佑""侑""祐""又"等字都作"又"，爲區別起見，"王受祐"的"祐"在"又"下加兩小橫作"𠂤"。説文籀文"差"從"𠂇"，和甲文"左"作"𠂇"同。小篆把左右的"右"加口于又下作"㕛"。兩小橫和口都是形標。甲文凡動詞的"冊册"作册，名詞的"工册"作"𡥈""𡥈""𡥈"，初期金文作"𡥈"，周初金文井侯毁"用𡥈王令"即典字，兩小橫和𡥈字都是形指。西周金文遹毁"穆＝王"就是穆王，穆下面兩小橫表示穆是人名。井仁妄鐘仁妄人名，女上加二小橫，都是表示人名的指標。仁字作𡰥，就是説文仁的古文，遲的重文作𨒡，從𡰥；孝經"仲尼居"釋文"尼本作𡰥，古夷字也"，漢書高帝紀上"司馬𡰥"、地理志上"𡰥江在西北"，顏師古皆以爲"𡰥古夷字"，又樊噲傳注"𡰥讀與夷同"，卜辭金文尸方就是夷方。以上曾説，人、尸本一字，後來變而爲"仁""尼"，或借用"夷"字以替代：在金文凡人名人或尸的，都加二小橫以區別之。𡰥字或作𡰥，東周的魯伯鬲和魯白簠"魯白愈文乍邾姬𡰥朕羞鬲，其永寶用"，𡰥字就是尼字；白刀鼎"白刀乍曹𡰥羞鼎，其永寶用"，兩器是一人一時所作，白刀即魯白愈文，曹𡰥即邾姬𡰥，鬲文"羞"從兩又，鼎文從又，鬲文"尼"從尸從二，鼎文從尸從二從匕，鼎文的"𡰥"過渡就成説文的"尼"，許慎説："從尸，匕聲。"到了戰國時，數名下亦常常加兩小橫，如韓左内壺"廿＝""廿＝三""廿＝八"，左佦壺"卅＝四""卅＝"，曾姬無卹壺"佳王廿＝又六年"，陳騂壺"再＝立事歲"，屬羌鐘"廿又再＝祀"。金文世和卅是一個字，而據説文竊字及童字的説解以卅是古文疾字，所以數名的卅和廿加兩小橫以別之，再字的加兩橫，亦同。又在一鉼文上有"弌"字，和説文的古文同，因爲弋和二的聲音近，所以假弋爲二，弋下加兩小橫以爲指標，並不是從二的,西周金文召伯虎毁借𧶠作貳,字從貝從戌從二,二是指標。以上從甲文東、西周和戰國金文舉示以兩小橫爲指標的例。【甲文自加二小橫作𦣞、𦣞,金文父丁盉有𦣞,都是形指字,義待考。金文又有𦣝。】在説文中,也保存一點遺跡。説文:"竺,厚也。從二竹聲。"經典假篤爲之,篤是從馬竹聲的形聲字,而竺是形指字:假篤爲竺,猶如假尼爲𡰥,尼是從尸匕聲而𡰥是形指字。説文剛的古文作信,古文四聲韻引古尚書作信,説文"侃,剛直也,从𠂐从川",侃和剛的古文實本一字,而侃和信所從的𠂐就是信的古文。現在信字的讀音是讀辛字的(古鉢文作伈,從人心聲),然而説文衙或作衕,犰或作猜(金文有猜),金文㫃或作㫃,所以言字和斤玄等字音近;説文愆的籀文作𧫢,𧮺或作𪗪,所以衙侃同音,都是從川聲的,古音川和斤玄音近,所以"侃"和"言"音近。【雜卦"乾,剛也"(廣雅釋音同)。】𠂐是信字,但是信字而加以指標的,金文有但字(和𠌁字信字),陶文有信字。楚銅器的"但帀史秦"(勺作"但史秦")就是"剛師",古剛工音近,剛師就是國差𤭗的攻師,攻師就是工師(見禮記月令和孟子梁惠王下)。侃、剛、工和信古音都相近。説文泰的古文作夳,東周塡文作太,漢金文作夳或太,大加指標表示更大的意思。

　　(2)以口或言爲指標的:

　　甲文"商"或有口,或省口,商用作商國和賞賜兩解,所以"㐬"加口爲商國的商,金文加貝爲商賜的賞;但是後來又有借商爲賞的。商是形指字,商是形聲字,經典作賞是後起的形聲字(金文亦有之)。甲文周作囲,周金文作囲和周;周本是田疇或稠密的象形,加口乃爲國名。甲文册爲典冊的象形,加口爲𠷬乃爲祭名,亦作䄄,説文作𠷬。𠷬是形指字,䄄是形聲字。甲文劦象三耒並耕之形,吕氏春秋長利篇"協而耰",加口則爲魯祭,商金文亦作魯,説文作祫。魯是形指字,祫是後起的形聲字。甲文嘉作劼勤勤,羅振玉誤以爲樹,金文嘉作嚞,或省作加;嘉甲文從力,金文從加,故知加係力而加指標的,力是耒的象形。尹字動詞是"治",名詞是"長",後來名詞的尹加口爲君,甲、金文如此。金文帝爲上帝,加口爲啻則爲適和禘祭,啻而用作適或禘是形指字,適或禘是形聲字。甲文畕是田疇水溝的象形,金文加口作邕,用作壽和疇,亦作𤲑,和説文相同,口和又都是指標,後來加老和巾兩種形符而成𦓀和幬兩個形聲字。殳加口爲殼,金文假作毅,殼用作毅時是形指字,説文殼是𤮏的或體,所以金文用作動詞的毀,就是殼字。甲金文命令一字,令加口爲命,口是指標,令是動詞而命是名詞。金文又加口爲𠮠(即右),𠂇(即左)加工爲左,左或作𦨶,差所從的左或作工或作口,言、工、口都是指標。金文中幾父毁(捃二二·六二)賓作宫,用作嬪貢之嬪,宫是形指字，賓是形聲字。猶商與啇。金文衣字加口而爲哀，口是指標。金文五加口爲人稱的吾，口是指標。甲金石和厂是一個字，厂加指標口就成大石的石字了。甲金魚加口而爲地名國名的魯，説文誤以爲從白。説文白部者字金文也從口，口是指標，者本象枝葉形，加言而爲諸侯的諸。説文的否字就是不字而加口的指標的。又甲骨文地名人名多加口，如呂、昌、甹等字。

　　口既然只是指標【甲文口作ㅂ，並不一定是口耳之口，乃是器皿形】，所以往往可以別的指標代替，如左字或以工或以言或以口爲指標，刀文或作⿱。再字金文以兩小横爲指標，而齊侯鎛作叒，以口爲指標。甲文祐字以兩小横爲指標，而刀文秦篆作各，以口爲指標；刀文或作⿰，以∥爲指標。

　　（3）以點、圈或小直爲指標的：

　　甲金言音一字，金文或加一點于言所從的口中而爲音，但偏旁言音不分。金文厥作⿰，就是斛的象形，柄上加一點而爲斗；斗作⿰，加一點于斗内作⿰即升，但偏旁斗升不分，所以説文的料料金文都從升。十斗爲斛，十升爲斗，十龠爲升，所以斛最大，斗次之，升又次之，每加一形指而容量愈小。甲文小作⿰，加一點而爲⿰，就是少，少是更小。此與大加點而爲太，太是更大，正相反。甲文母女一字，女加二點而爲母，但偏旁母女不分。甲文夕月一字，皆作Ɖ，加一點于夕就是月字，但偏旁不分。帝乙以前的卜辭，有點者爲夕；帝乙以後的卜辭，有點者爲月；周金文大半以有點者爲月。頌毁蓋銘，甲戌作甲成，成周作戌周【盨鼎成周作戌周】，而金文盛城等字或從成或從戌，可證古代成和戌是一個字；成和戌的分別，是戌多一小直即爲成，這一小直即指標。又金文盛所從的成或者加一小直外再加一小圓圈，此小圈亦指標。金文鄙王戈萃從卒，鄙王戟作裒，衣下加一小直爲卒，所以寡子卣的詠字就是誶字。甲文牡豕作豕，在豕腹下著一小直，又涿字甲文從水從豕，或于豕下著一小圓圈（後下一九・九片一涿字從豕，一從豕著小圈者）。金文雁（假借爲應和膺）作惟，從人從隼，唯即隼，于佳的左著一小直；隼是説文雛的或體，許慎説“雛，祝鳩也”，爾雅釋鳥“鷹，鶆鳩”，鷹就是雁的籀文，所以雁和隼同是鳩類。豕佳加一小直而爲豕和隼，此一小直皆是指標。安和宴音形義相同，古本一個字，甲文安作安，金文作安、安，宴金文作宴（口是一小圈），女旁的一小直和小圈都是指標。金文匽或從一小圈，譌而爲從日。甲文保從人從子，人係⿰之省（即勹之省），爲別于從人從子的仔（説文有之），所以甲文或作保（拾九・五），金文作保、保、佅。

　　（4）以横畫爲指標的：

甲文比作🔣,加一橫或二橫作🔣🔣就是并字。甲文友作🔣,或加二橫作
🔣,這兩個字同見于一片(前七·一·四),可見是有分別的。金文友或作㕛,
或作㕛,口或曰都是指標;毛公旅鼎"眾我友敱其用畜",上友是名詞"朋友",下
畜是動詞"侑"。甲金齊作🔣,象三禾並出形,東周金文齊國的齊在🔣下加一
橫或二橫,陶文也是如此,所以說文以"禾麥吐穗上平"的齊從二,其實從二的🔣
本是齊國的專方,加二橫猶如"商""周"的加口了。甲文酉象酒尊形,酉下加一
橫作酉就是奠或鄭字。說文丕字從一,金文只作不,小篆多一橫,是指標,因爲
不本象花根蒂形,用作丕時加一以資識別,其實丕否皆是"不"的形指字而稍異
其義的。

(5)以丌或八爲指標的:

說文箕部和丌部的字所從的丌大半是指標,而且是兩種指標的複合。甲文
奠作🔣,金文作🔣、🔣、🔣,八和二和六都是指標。金文其作
🔣、🔣、🔣、🔣、🔣、🔣,但是這個作爲指標的六和丌字相近,丌就是几字,几和箕
音近,所以也可以說是丌字形聲字的聲符【丌本是几形,以丌爲指標猶以🔣爲指
標,🔣象器皿形。】金文"典"作🔣、🔣、🔣、🔣、🔣,它們都是冊字的形指字:因
爲甲骨文有"工🔣""工🔣""工🔣"皆是官名,"再冊""再🔣"皆是動詞,所以🔣
是🔣的形指字,二是指標。🔣(即奠)、其、典三個字,是酉、🔣、冊三個象形字的
形指字,加指標後變爲動詞和專名的奠鄭、語詞的其、動詞和官名的典。典是加
指標兩小橫而成的,奠、其加指標几和指標口(不是口耳之口,是器皿的象形)都
是以承托的器具爲指標的。

純以八爲指標的:金文向作宀,加指標八爲尚。酉加八而爲酋,說文:"酋,
繹酒也",酉是名詞,酋是動詞,但金文酓或從酋或從酉,偏旁不分。金文皿酉通
轉,盇或作🔣,所以金文益作盇,也就是酋,酋是繹酒,繹益古音極近。甲金和小
篆從八的很多,有些是指標,有些字我們尚不能認識清楚。

以上我們在所可認識的古文字中,舉了五十個以上的例,說明什麼是形指
字。形指字是以指標指示並限制它的詞性與意義的,所以形指字也可以分別爲
兩大類:

甲類　用指標來限制詞性的
(1)從名詞變爲動詞

　　　　酉（酒）——酋（繹酒）

　　　　酉（酒）——酋，覃（奠）

　　　　帝（上帝）——啻（禘祭，適）

　　　　友（朋友）——㚛（侑）

（2）從動詞變爲名詞

　　　　册（册告）——典（工典，官名）

　　　　又（有）——㞢（祐）

　　　　尹（治）——君（君長）

　　　　令（發令）——命（受命）

（3）從名詞變爲形容詞

　　　　竹——竺（厚篤）

乙類　　用指標來限制意義的

（1）普通動詞限制爲特殊動詞

　　　　册（册告）——曹（告祭）

　　　　劦（協耰）——魯（祫祭）

　　　　宁（賓客）——宭（貢嬪）

（2）普通名詞限制爲特殊名詞

　　　　隹（鳥）——隼（鳩）

　　　　豕——豭（牡豕）

　　　　言——音（樂言）

　　　　女——母

（3）普通形容詞限制爲比較形容詞

　　　　大——太

　　　　小——少

（4）普通名詞限制爲比較名詞

　　　　升——斗

　　　　女——母

（5）普通字限制爲專門名詞

　　　（a）國名

　　　　商（賞）——<u>商</u>

　　　　囧（稠）——<u>周</u>

　　　　𣏟（禾）——<u>齊</u>

　　　魚——魯

　　　(b)私名

　　　穆——穆₌(王)

　　　女——妄

　　　人——仁,尼

　　　(c)數名

　　　廿——廿₌

　　　卅(世)——卅₌

　　　再——再₌,爯

　　　弍——弍

　(6)象形字區別爲聲假字

　　　畽(疇)——曡(壽,幬)

　　　五(交午)——吾(我)

　　　玤(兩串玉)——丰(彀,彀)

　　這兩大類,其實都關涉于文法,即是這些"指標"的附加是足以影響其字的文法性的。因爲象形字在詞性上是可自由伸縮的,而在文字應用時太寬泛了使意義不確定,所以不得不用指標來限制(Modily),這些指標亦可謂是附屬于"文"或"名"的 Modifier。但是這"指標"只是一種符號標記,由它的指示而發生作用,它的本身並不能顯明意義,唯以指標的存在與否而示意:譬如夕加一點而爲月,這一點並不能顯明意義,不過因爲加了一點的夕是月字用以區別不加一點的夕是夕字。況且凡是形指字只有在其獨立表現爲一"文"時才發揮其作用。倘使它是"字"的偏旁部分則不發生指標作用,和象事字同文象意字一樣。因此之故,甲文有時以有點的爲月,有時以有點的爲夕;金文有時以有一小直的爲戊,有時以有一小直的爲戌。由普通字限制爲專名時,指標和標點符號差不多。指標實在是一簡單的區別的符號,所以帝字加口而爲啻,或作禘或作適,不過表明啻不用做上帝的帝而已。在應用許多象形字的形或聲時,爲表明現在用這個象形字的形的義稍有變易,或爲表明現在用這個象形字的聲而不用其形:附加指標以指明這點。它卻不能指明啻是祭祀的禘呢還是適庶的適呢。所以形指字只能消極地區分彼此,藉指標以指示;它卻不能積極地指定。因此甲文册告的"册"加指標而成"冊"爲祭告的專字,還嫌不清楚,于是加形符"示"于册而爲"祕";金文的"畽"加指標成"曡"爲壽字,還嫌不清楚,于是加形符老于畽而爲

"𠧧"（即壽字）。這便是從"形指字"變到"形聲字"的程序了。

[象形字]————————————→[形指字]———→[形聲字]

册（簡册，册告，告祭……）———→冊（告祭）———→祽（告祭）

這個變化是自然的。從甲骨文到戰國的金文，一直有形指字的出現，而同時形聲字從商起就逐漸構成了。因爲形指字只是消極的短期的指示，所以形聲字就積極地指定了。形聲字用形符和聲符明顯的指定這個字的形類和聲類，它比形指字明白多了。乙類(6)的形指字，是在聲假字上加以指標的，它和上述第二種形聲字(加形符于聲假字者)何其接近，昌是形指字，幬是形聲字，所不同者一是指標一是形標而已。所以從象形字演爲形指字只是加一指標，從形指字演爲形聲字只是易指標爲形符而已。形指字的指標既是相當于形聲字的形符，所以形指字的音讀往往同于它本來的字。

在本節的頭上，曾說"形指字大多數是從象形字到形聲字之間關于形的發展的過渡現象"，因爲乙類(5)(6)的形指字，都是加指標于聲假字的，也是聲的發展的過渡現象，所以我們加"大多數"三字。

我們既以"形指字"爲一種基本類型的字，所以得與其他類型的字加以區分。

形指字和象物字聲假字不同，因爲它是象物字或聲假字而加指標的。它和同文象意字不同，因爲同文象意字是象物字的重疊。

它和象事字相似而不同：第一，象事字仍是象形的，形指字可以不是象形的。第二，象事字是指示而指定的，形指字只是指示的；所以象事字的後加部分有一定的地位和形狀的，形指字的指標無一定的地位的。如象事字的"刃"係于刀鋒上加點，這一點不能隨意移動，這一點也不能用別的形代替；而形指字指標可以或上或下，而指標亦可以互易。第三，象事字與本來的象物字不同音讀，象物字而加指標爲形指字，它的音讀往往不變。

它和形聲字(指正形聲)相似而不同：第一，形聲字的後加部分是形符或聲符，形指字的後加部分是指標。第二，形符傳義，聲符傳音，都是成文的；指標無義，亦不能作聲符，或成文或不成文。第三，形聲字中的形符聲符互相限制，形指字只有指標是限制的。

異文象意字各部分皆成文皆有義，互相限制，皆和形聲字相同，所以不同于形指字。

　　合文和形指字相似,但是合文係以一部分形容一部分,形指字係以一部分指示一部分;合文各部分都是成文的有義的,形指字則否。

　　由上所述,"形指字"在我們的界説下有它特殊的性質,它在文字發展的過程中占有一個地位:

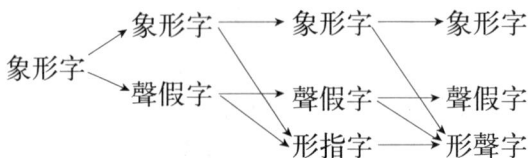

```
                 ┌→象形字 ──→ 象形字 ──→ 象形字
        象形字 ──┤                ↘        ↗
                 └→聲假字 ──→ 聲假字 ──→ 聲假字
                                    ↘        ↗
                                 形指字 ──→ 形聲字
```

六、結論

　　這一章可以説是我們的新六書説。我們根據了可定時代的古文字的現象,研究文字的基本類型的性質、結構和它變易的程序。總結這一章並上一章所述,則中國文字從它的發生以迄凝固,共歷五個時期:第一期,在去今四千年以前(夏以前),文字尚没有從圖畫分立出來,所以用畫來"記史""記名"。第二期,在去今四千年到三千五百年之間(夏至成湯),文字正在孕育發生,漸漸用脱胎于圖畫的原始象形文字"記事"了。第三期,去今三千五百年到三千年間(湯至商末),象形文字的形經改造而聲被借用;此期前一半(大約在盤庚前),象形文字經人意的改造而簡化分化變化抽象,它的"聲"被借用而爲"聲假字";此期後一半,是形指字的發生,接著便有"形聲字"。第四期,在去今三千年以後八百年(周至秦統一),文字從執政的民族傳播到四方去,而因爲王室的衰微,王官之制壞,所以在此期的後半字形漸漸分歧。第五期,在去今二千一百年到一千八百年(當秦的統一以迄説文的告成,正三百年間),文字不但凝固了,而且從此以後只有小變,没有大的改易了。關于後兩期,在以下兩章内自然要詳細述到的。

第四章　傳統的六書説

一、總論六書

六書的名稱,最早見于周禮地官,説:"保氏掌諫王惡,而養國子以道,乃教之六藝:一曰五禮,二曰六樂,三曰五射,四曰五馭,五曰六書,六曰九數。"周禮是戰國晚期的人所編綴而成的【周禮一書可能爲秦統一後所編,因其分爲六卷三百六十官】,但它確保存許多古代的材料。就此節而説,保氏即古代阿保女師之官,是教小學的。周初康王時的大盂鼎説:"王若曰:盂……余隹即朕小學,女勿勉(即毘勉)余乃辟一人。……敏朝夕入諫。"盂是康王時的阿保而掌王的小學,他同時有諫王的責任,如周語所説的"師箴":這和周禮所稱保氏掌諫王惡並教六藝的記載相合。

"六書"這一種説法,是戰國晚期人所定的,據説是用來教學童的,它和九數是六藝中之二,也就是小學的主要科目。六書本來只是後人對于文字的性質和結構的一種歸納的解釋,並不是造字以前預定的條例。【此六書或是六技,恐不必即是後來講六種分析形式者。】這一種解釋是晚周人所立的,他們即以當時(東周六國並秦)的字體做根據。我們以此來理解六書,解釋六書,才是歷史的看法。我們今日對于"六書",覺得它本身有許多不周密處,而它只是某一時期文字結構的歸納,所以不能用它來解釋最古文字的性質和結構,更不能用它來解説全部文字自古及今演化的跡象。因爲六書説只是解釋東周六國和秦文的結構者,它自然不能應用于較它更早的商周文字了;它既不從文字的源以觀其流,無怪乎它本身不周密了。

我們在第二三兩章所討論的,是文字從發生以迄形聲字的完成,就是我們上節所説的第一期到第三期。這一章所討論的"六書",是屬于第四期的後半期和第五期的前半期的。關于這時期(六國及秦)的文字,下章自然詳細述到的,而此處只論漢朝人對于這時期六書説的解釋。

後漢人對于六書的解釋有三家:鄭衆周禮注説:"六書:象形、會意、轉注、處事、假借、諧聲也。"班固藝文志説:"六書謂象形、象事、象意、象聲、轉注、假借，造字之本也。"許慎説文叙的六書:"一曰指事……二曰象形……三曰形聲……四曰會意……五曰轉注……六曰假借……"班許兩家皆是引周禮保氏文而注釋的，所以三家之説都是注周禮的，班固的藝文志本于劉歆的七略，而許慎是賈護的再傳弟子，鄭衆是鄭興子，護興都是歆弟子，所以三家之説都出于劉歆，【前漢紀卷廿五述劉向別録:"凡書有六本，謂象形、象事、象意、象聲、轉注、假借也。"】也可以説是古文學家的説法。因此，三家之説只有名目上的差異，而大體相同的。處事就是指事，沒有多大分別。諧聲、象聲就是形聲，前兩者不如"形聲"這名稱的周全，因爲形聲字是半形半聲。但是班固"象形、象事、象意"三名比許慎的好，次序也相順，而此三書一律稱"象"是最恰當的。我們取班氏的"象事""象意"以代許氏的"指事""會意"，又改許、班、鄭三家的"象形"爲"象物"，而總稱象物、象事、象意三者爲"象形"。"假借""轉注"三家不異。

以下就前兩章所討論的，來研究六書。六書説以説文叙最倶備，有界説，有例，所以我們即據説文叙分述六書。

二、象形指事會意

此三者就是我們所謂的象物象事象意，都可以總之爲象形的。説文叙説:"一曰指事，指事者，視而可識，察而見意（原作"可見"，據藝文志顔師古注改正），二、二是也。二曰象形，象形者，畫成其物，隨體詰詘，日月是也。……四曰會意，會意者，比類合誼，以見指撝，武信是也。"

象形或象物是畫成其物隨體詰詘，説文叙又説，"倉頡之初作書，蓋依類象形，故謂之文"，依類象形就是隨體畫物。由此可知象形或象物乃是万物各別的圖象，它是用"文"來繪畫萬物的。它以各別的萬物爲對象而圖繪之，所以比較的是客觀的，即物以命名。【象形是因形而見物（造字過程是因物而造形）。】象事象意則是因形而見意。象物與象事象意的分別，上章三節"論意義"已經説到，即是:象物字因形而得義;象事字象意字因形而得義，因義而見意。象事和象意大同而小異:象事因視所指之事以察見其意，所以叫指事;象意因會合二以上之物類以見其所指之誼，所以叫會意。

象事的"事"，與形聲字的"以事爲名"、假借字的"依聲託事"的"事"一樣，事就是事類。事類和物類稍稍不同，物類是萬物的形態，事類是萬物的形態以及物類所表現的德業和動態。所以"以事爲名"是形聲字以形符建類,形聲字的形符或爲物類(如木部)或爲事類(如走部);"依聲託事"是假借字借別字的聲音以託事,所託者或爲物(如假相背之韋爲皮韋之韋),或爲事(如假麥來之來爲來去之來)。周禮司常"掌九旗之物名……皆畫其象焉,官府各象其事,州里各象其名,家各象其號"注:"物名,所畫異物則異名也。"所以名是物名,事是物名之大者。

象意的"比類",和象物的"依類象形"、轉注的"建類一首"的"類"一樣,類就是物類。依類和比類是不同的,象物和象意是不同的:依類象形即隨體畫物,依即"依聲託事"的依,謂分別依照各類物體的形態而圖象其形態,所以象物是"物"的一體的圖畫(象事也是一體的圖畫,這是象事和象意的分別);比類合誼是比合二以上的物體而合其形態,所以象意是"物"的二以上體的圖畫。嚴格的説,象意應該叫做"會合象形"。

由上所述,則三者的異同可知。象形是物體的畫象,所以説"象"説"畫"説"物"。象事、象物因指示或會合物類以見所指之意,所以説"指"説"見"説"意"。

象物分兩大部六類:

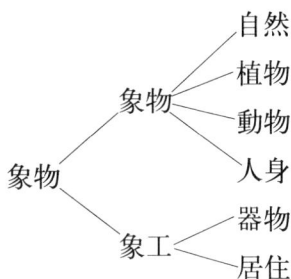

```
                        ┌─ 自然
                        ├─ 植物
                  象物 ─┤
                        ├─ 動物
         象物 ─┤        └─ 人身
                        ┌─ 器物
                  象工 ─┤
                        └─ 居住
```

説文叙説:"仰則觀象于天(天象),俯則觀象于地(就是地理),視鳥獸之文(就是象動物),與地之宜(就是象植物),近取諸身(就是象人身),遠取諸物(就是象器物)。"所以我們的六分類,大致與此相同。器物和居住,都是人工所造成,所以總之爲象工。【元戴侗六書故九部:一數,二天文,三地理,四人,五動物,六植物,七工事,八雜,九疑。】

象事分四類:一、加重或顯著"文"的某一部分以示意者,二、省略或隱没"文"的某一部分以示意者,三、變易轉換"文"的方位以示意者,四、從具體的"文"抽象以示意者。詳三章一節(一)(四)兩段。

象意分兩類：一、同文象意，二、異文象意。詳三章一節（五）。同文的象意往往表示四種作用：一、表示數量的增疊，如説文"林，平土有叢木曰林"，"多，重也"（象兩肉相重），"雥，群鳥也"，"从，眾立也"。二、表示質量的顯明，如説文"羴，羊臭也"，"丝，微也"，"毳，獸毛細也"，"炎，火光上也"。三、表示力量的加強，如説文"弜，強也"，"劦，同力也"。四、表示勢位的對待，如説文"叕，物落上下相付也"，"北，乖也"（象兩人相背）。異文象意許氏所舉二例，人言爲信，止戈爲武，在小篆可以説是會意，但由古文字看來是有問題的。

説文説解中凡有"象形""象……形""象……"等語者，其字許氏的象形（即象物）字。凡有"從某從某""從某某""從……"等語者，其字許氏的指事或會意（即"象事"或"象意"字）。

三、形聲

説文叙説："形聲者，以事爲名，取譬相成，江河是也。"【四體書勢："形聲者，以類爲形，配以聲也。"】事即事類，就是以事類建其名目，如江河以水爲形符；取譬就是擇取相近似的聲音譬喻，如工可近江河的聲音；相成就是以所建事類（形符）和所譬之聲（聲符）相益而成字，即"形聲相益謂之字"的"相"字。譬即效做類似，形聲字一半譬聲，所以鄭司農以爲諧聲，班孟堅以爲象聲，象即象似，諧即諧合，都與譬相同。但形聲字不但譬聲，並且建類，所以許氏稱之爲"形聲"最當。

前章内曾經分述形聲字爲七：一注聲于形，二注形于聲，三注形與聲，四注形于形，五注聲于聲，六注指標于形（即形指字），七兩文相合（即合文）。一、二、三爲正形聲，其他爲準形聲。準形聲中的形指字和合文都已詳述于前，此不再説。所以本節只論三種正形聲附帶兩種類似形聲，並説文上幾個問題。

（1）注聲于形

　　象形＋聲符→形聲

　　隹＋臼→舊金文

　　🐍＋六→其金文

　　雀＋凡→䳒甲文説文作鳳

　　自＋畀→鼻説文。甲金邊從自，自邊古同音

（2）注形于聲

（a）聲假＋形符→形聲

其＋日→昔金文期字。亦作昔，説文古文作𣅌，從此省

羽＋日→翊甲文昱字。羽和立是聲符通轉。爾雅釋言"翊，明也"，亦即昍

（b）聲假＋形符→形聲（一）＋形符→形聲（二）＋形符→形聲（三）

刃＋水→汈金文國名＋木→梁小篆＋邑→郟金文省水，金幣文作梁

（c）聲假＋形符→形聲（一）＋聲符→形聲（二）

羽＋日→翊甲文＋立→翊金文昱字。昱字從此省，翊字亦從此省

（3）注形與聲

（a）象形＋聲符→形聲（一）＋形符→形聲（二）－象形→形聲（三）

雀＋凡→𩙿金文鳳。周禮作飆＋虫→〔蠍〕－雀→風

𠙹＋六→𦥔甲金＋竹→箕説文－𠙹→𥰓金文

𠙹＋六→𦥔甲金＋日→𦥔金文期字－𠙹→𣅌"古文"，陶文【陶文基作至】

（b）聲假＋聲符→形聲（一）＋形符→形聲（二）－聲假→形聲（三）

羽甲文昱字＋立→翊甲文＋日→翊金文－羽→昱説文

盥甲文注字＋壽→𤅰＋金→𨮥－盥→鑄

> 盥甲骨文作𥁑𥁑（前六・四二・八及六・四三・一，河南七六八、七六四省牧），象兩手奉一有耳的皿注水于其他一皿，其一復著水流注形。此字舊不釋，它和金文鑄及𨮥所從一樣，盥上的𦥑就是𠬝的倒文。古音鑄和注相同，所以甲骨文這個字乃是注的象形文，金文假借爲鑄。

（4）注形于形

象形＋形符→形聲

四＋口→呬説文

兄＋示→祝金文

寸＋肉→肘説文

盈＋木→楹金文

（5）注聲于聲

聲假＋聲符→形聲

羽甲文昱＋立→翊甲文，爾雅

世甲文卅＋立→竝金文枼。金文世枼葉一字

第三種形聲（即蛻變形聲）共有兩小系，一系係合（1）（4）兩種形聲而以兩個後加部分爲一形聲，一系係合（5）（2）兩種形聲而以兩個後加部分爲一形聲。所以蛻變形聲較晚。這七種形聲的關係如下：

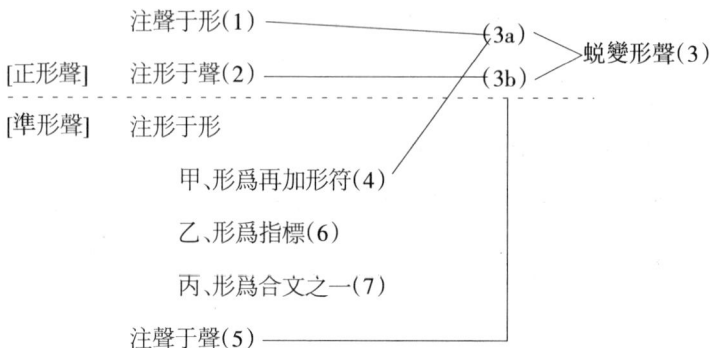

```
                                          ┌(3a)┐
          注聲于形(1) ──────────┤    ├──蛻變形聲(3)
 [正形聲]  注形于聲(2) ──────────┴(3b)┘

 [準形聲]  注形于形
          甲、形爲再加形符(4)
          乙、形爲指標(6)
          丙、形爲合文之一(7)
          注聲于聲(5)
```

説文于形聲字在説解中用"從某，某聲""從某，從某，某亦聲""從某，某省聲"來注明。大凡正形聲都作"從某，某聲"的。

説文的亦聲省聲，大小徐本每不相同。大約因傳鈔而譌易的很多。許愼所謂"亦聲"者就是這個字既爲會意又爲形聲。【亦聲的兩方面：（1）形聲字中聲符兼爲義符。即形聲字中，一爲形符，一爲聲符，此聲符與形符均主義。（2）會意字中之形符兼爲聲符。】就我們的説法，準形聲中的"注形于形"（包括〔4〕〔6〕〔7〕三種準形聲），其先有部分的"形"兼主聲；即是：

第四種形聲，爲象形而加形符者，如四本象口出氣形，再加形符口仍以四爲聲。

第六種形聲，爲象形而加指標者，如又加口爲各，仍以又爲聲。

第七種形聲，爲合文，如伍從五人，仍以五爲聲。

右和伍，説文以爲會意，呬説文以爲形聲。説文以禮從示從豊，豊亦聲，豊本象祭祀的豆形，從示是後加的形符；禮字和呬字同例。王筠説文釋例説亦聲有三種："會意字而兼聲者一也，形聲字而兼會意者二也，分別之在本部者三也。"會意而兼聲與形聲而兼意是一事的兩端；分別之在本部者即本部的分別文，主義兼聲。王氏釋例論分別文與累增字説："字有不須偏旁而義已足者，則其偏旁爲後人所遞加也，其加偏旁而義遂異者是爲分別文。其種有二：一則正義爲借義所奪，因加偏旁以別之者也；一則本字義多，既加偏旁則袛分其一義也。其加偏旁而義仍不異者，是爲累增字。其種有三：一則古義深曲加偏旁以表之者也；一則既加偏旁而世即置古文不用者也；一則既加偏旁而世仍不用，所行用者反是古文也。"王氏所列的例，駁雜不純，但他所立界説與我們的第四種形聲相同。

　　説文的省聲，自來成一不易解決的問題。或疑省聲是後人所加，但鄭玄在許慎後，他注考工記引許叔重的説文解字，考工記輪人"牙得則無檕而固"注云："鄭司農云：檕，椴也，蜀人言椴曰檕。玄謂檕讀如涅，熱省聲。"可知後漢已有"省聲"之説，而鄭玄曾引用許書，此或者亦是據説文的。説文省聲大別爲二：一爲其字與所省之字同從：如犢從瀆省聲，莜從條省聲，犢和瀆同從賣，莜和條同從攸。一爲其字與所省之字音相近而兩字有一部同從，許氏誤以爲同從一聲符，如"哭"從獄省聲，"家"從豭省聲：哭獄聲近，兩字同從犬，故誤以哭所從的犬乃獄省；家豭聲近，兩字同從豕，故誤以家所從的豕乃豭省。學者每因哭、家之例而一概視説文的省聲爲後人所加，這是大錯的。

　　説文標音的例有幾：一某聲，二某省聲，三讀與某同或讀若某同，四讀若。讀與某同或讀若某同，如説文"卟讀與稽同"、"囧讀若明同"，是説卟與稽或囧與明兩個字的讀音相同。讀若又分爲好幾種：

(1)讀若引書音，如"窴讀若虞書窴三苗之窴"、"睪讀若詩赤舃睪睪"。
(2)讀若引諺語，如"詯讀若反目相睞"、"該讀若心中滿該"。
(3)讀若引方言，如"餛讀若楚人言恚人"、"御讀若汝南人寫書之寫"。
(4)讀若引通語，如"瞿讀若章句之句"、"胅讀若決水之決"。
(5)讀若引孳乳字或所孳乳字，如"自讀若鼻"、"瑂讀若眉"。
(6)讀若引音近之字，如"莠讀若酉"、"奭讀若郝"。

總之，讀若是以當時的書音、諺語、方言、通語和音近的字來比況形容某字的音讀的。

　　説文省聲，有時更注以讀若，所以省聲有一部分也是比況形容字音的。説文之所以立省聲之名者，因爲同從一聲符的形聲字，它們的聲讀往往小有變易。如從賣聲的，其中古音見于廣韻的共分六系：

(1)屋部,余六切。ịuk　　　賣、價

(2)屋部,徒谷切。dʻuk　　讀、讟、殰、讀、櫝、牘、價、瀆▲、犢▲……

(3)燭部,神蜀切。ʑiʷok　　贖

(4)燭部,似足切。ziʷok　　續、賣

(5)錫部,徒歷切。dʻiek　　覿

(6)侯部,田侯切。dʻəu　　竇

由此可知瀆和犢是同音的,所以犢雖和(1)(3)(4)(5)(6)的字同從而音不相同,所以説文注明犢從瀆省聲(此大徐本),意謂犢音與瀆所從的豪同音。(1)(2)聲音有別,一有發聲,一無發聲,所以若是説犢是鋻聲,就不準確了。

再如埶字所從的執,其中古音見于廣韻的共有六系:

(1)祭部,魚祭切。ŋịεi　　執、藝、囈、樲、槷

(2)薛部,如奴切。ŋʑiʷɛt　　蓺

　　薛部,如列切。ŋʑịɛt　　熱▲

(3)屑部,玉切切。ŋiet　　槷▲(臬)　　(屑部,奴結切 niet　　涅)

(4)薛部,私列切。sịɛt　　褻、勢、摰　　(薛部,山列切 ṣịɛt　　椴)

(5)緝部,之入切。tɕịəp　　摰

(6)祭部,舒制切。ɕịɛi　　勢

我們看到只有熱字和埶音最近,所以鄭玄説埶是熱省聲的,同時埶和涅聲音最近,假借爲臬,所以説埶讀若涅。鄭衆根據蜀方言讀埶爲椴,因爲椴和(4)系諸字相近。埶和執元音既不相同,而一有聲尾一無聲尾,所以若是説埶從執聲就不準確了。

同一個諧聲系統的許多字,它們之間音值的差別有三種:一是發聲部位的差異,二是元音的差異,三是聲尾的差異。元音和聲尾的差異,由上所舉執賣二個字的諧聲,可以知其大概。發聲部位的差異又可細別爲三:

(甲)部位移動而方法不變,如上述兩例的發聲部位或前或後而仍然是摩擦聲;

(乙)是部位不移動而方法變,如説文説楊從邊省聲,今據廣韻:

先部:邊、籩、澷、穗、躚、儂、趨等布玄切　　piwen

先部：矈、鬢、寡等莫賢切　mien

仙部：矈、㦟、顯、櫋▲、㝠等武延切　mjiɛn

而許慎讀櫋爲 piwen，所以説從邊省聲。

（丙）是複輔音的去留，如從京聲的字最古讀作 kl-，後分化爲 k-系與 l-系，鯨京爲 k-系而涼諒爲 l-系，所以説文䬘從涼省聲，即是説䬘和涼諧 l-系而不是諧 k-系的。又如從𤇾聲的字最古讀作 ql-的，後分化爲 q-系與 l-系。熒螢滎爲 q-系而勞犖爲 l-系，所以説文膋從榮省聲，褮從營省聲，營從熒省聲，即是説膋、褮、營和榮、熒同諧 q-系而不諧 l-系的。

或有人問，説文從𧶠的凡十八字，音讀分六系，何以獨于櫝下注從瀆省聲呢？要知許氏不必于每一字下比況其音，而凡遇那些字在讀音上有差異的，才特别注出音來比況它。所以省聲的字不但用"省聲"來區别它，接著更附以"讀若"來比況它，鄭玄注説褻是熱省聲，而讀若涅，説文如：

齜，從齒，柴省聲，讀若柴

闠，從門，賓省聲，讀若賓

肤，從肉，决省聲，讀若决水之决

㬥，從日，赧省聲，讀與赧同

䪼，從頁，翩省聲，讀若翩

憪，從心，簡省聲，讀若簡

澩，從水，學省聲，讀若學

鉣，從金，劫省聲，讀若劫

省聲之字與所省之字音相同相若，可見省聲亦是聲讀的比況。

省聲和亦聲，歷來的傳寫本都有譌易增奪，必須經過一番校勘的工夫，所以我們所論止限于此。

宋人王聖美、張世南創右文之説，他們説右旁多以義相從，如淺、賤、棧、錢【殘、盞】同從戔而有小義，晴、清、精同從青而有精明之義。我們再可舉一二例。小聲叫嘒，小星之貌亦叫嘒，小棺叫槥，小智叫慧，小鼎叫鏏，凡從彗的都有小義。鳥肥大的叫䲨或鴻，大竅叫空，大腹叫仜，大水叫江，大缶叫缸，從工的都有大義。但是，我們不能説凡從工的都有大義，凡從彗的都有小義。所謂凡從某者有某義，是説這些字同能歸納于一廣泛的形容詞之下，如鴻、空、仜、江、缸等字都表示"大":大的鳥、大的穴、大的人(腹)、大的水、大的缶。所以所謂右文説,只是右文相同的一群字,它們的廣義是相同的。

因此形聲字聲中有義者,其原故有二:

一、如上所述(4)(6)(7)三種"注形于形"的準形聲,以原有的象形當聲符,以後加的形當作形符,所以聲自然兼義,因爲象形字的聲即是這個所象之物的名字。

二、(1)(3)a兩種正形聲,其原有部分是象形,其後加部分是聲符,用來形容比況它的。(2)(3)b兩種正形聲,其原有部分是聲假,即是借用別一字的聲音來比況取譬的,其後加部分是形符,用來形容限制它的。(5)這一種準形聲,其原有部分已是比況取譬的聲假,其後加部分還是聲假,就是用第二次的聲符更來比況取譬。所以這些形聲,它的聲符本是比況取譬的,所以凡同聲符的諧聲字往往同屬于一種性質或範圍的形容。從"工"聲的形聲字,都取譬于"工",因爲"工"是大的形容,所以大鳥叫鴻,大缶叫缸,凡取譬于大義的工聲以形容"鳥""缶""水"等的,其所構成的形聲字"鴻""缸""江"同有大的形容,而不是同義。

説文叙所舉形聲字"江""河"都是左形右聲,而形聲字不必一定左形右聲,如鳩鴿左聲右形,婆娑上聲下形,草藻上形下聲,圃國内聲外形,聞閟内形外聲。我們由古文來看,尤其可見形符聲符配合的地位沒有一定,不必一定。甲文祀或作际(金文同),物或作㸬,基作𠀎(羅氏誤以爲糞,金文作基),杞作杶(金文作杶、柦、杞),𢆶(即荆)作𦱠(舊誤以爲囚),【廣雅釋言"荆,佌也",釋詁"荆,成也",王制"荆者,佌也;佌者,成也"。佌即𢆶之繁,而荆乃佌之省】依作衣,黍或作秝或作秋(金文作秝),男或作畕(金文作男),妹或作委(金文作妹枚)。由此數例,可知形與聲之在左右上下内外,是無大關係的。

附

説　省　聲

朱德熙　聯二〇八二

省聲者,所以訓一字之聲讀者也。説文標音方法有四:

一、某聲;

二、讀若;

三、讀與某同或讀若某同；

四、某省聲。

　　某聲者,以聲符標該字之音也。如説文第四篇上:"羒,牡羊也,从羊分聲。"讀若者,該字與某字音相近也。説文第七篇上:"朿,木芒也,讀若刺。"讀與某同或讀若某同者,二字之音相同也。如説文第二篇下:"逝,疾也,从辵昏聲,讀與括同。"(注一)。此外尚有亦聲,蓋以一字之形符同時用作聲符而訓其音讀也。如説文第二篇下:"選,遣也,巽亦聲。"以是觀之,每一種訓音讀之方法均有不同之意義不同混用。吾人明瞭此點然後可進而探求省聲之含義。

　　吾人由説文可知,凡以省聲爲訓音方法之字,必與所省之字同从(亦有例外,詳後)。如"羿,熒省聲"(第五篇下)"䮒,博省聲""犢,瀆省聲"是也(注二)。爰舉説文省聲之例列之如下:

　　舠,从舟,刖省聲,讀若兀。

　　梓,从木,辛省聲。

　　�,兩省聲。

　　莜,條省聲。

　　敫,噭省聲。

　　熒,教省聲。

　　鷽,學省聲。

　　骎,侵省聲。

　　雩,嚞省聲。

　　脅,勞省聲。

　　羿,熒省聲。

　　䮒,博省聲。

　　犢,瀆省聲。

歸納之得一結論,即省聲者以同從之字以訓一字之音也。例如梓字訓爲宰省聲,蓋梓本爲形聲字,按例應訓爲从木辛聲。但此字不讀爲辛而讀爲宰,故以宰訓之,言省者省宰爲辛也。故梓下有榟字,注曰:"或不省。"榟梓實一字,榟字从木宰聲,故曰"或不省"。再如閞訓曰"兩省聲",意即閞兩同聲而省兩爲門是也(説文釋例曰:"玉篇作閞,未嘗省也。")再如犢訓爲"瀆省聲",而从賣之字其音讀不一,若訓爲从牛賣聲,則究讀何音不得而知,故許氏就从賣之字中擇一瀆字,音與犢同以訓之(注三)。

　　綜上可知説文中以省聲訓音之字大別爲二類(注四):一類之字無聲符,故以省聲之法訓之，如膋字。另一類爲雖有聲符而从該聲符之字音讀俱各不同，故亦以省聲訓之，如犢字。

自來治小學者，頗有主張省聲與字義有關，即宏博如王筠，亦不免爲此説所縛，至今日此説已不攻自破，惟省聲問題棘手處尚多，如齜説文曰："从齒，柴省聲，讀若柴。"既曰"柴省聲"，又曰"讀若柴"，似有畫蛇之病。惟段注曰："各本作柴省聲，淺人改也。"彼意以爲應作"从齒此聲，讀若柴"。而再如鈝下云"刧省聲，讀若刧"，而段氏無注。余甚爲不解，有俟高明。

注一　説文常有以甲字訓某字再以乙字訓甲字者，如逜是。

注二　省聲之字或同从一形符，如芟炗同从艸；或同从一聲符，如犢瀆同从賣。

注三　陳夢家先生曰廣韻中凡从賣之字之音讀可分爲六系統：

一、賣儥 i̯uk

二、黷牘讀犢瀆 d'uk

三、贖 ziwok

四、續薥 zi̯wok

五、覿 d'iek

六、竇 d'əu

注四　説文誤以省聲訓之之字頗多，如獄、家等是。詳見説文釋例，此類字不列入二類。

按省聲問題纏糾頗多，自非輕易能解決者。此文僅爲余于讀説文之餘隨意所録，其中舛誤之處在所不免，希

吾師于閲後略加指示。函寄聯大新舍朱德熙可也。

夢家師　文几

朱德熙（下殘）

四、假借

説文叙説："假借者，本無其字，依聲託事，令長是也。"我們從開頭就避稱假借字而用聲假字這一個名字，因爲許慎所謂假借字，就其界説來説，本無其事而依聲託事，就是我們所謂的聲假字；就其所舉"令""長"兩個例來看，則是我們所謂義的引申（見三章三節）。倘使我們以爲許氏把"令""長"之假作縣令、縣長僅是聲音的假借，那末我們可以認爲假借字就是聲假字。

假借字是依聲託事，事就是事類。譬如有"昱"（即明天）這件事而没有昱字，所以依著"昱"的聲音借用"羽"來表"昱"，因爲古時昱和羽是同音的。但是假借字不限于本無其字，有時候本有或已有此字，而寫字的人一時忘了，也可以拿别的音近的字來代替，這類也是假借字。所以假借字可有兩類：

　　一類本無其字的，就是語言中有些詞無形可象、無事可指、無意可會的。這類可分幾組：(1)象聲詞，如象語氣的"若""乎""哉""邪"等；如比況聲音的"關關""閣閣""盤礴""胡盧"等。(2)代名詞，如人稱的"予""彼""尔""女"；如指示的"此""其""茲""之"等。(3)關係詞 particles，如介詞的"於""以"，連詞的"與""及"，助詞的"不""皆"。

　　二類本有其字的，鄭玄説："其始書之者，倉卒無其字，或以音類比方爲之，趣於近之而已。受之者非一邦之人，人用其鄉，同言異字，同字異言，於茲遂生矣。戰國交争，儒術用息。秦皇滅學，加以坑焚，先聖之風，掃地盡矣。漢興，改秦之弊，廣收篇籍。孝武之後，經術大隆，然承秦焚書，口相傳授，一經之學，數家競爽。章句既異，踳駁非一。"（經典釋文叙引）徐鍇説："春秋之後，書多口授，傳受之者未必皆得其人，至著于簡牘，則假借文字不能皆得其義相近者，故經傳之字多者乖異疏□，詩借害爲曷之類是也。"（説文繫傳"上"字下注）【①行文偶忘；②故意古雅别作；③寫别字；④簡筆改用同音字，如鬭作斗。】

所謂假借字，鄭玄説是"同言異字，同字異言"，衛宏四體書勢説是"數言同字，其聲雖異，文意一也"，徐鍇説文繫傳説"假借則一字數用"，段玉裁説文叙注説"古文初作而文不備，乃以同聲爲同義"，"異義同字曰假借"，"有假借而一字可數義也"。我們的説法，聲假字不問其本無其字或已有其字，當寫字者用這個"字"的聲音來表達與這個"字"音相同或相近的一件"事"，那末這個"字"與那件"事"只是聲音相同而已，這個"字"本來的形義可以不管。二章五節述第二類型（即聲假字）時曾舉例説過了。我們又曾説過，文字凡因形而得義的是形義字，就是本義；因聲而得義的是聲義字（就是假義）。聲假字就是聲義字。

假借字的條件只有一個，就是音近，鄭玄所謂以音類比方假借爲之，趣于近之而已。音近者或是同音，或是雙聲，或是疊韻，都可以互相假借。但聲音是變異的：有古今的變異，有方言的變異。所以同是一件"事"，古今南北的人可以借用許多不同的"字"來比方它，因此數字共一義。同理，同是一個"字"，古今南北的人可以借它來比方許多"事"，因此一字共數義。所以，若要詳細研究字的假借，便屬于聲韻學和訓詁學的範圍了。

假借字並不是造字的一種，也不像象物、象事、象意、形聲是四種結構，它只是一種性質，並且是象物、象事、象意、形聲四種字共有的性質，即是此四種字都可假其聲而爲聲假字。並不是在造字以前已預設了假借這一種功用，不過文字在應用上有這一種用法而已：好像我們製造一隻茶杯是爲盛茶用的，既造成以後，人也可以借用茶杯爲酒杯爲水盂等等。凡字必附有聲音，凡是借用聲音的是假借字。

清孫經世說文解字假借考說說文說解中凡有"故爲"、"故以爲"、"或以爲"、某書"以爲"、某文"以爲"、某人"以爲"、"亦如是"、"亦如此"、"或說"、"或曰"、"一說"、"一曰"等字者，都是假借字。

五、轉注

解釋六書的，要數轉注最紛歧了。曹仁虎轉注古義考録許慎以來各種異說，至爲詳明。我們試看諸家異說，就知各人立各人的解說，漫無標準。他們共同的錯誤有幾種：一是不知古人分類原本很粗疏，六書並非可等量齊觀的，所以戴震不得已而立四體二用之名，確乎是有所見的。二是解說轉注只能依傍說文，而此轉注只是說文所謂的轉注，所以我們不得已而須完全引用許慎的界說舉例以及說文正文中的例證以解說轉注。三是前人往往以爲六書是造字的條例，不知六書僅是六國、秦、漢的一種分析或解釋。我們如今解釋轉注，認定它是六國、秦、漢時人對于文字的一種看法，這種看法受了文字形體譌變的影響，往往是不正確的；而這種轉注對于文字學只是一個歷史的名詞，並無甚價值可言。

象形、指事、會意、形聲四者是說明每一個字的形體結構的，假借字是說明一個字而可有許多義（或許多字而可共一個義）的聲音的關係或性質的，轉注字是說明幾個字之間意義相通的形體的關係的。【轉注：①意義相通，"考者，老也"，"老者，考也"；②形體一部分相同，從耂。】我們可以說目是象形字，上是指事字，信是會意字，江是形聲字，羽（借作昱）是假借字，而不能說"考"是轉注字。我們必須說，"考"和"老"是轉注字。戴震、段玉裁看轉注是互訓，至少在這一點上是有所見的。

根據說文，來確定到底許慎所謂的轉注是什麼呢？第一，什麼是建類一首？

類據以上所述,是物類、形類或事類。説文後叙説:"其建首也,立一爲耑,方以類聚,物以群分,同條牽屬,共理相貫,雜而不越,據形系聯,引而申之,以究萬物,畢終于亥,知化窮冥。"由此可知建首是據形系聯,而類是物類,則建類一首是建于同一形類,如考、老同從耂形。江聲六書説説:"説文解字一書凡分五百四十部,其始一終亥五百四十部之首即所謂一首也。"不知説文一書的建首固然是五百四十部的部首,而轉注字的建類一首是建于同一基礎的形類而不必是同一部首,此由説文同意的不限于同部可知。在説文以前的字書,已經分別部居了,但那些部居是同事類的而不限于同形類的(詳一章二節)。許慎解説轉注的"建類"可以引用向來的説法以類指事類,而後叙【後叙疑其子沖所作】述説文體例的"建首"則因説文一書是據形分部的,所以建首是建立了五百四十部首。建首不就是建類,建于一首不同于建首,而建首卻是建類一首的一種:建類一首是建于事類、建于義類、建于形類,而説文的建首是建于形類。

　　第二,什麽是同意相受呢? 這個"相"字是指數字的同意相受與形聲字的"形聲相益""取譬相成"的指一個字而由兩部分相合而成的不同。何以知同意相受是指數字的關係呢? 清黄以周考老轉注説:"説文云凡某之屬皆從某,是建類一首也,後叙云其建首也立一爲耑,是其義也;有云某與某同意,乃同意相受也。"黄氏論釋考、老兩字,很多牽强,唯以同意相受明見于説文説解,實在是以説文釋説文者。説文説解言某與某同意者凡二十三事:

勺,挹取也。象形,中有實,與包同意。　　包,象人裹妊也,已在中象子未成形也。

瀁,議辠也。从水獻,與法同意。　　灋,刑也。平之如水,从水;廌所以觸不直者去之,从去。法,今文省。

奔,走也。从夭,賁省聲,與走同意。　　走,趨也,从夭止,夭止者屈也。

𦙞,乾肉也。从殘肉,日以晞之,與俎同意。　　俎,禮俎也,从半肉在且上。

裘,皮衣也。从衣求聲。一曰象形,與衰同意。　　衰,艸雨衣也,秦謂之萆,从衣象形。

叀,礙不行也。从更引而止之也,更者如更馬之鼻,从此與牽同意。　　牽,引行也,从牛,象引之縻也。

央,中央也。从大在冂内,大、人也,央旁同意。　　旁,溥也,从二,闕。

乙,象春艸木冤曲而出,陰氣尚强,其出乙乙也,與丨同意。　　丨,上下通也……

午,啎也。五月陰氣午逆陽冒地而出,此與矢同意。　　矢,弓弩矢也……

巫,巫祝也。女能事無形以舞降神者也,象人兩袖舞形,與工同意。
　　工,巧飾也,象人有規榘,與巫同意。　　壬……象人裹妊之形……與
巫同意。

高,崇也。象臺觀高之形,从冂口,與倉舍同意。　　倉,穀藏也……从食
省,口象倉形。　　舍,市居曰舍,从△屮,象屋也,口象築也。

美,甘也。从羊从大,羊在六畜主給膳也,美與善同意。　　譱,吉也,从誩
从羊,此與義美同意。　　義,己之威儀也,从我羊。

臺,觀四方而高者。从至从之从高省,與室屋同意。　　室,實也,从宀从
至,至、所止也。　　屋,居也,尸所主也;一曰,尸象屋形,从至、至所
止,室屋皆从至。

官,史事君也。从宀从𠂤,𠂤猶眾也,此與師同意。　　師,二千五百人爲
師,从𠂤从帀,𠂤四帀、眾意也。

坙,止也。从土从畕省,土所止也,此與畱同意。　　畱,止也,從田丣聲。

爾,麗爾猶靡麗也。从冂从㸚,其孔㸚,尒聲,此與爽同意。　　爽,明也,
从㸚大。

彛,綵理也。从工从口,从又从寸,工口亂也,又十分理之,彡聲,此與𤔔同
意。　　𤔔,亂也,从爻工交吅……

韭,菜名。……象形,在一之上,一、地也,此與耑同意。　　耑,物初生之
題也,上象生形,下象其根也。

爽,豐也。从林爽……卌與庶同意。　　庶,屋下眾也,从广炗。

弢,弓衣也。从弓从屮,屮、垂飾,與鼓同意。　　鼓,郭也……从壴支,象
其手擊之也。(攴部"鼓,擊鼓也",從攴,與鼓是一字)

斝,玉爵也。……从吅从斗,[一]曰象形,與爵同意。　　爵,禮器也,象爵
之形,中有鬯酒,又持之也。……

皿,飯食之用器也。象形,與豆同意。　　豆,古食肉器也,从口,象形。

羋,羊鳴也。从羊,象聲氣上出,與牟同意。　　牟,牛鳴也,象其聲氣从
口出。

這二十三個字,可以分爲兩類:

（甲）類是數“文”的形類相似,故同意:

　　　乙——丨　　　同象上出形;

　　　韭——屮　　　同象植物生長形;

　　　𦫵——牟　　　同象畜類口出聲氣形;

　　　巫——工——壬　　同象人形;

　　　皿——豆　　　同象食器形;

　　　斝——爵　　　同象酒器形;

　　　勺——包　　　同象有所包容形;

　　　裘——襄　　　同象衣形;

　　　午——矢　　　同象矢形。

上諸文説文以爲象形（裘許以爲形聲,斝許以爲會意,今采其一曰）

（乙）類是數“字”同從一形,故同意:

　　　爽——庶　　　同從廿,“卅、數之種也”,故有衆意;

　　　官——師　　　同從𠂤,“𠂤、猶衆也”,故同有衆意;

　　　灋——灅　　　同從水,“平之如水”,故同有刑意;

　　　𣢩——俎　　　同從夕,“夕、半肉”,故同有肉意;

　　　美——善——義　　　同從羊,羊、美也,故同有美意;

　　　臺——室——屋　　　同從至,“至、所止也”,故同有居止意;

　　　高——倉——舍　　　同從口,“口、象倉形”,故同有倉意;

　　　央——旁　　同從冂,“冂、象遠界”,故同有方位意;

　　　弢——鼓　　同從攴,“攴、垂飾”,故同象垂飾;

　　　𧦝——牽　　同從冂,象系畜鼻之木,故同有引意。

上諸字説文以爲會意。

　　爾——爽　　同從㸚,㸚、象窗格明爽形,故同有明意;

　　𡙇——𡚾　　同從工口,“工口、亂也”,故同有亂意;

　　奔——走　　同從夭,夭、象人奔走形,故同有走意。

上諸字説文以上字爲形聲下字爲會意。

　　聖——㘝　　同從丣,丣、説文酉的古文,“閉門象也”,故同有止意。

上諸字説文以上字爲會意下字爲形聲。

所以説文的同意有二,一是“文”的形類相類,一是“字”的同從一形。説文轉注字的建類一首是建于同一形類或事類，以此字所建的形類轉而灌注或授受于彼字字形以内，則彼此二字同建一首而同得某義。如以"至"灌注于臺室屋三個字内，所以這三個字同受有止意。說文以考老兩字爲轉注，考爲形聲、老爲會意，與奔走、爾爽諸例相同。

三章三節，我們曾分析同意爲四種，說文的同意只是我們的第一第二兩種同意（即形類同聲類異而同意，形類同聲類同而同意）。明趙古則、甘雨、焦竑，清潘耒等主轉聲即轉注，是以第三種同意（即形類異聲類同而同意）爲轉注。清戴、段以互訓爲轉注，是以第四種同意（即形類聲類並異而同意）爲轉注。我們分析說文的同意，才知轉聲和互訓兩說至少與說文違異，而說文實主形轉說的。

但是說文的轉注，是根據六國、秦、漢的字體而說的，錯誤很多。說文說老是從人毛匕的會意，考是從老省丂聲，其實考、老在古文字中是一個字，甲骨文象人扶杖形，這個杖就是金文考字所從的丂（原爲柯的象形），誤而爲匕，就是老字所從的匕。我們在三章四節釋甲文的鷔時，曾說古老、丂一字，甲文鷔從高、丂兩聲，高、丂或高、老是古複輔音。所以考、老古本一字，讀作kl-，後來分爲考（k-）和老（l-）兩種讀音。說文甲類的同意字，芈、牟、皿、豆、罕、爵、裘、衰是對的。勹象勹形，包從人，並不同意。巫是大字的譌，工象架形，壬象紡織的機軸，並不同意。午是杵的象形，小篆午和矢的上半相似，並不同意。說文乙類的同意字，美、善、義和奔、走是對的，但奔不是賁省聲，金文從三止或從三中，䇒所從的𣲙是水波形，與俎的從半肉完全不同。倉和舍從合（即盒的初字），口是受物之器形，所以有藏意；高字從京從口，口是指標。臺、室、屋是諧聲字，高、宀是同形類的，所以它們是形聲字的形轉。㘴、畗是從亝的形聲字。

說文的轉注，其自身本不健全，至于晚周時轉注一說，恐怕和許慎所說相差不遠。

六、結論

我們已把說文的六書一一分析完畢，總結它的缺點有三：

一是分類粗疏，轉注假借與其他四書不能並立；
二是舉例與界說不密切，如信武不一定是會意，令長不是本無其字；
三不窮源。

　　這些缺點實在受了時代的影響,因爲晚周的人喜歡系統和整齊,所以把分量不相同的六書拼合在一起;因爲晚周的文字在形體上很多譌變,所以根據它而分析字形没有不錯誤的。許慎在叙中批評當時的俗儒“稱隸書爲倉頡時書”,而他相信文字造于倉頡,同樣都是錯誤。他批評當時的俗儒“猥曰馬頭人曰長,人持十爲斗,虫者屈中也”,而他自己的分析文字,往往也有同樣的錯誤,譬如説舌字從干,説十口爲古。他批評當時的“廷尉説律至以字斷法,苛人受錢,苛之字止句也”,而他解釋干支、金、木、水、火、土等字,無不附會陰陽五行之説,此與以字説律也是百步五十步的差別。他批評當時的人“未嘗覩字例之條”,而他自己用六書分析字形,自今日古文字學看來,也有些是不合文字條例的。

　　晚周的六書説,是據當時文字解釋文字結構、性質與關係的;許慎的六書説,是據後漢所見六國迄漢的文字以解釋晚周的六書説的;許慎以後的小學家,又紛紛據説文解字以解釋許慎的六書説,甚或違背許書而説六書。如此愈後愈遠于真正文字的條例,一直到古文字學興,而後才由歷史的觀點以見文字本來的結構、性質與關係,而六書説退居爲次要的地位了。可是古文字學發達以來,還只是發現許多更古的文字,開始去認識它們,尚没有應用它們建立起一個文字的條例。我們在這一章中,簡略的叙述傳統的六書,而在前二章不啻是企圖建立文字的條例的一個始基。

　　許慎以後,歷代都有關于六書説大同小異的解釋,今日看來,冗繁以外實在没有太大的價值。但其中也有不少一偏之見而確乎有所見的,其中常常藴藏許多消息而足以利用的。譬如宋代的徐鍇,他在説文繫傳卷一“上”字下解説六書,頗有合乎我們所述的。今擇其論前四書曰:“凡指事象形,義一也。物之實形有可象者則爲象形,山川之類皆是物也。指事者,謂物事之虚無不可圖畫,謂之指事。形則有形可象,事則有事可指。故上下之義無形可象,故以上下指事之,有事可指也。故曰象形指事大同而小異。會意亦虚也,無形可象故會合其意以虚言之。……形聲者,實也。”他説象形是實的,而指事會意是虚的,此所謂“虚”就是我們所説“指事會意字是因物而得義,因義而見意”,虚者,經過人的心意作用而後了悟。他又説象形指事是大同小異,與我們歸象形、指事、會意爲一也差不多。我們若將歷代的人解釋六書的細細看過,像這類的收穫,是隨處有的。

第五章　字體變異的原因

　　【文字既爲社會公認傳達思想的工具，所以必須定形才能互相了解。但文字不能一成不變，或因新事物的發生，或因表現文字的方法的出現，皆使字形在應用中發生變化。形聲字的現象最能説明此理。但在"不定形"的現象中，又非毫無拘束，即不定形仍受定形的限制，如形聲字形符的替代必須是同類的，聲符的替代必須音近音同。並且在數個異體之中，自然而然選定一個爲通常所用的，于是經過一次不定形的修改，又趨于定形。要之，文字的本性是定形的，但在應用的過程中偶爾不定形，最後還是回到定形的地位。】

一、字體變異的原因

　　由上所説，文字在應用中不斷發生形體上的變異。就其變異的成因而説，或是漸變，或是驟變，漸變是自然而然的，驟變是人力强制的。研究文字學的，必須留心于文字變異的跡象：由漸變可以推尋文字演化的源流，由驟變可以考定時代的特徵。但是文字變異，自然的漸變總是多于强力的驟變。歷史上把秦始皇的同一文字，當作强力的驟變。若取未并六國以前的秦文與小篆來比，十九相同，以未并六國以前列國金文與小篆來比，相異者究屬少數。文字是很難以人力更改，因爲它是約定俗成的産物，所以同一文字只是因勢利導而已。王國維史籀篇疏證序説："自其變者而觀之，則文字不獨因時而異，即同時同地亦復不同，故有一篇之書而前後異文，一人之作而器蓋殊字。自其不變者而觀之，則文字之形與勢皆以漸變，凡既有文字之國，未有能以一人之力創造一體者。"

　　文字變異的主要原因，約有四種：一因時代不同而變異，二因地域不同而變異，三因書寫的方法材料和工具不同而變異，四是因書寫者的身分不同而變異。

　　文字因時代不同而變異，時代距離愈遠，變異愈大。商代的甲骨文近于西周初的金文而遠于秦代的篆文。甲骨文的象形字多于西周金文，秦小篆的形聲字多于西周金文。甲骨文用"止"來代替"走""足""彳""夂""辵"等部的字，西周金文才有"走"部、"足"部的字,秦漢金文才有"彳"部的字。我們多看了各時代的文字,一看一個字,立刻可以斷定它大約屬于哪一朝代的。

文字因地域不同而變異,地域愈遠,變異愈大。壽州出土的楚器文字和宗周銅器文字很不相同,因爲楚去宗周很遠。齊魯的金文和金幣文、陶文較相似,因爲它們同是東方的。但是我們試讀兩周的金文,各國字體的差異還不如文辭的差異來得大。西周金文因地域而變異字體者十分微小。這因爲有周一代,各國的史官原是周王室派遣去的,而各國的史記存于周室(見史記六國年表),所以我們所看到官家的重器,它們的銘文不問國別皆自相似。但是到了戰國,王官之制既壞,說文敘說:"其後諸侯力政,不統于王,惡禮樂之害己,而皆去其典籍,分爲七國。……言語異聲,文字異形。"然而戰國文字紛歧,不只因爲"不統于王",而人事的加繁當然使文字趨于簡易,各國趨簡的方法不同,自然文字異形了。【字體因地域不同而變,不若方言差異性之大。】壽州出土楚器,它的文字和戰國以前楚器不同,前者趨簡,後者工整而同于宗周器文,這全因爲時代有後先的關係。戰國是兵革相加多事之秋,物質文明進步,交通範圍加大速度太快,思想發達,文字不得不因爲適應新需要而生激烈的變化。【方濬益綴遺齋彝器款識考釋卷首彝器說中(考文):"銘詞同而有婚文羨文之殊,時代同而有刀書筆書之異。"】

二、書寫的方法、材料與工具

文字變異的第三個原因,就是因爲書寫的方法和材料的不同,以及書寫的工具和手續的不同。古代書寫文字的方法不外四種:一種是契法,就是用刀契刻文字于甲骨、金石、玉陶之上;一種是鑄法,就是先契刻文字于範母上,然後印在範上,鑄銅爲範;一種是印法,就是先契刻文字于範母或印模上,然後印在陶泥上;一種是書法,就是用筆書寫文字于竹木縑帛紙上。所書寫的材料不同(有甲骨、金石、玉陶、竹木、縑帛等之別),所以方法不同(甲骨則契,縑帛則書),工具不同(契甲骨用刀筆,書縑帛用毛筆等),手續不同(甲骨一契即成,竹木一書即成,鑄法印法先刻字後鑄器或印摹),因此字體當然不同。用刀筆契字于甲骨,甲骨性脆易裂,又不便作圜體和實體,所以甲骨文多是細綫條的、方的、不實體的。金文因爲先刻于土範母或石範母,可以修改,可作圜體實體,所以金文較甲骨文的綫條要粗實、填滿、圓圜。

鑄法幾乎全部施于銅器及其他的金屬器,這種方法在商代已有。戰國以前的銅器銘文，幾乎全部都是鑄，很少用契設的。貞松堂集古遺文卷六頁二五隋侯簠羅振玉跋云："貞松堂藏三代彝器多鑄，此簠欵獨出刻畫，平生所見三代器作鑿欵者此簠及公無鼎耳。"【頌續四九鳥形鑵刻一亞中隼字。】他在俑廬日札（作于光緒戊申，民二三年容氏頌齋校刊）説："三代古器皆鑄字，秦漢以後皆刻字，然晚周已有鑿欵。嘗見王蘭泉先生所藏金文拓本中，有公無鼎，字跡勁細，確係鑿欵。又古戈戟鑿欵者亦不少。"容氏校云："庚嘗見一商爵，戈字鑄欵在鋬内，父乙二字鑿欵在柱旁。"容氏此爵，即是見于三代吉金文存十六・四"戈父乙爵"第一器，容氏藏。我們現在所見的戰國銅器，有許多鑿欵的。商器有鑄字以外更刻字的，商以後器間或亦有之。春秋時的秦公簋器上刻"西元器一斗七升牽，簋"（牽即賸字，謂剩餘不足），蓋上刻"西一斗七升大半升，蓋"，王國維以爲秦漢人所刻，是錯的。春秋時的國差蟾，亦有一個字的刻欵。

　　契法也許早于鑄法。商代甲骨文是用刀契的，天津方氏藏一商小玉刻字十一，中央研究院在安陽得一小臣𤔲簋石範母，也刻了十一個字，又所得商代白陶器上有幾十件是刻字的【殷虚有字陶片】，另外，鄴中片羽二集上四八頁爵陶範背上刻有二個字。這些都是商人所刻。刻于玉石的春秋時有石鼓文【戰國】和古先磬，戰國時有一個刻字的劍玉柲。戰國及其後，銅器、銀器、鐵器都是刻欵的。【考古圖石磬】秦始皇刻石。漢世漆器上也刻字，最近長沙楚墓出土漆匳和漆羽觴都刻字，是爲戰國晚期漆器刻字之僅見于世者。

　　用筆寫字，商世也已有了，更早于契法。殷虚發掘出來的牛骨，有很多筆寫而未刻的卜骨，有些寫完全的卜辭而只刻了一部分。較古的陶片上有畫彩的，亦是用筆所畫。中央研究院在殷虚得一白陶器的殘片，上有佳王幾祀的一個祀字，是用筆寫的。河南博物院藏有陶甕，上面有幾年幾月和"對揚天子休"的話，字體文例都類似兩周。漢代陶瓶上常有寫字，如周漢遺寶的便是。漢代壙磚上常遺有東西南北上下等朱字。中國西北部藏于流沙下的漢晉竹木簡，是當時人的手筆。古代書寫多用朱沙，所謂丹書：大戴記踐阼師尚父答武王説黄帝、顓頊之道"在丹書"，左傳襄二三年"斐豹隷也，箸于丹書"，越絶書卷十三"越王……以丹書帛，致諸枕中以爲國寶"（亦見齊民要術雜説），周禮司約"小約劑書于丹圖"，晏子春秋内篇雜上"景公游于紀，得金壺，乃發視之，中有丹書"，漢書高紀"丹書鐵契"。

殷虛出土陶器殘片文字（中央研究院）

　　印法比較晚起，周世才有，多半以範印陶器上，法如銅器的鑄字。漢代的封泥是用印章印于泥上的。古陶器印也是用陶做成的。

　　古代用以書寫文字的材料，各代亦有不同。商人重占卜，占卜已後即于所占卜的龜甲牛板上刻寫卜辭，刻後或塗以朱墨。先秦書籍没有記載刻辭于甲骨的話，但漢世緯書因此造作神話：御覽七九引尚書中候握河紀説“黄帝幽洛，河出龍圖，洛出龜書”，御覽九三引尚書中候“堯沈璧于洛，玄龜負書，出于背上，赤文朱字”，又説，周公攝政七年，沈璧于洛，有玄龜“背甲刻書，上躋于壇，赤文成字，周公寫之”。這因爲龜甲刻辭，古書失傳，後人偶于河洛見此刻辭的龜甲，以爲是天書，而附會到自古帝王受命必有天意。龜書朱文，又曰丹書，以後引申而爲鳳鳥銜丹書和河魚出丹書的神話了。殷虛出土牛骨，常有幼童學書的契刻，顛倒零亂或筆力柔弱，而都是刻在牛胛骨的（如殷契佚存二六六，殷契粹編一四六八）。現在的回族學童仍然在牛胛骨上習字，恐怕古代有用牛骨書寫的。【秦策：“錯龜數策。”】説文説“潁川人名小兒所書寫爲笘”【笘—籤】，廣雅釋器“笘，觚也”，顔師古注急就篇説“今俗猶呼小兒學書簡爲木觚章”，爾雅釋器“簡謂之畢”，學記“呻其佔畢”，是笘或佔與畢爲類，佔亦是簡，乃是小兒學書的竹簡。玉篇説“笘，笘篤也”，篤即寫字，所以笘可以名小兒學書的竹簡，亦可以名書寫的事。【後漢書陳寵傳：“詔有司絶鉆鑽諸慘酷之科。”説文：“鉆，鐵銸也。”後漢書肅宗紀：“掠考多酷，鉆鑽之屬慘苦無極。”鉆即鑿也，鐵也（説文：“鐵，鑷也。”），銸也。】笘字從竹，因爲後世學童用竹簡學書，此在商代，學書亦行于占卜的牛骨上，而所謂占就是書寫占卜之辭。周禮占人“凡卜筮既事，則系幣以比其命，歲終則計其占之中否”，鄭玄注：“既卜筮，史必書其命龜之事及兆于策”，杜子春云：“繫幣者以帛書其占，繫之于龜”，周禮所述是晚周的傳聞，不足爲據，商世把占卜之辭刻在所卜的龜甲或牛骨上，所以甲骨文的“占”字從骨從卜從口。占是刻辭，故占即栔：説文“刮，缺也”，廣雅釋言“栔，缺也”，所以刮就是栔。周世占卜之辭是另書于竹册的，尚書金縢"乃卜三龜，一習見，啟籥見書……乃納册于金縢之匱中"，另書于册，後世凡題檢署曰帖，説文："帖，帛書署也。"周初銅器若史臨彝，説："乙亥王賞畢公，迺易史臨貝十朋；臨占于彝，其于之朝夕監。"占于彝就是寫于彝，春秋時齊陳書字子占。由上所述，占本是把占卜之辭刻在占卜所用的甲骨上，周世把占卜之辭另寫在竹册上而藏起來，但當時還用占爲寫。後世字書以占爲小兒學書或學書的竹册，尚保存一些古意。自從周代以筮法代卜法，卜龜刻辭另書，于是刻字龜甲的事漸漸湮没了。

　　商代也許已有書于竹木的事，尚書多士説："惟殷先人有典有册。"册甲骨文象竹木札一長一短而束以韋或絲的形。竹木的應用，在周世必定已經有了，秦漢以後紙帛代替竹木，但是還有用的。説文叙説："著于竹帛謂之書。"

　　鑄刻文字于銅器上，從商到漢一直有的，漢以後也還是有的。商代所用是青銅，即是銅質外更摻以若干成分的錫質。戰國以後，金屬的鐵器、銀器也刻字了。

　　陶器上刻字和寫字，商世已有；現在所看到的，最多是六國到秦的，而且印字的較多。間或亦有朱寫的。

　　玉石刻字，雖也始于商，但西周石刻至今未有出現。秦始皇刻石記功，自漢以後碑刻最盛，在從前所謂"金石學"，事實上每每是碑刻之學。

　　戰國時，竹木以外，還用縑帛，縑帛是紙的前身。同時在金屬的貨幣上和印璽的應用，所以研究六國文字又有金幣文和印璽文。

　　漢代在漆器上刻字，在封泥上蓋印；而後漢蔡倫發明紙，從此以後，寫字用紙。

　　我們把歷代書寫的材料和方法列表在下面：

時代＼材料	甲骨	金器甲	陶器	玉石	竹木	縑帛	貨幣	金器乙	印璽	漆器	紙
商	■	■	□	□	?						
兩周		■	□	□	×	?	×	□	?		
戰國	■	■	□	×	×	■	■	■	■	□	
秦	■	■	■	×	×	■	■	■	■	□	
兩漢	■	■	■	■	■	■	■	■	■	■	■
時代＼方法	契	鑄	印、契、書	契	寫	寫	鑄、契	契	契	契	寫

表例：

■　已經發現有實物的

□　發現有實物而數量稀少的

×　沒有發現實物而當時一定已經有了的

?　當時有沒有不能決知的

金器乙　鐵器銀器和刻字的銅器

金器甲　鑄字的銅器

玉石　包括磚和瓦

印璽　包括封泥

書寫的工具，大別有二：一是刀，一是筆。

刀的用處有幾，各因時代而異：商代契刻甲骨用刀，所以契字刻字都從刀。周代最多鑄字于銅器，所以用刀刻削鑄範的文字花紋的也叫削，考工記"攻金之工，築氏執下齊"，又說"築氏爲削"，注"今之書刀"，玉篇"削，刻治也"，韓非子外儲說左上述燕王命冶工于棘刺之端刻削爲母猴，"鄭有臺下之冶者，謂燕王曰：臣削者也，諸微物必以削削之"，是"削"是冶人之刀用以刻鏤範母者。鑄銅器先經刀削，所以說文"則，等劃物也"，"錐刀曰劃"，則的籀文和金文都從刀鼎，謂以刀刻鏤鼎，鬲羌鐘"用明則之於銘"，則之即刻之。【銅器有削，參看國外考釋。】後來竹木的簡牘盛行，用筆點墨而書，凡有錯誤刪除刊削，乃用書刀，釋名："書刀，給書簡札，有所刊削之刀也"，史記周昌傳"周昌笑曰：堯年少刀筆吏耳"正義云："左用簡牘，書有錯謬，以刀削之，故號曰刀筆吏"，後漢書劉盆子傳注："古者記事，書于簡册，謬誤者以刀削而除之，故曰刀筆"，漢書禮樂志"筆則筆，削則削"師古注曰："削者謂有所刪去，以刀削簡牘也，筆者謂有所增益，以筆就而書也"，樂記："筆則筆，削則削"，管子霸形篇："削方墨筆"，都是削和筆分別言之，是削不用以書字。簡牘用刀削除錯謬，所以刪改的"刪"從刀册。【論衡量知說文吏"握刀持筆"，案古所謂刀筆是並書刀與筆而言。】

製成刀的材料，最古的必是石刀或骨石，其後銅器發生而有銅製的刀，最後而有鐵刀。商世鑄銅術已經進步，而契字必需鋒利的銅刀，周世用銅，戰國始用鐵。【法言問道："刀不利筆不銛而獨加諸砥，不亦可乎？"】

筆是經過兩個時期的：先是但削竹木的枝而成的，我們姑且叫它"竹木筆"；後來束獸毛于木筆之端，是爲"毛筆"。古代用竹木枝書寫文字，是由以下幾件事推斷出來的：第一，甲骨文聿字疌字都從聿，金文肅字聿字書字畫字疌字都從聿。甲金聿字作 永、书，從又持╽或從又持丨，而甲骨文的支（即枝字）作 ㄐ、㐱、㐱，所以聿是從又支。聿是筆的初文，說文說"聿，所以書也"，所以古代的筆就是竹木的枝所削成的。第二，中央研究院在安陽小屯村中及村北所得三塊寫字而未刻的卜骨,字跡勁直挺拔,不類毛類所寫,乃是竹木枝所劃。第三,筆需點墨而書,筆和墨是相附的。畫字金文從聿從乂從周,乂說文說"芟艸也",或體作刈,文獻訓治,于古文字象圓規形,畫既從乂周(即畫圓)又從聿,是聿也是匠人的工具。匠人所用以劃綫的,正是竹木所製的墨籤和墨斗,而墨乃是繩墨的墨,所以聿引申爲規律的律。第四,現在雲南的麼些人所書寫的文字,近于象形,他們是用竹木削成的"筆"點染而寫的。【余慶遠維西見聞錄:"竹筆。麼些古宗皆有字,用楮墨而無筆,以竹爲錐,長三寸餘,膏煎其穎,令堅銳,以大指食指掐而書之。"古宗係麗江稱藏人之語。麗江東巴作書形式確係如此(斯年見告)。李永寬倮倮的文字(新寧遠一卷四五合刊):"(倮倮的文字)寫字工具係以黑炭蘸雞血磨於碗中,以竹籤削尖爲筆,書於木版或紙上。"】第五,古者書箸一字,金文免毀"王受乍册尹者"即王受作册尹書。金文者從𣐈從口,書從聿從者。𣐈就是楮的象形,說文楮和穀互訓,穀就是書序"桑穀共生于朝"的穀,桑屬,說文"柘,柘桑也",古音楮柘同,封氏聞見記"赭或謂柘木染",所以楮就是柘。書從柘者,最早的筆即以柘木爲之,禮投壺"矢以柘若棘",考工記弓人"凡取幹之道七,柘爲上",柘木是堅實的。說文和廣雅釋言都說:"書,箸也",墨子屢說:"箸之於竹帛",漢書張湯傳"受而箸讞"注:"箸謂明書之也",張良傳"故不箸"注"謂書之於史",淮南子主術"皆箸於明堂"注:"箸猶圖也"。箸或爲飯筯或爲博箸,都是竹木的小幹,它于古代兼爲書寫之具。

我們這種推斷,以爲到戰國爲止,還不曾應用毛筆。相反的,董作賓以爲那三塊寫而未刻的卜骨和仰韶期彩陶上所繪的人物鳥獸都是毛筆畫的。這毛筆"只是一只小獸的尾巴,或者一叢捆在一起的細毛",我們看到仰韶期陶片上幾何綫條的平行交錯,可知它是用木尺木筆劃成的。"筆"這個名稱和用毛束到木端的用法,是晚周至秦間秦人所發明的:曲禮上"史載筆",樂記"筆則筆",管子霸形"削方墨筆",韓詩外傳七"墨筆操牘",凡此諸書無早于晚周的。晉語九士苗說"臣以秉筆事君",董安于說"進秉筆贊爲名",說文聿字下說"楚謂之聿,吳謂之不律,燕謂之弗,秦謂之筆",爾雅郭璞注"蜀人呼筆爲不律"。筆是秦語,而方言引秦語一〇六次,其中與東鄰的晉並引者占八十九次;引晉語一〇八次,其中與秦並引者八九次。可見古代方言秦晉自屬一系。筆爲秦的方言,而于國語中但見于與秦同方言的晉,則筆與秦的關係可知。太平御覽六〇五引博物志說秦將"蒙恬造筆",又引古今注說:"牛亨問曰:古有書契已來,便應有筆也,世稱蒙恬造筆,何也?答曰:自蒙恬始作秦筆耳,以柘木爲管,以鹿毛爲柱,羊毛爲皮,所謂鹿毫也。"柘或作枯,皮或作被,鹿或作蒼。

用刀契的時代,往往在已契刻的文字裏塗朱或塗墨,戰國時銅器花紋有時填漆,而兵器上鳥蟲書常鈿金,秦符錯金,漢符錯銀。此以後,用筆所寫也分丹書、墨書兩種。丹書已述于前,大約用于約劑、官册和其他較神聖的書。墨書大約皆是典籍。又有所謂漆書,漢書杜林傳“林前于西州得漆書古文尚書一卷”,漢書儒林傳“有私行金定蘭臺漆書經文以合其私文”,晉書束晳傳説汲冢所得魏的竹簡都是“漆書,皆科斗字”。荀勖穆天子傳序則以汲冢所出都是“墨書”的古文,墨書即漆書,猶墨車即漆車:儀禮士昏禮“乘墨車”注“墨車,漆車”,釋名釋車“墨車漆之正黑,無文飾,大夫所乘也”。

汲冢竹書,束晳傳説是科斗文,杜預春秋經傳後序也説汲冢出書“皆簡編科斗文字”。“科斗”這名稱,始于後漢之末,盧植上書有“古文科斗近於爲質”之語,鄭玄的書贊説:“書初出屋壁,皆周時象形文字,今所謂科斗書。”春秋正義引王隱晉書束晳傳説:“科斗文者,周時古文也,其頭麤尾細,似科斗之蟲,故俗名之焉。”這種科斗文,其實就是用“竹箸”點墨寫于竹簡上,因竹箸不能吸墨,始下筆而墨多,繼而墨少,所以頭粗尾細,形似科斗。漢末及晉的人,看慣了毛筆寫于縑帛和紙上隸艸的字,看到這類先秦用箸寫于竹簡上的篆字,自然不認識而叫它爲科斗文了。

三、官書和民書

文字變異的第四個原因,就是因爲書寫者的身分不同。我們把書寫者分爲兩個階級,一個是官,一個是民。凡作者是官吏或一切有銘文的器物和文書是王室宗廟或官府所有所用所造的,其上的文字就是官書。周禮宰夫説:“六曰史,掌官書以贊治。”官書二字始見于此。凡作者是平民或一切器物和文書是平民所有所用所造的,其上的文字就是民書。這個分別不是絕對對立的,它們的不同之處大約是:官書比較是保守的、凝固的、繁複的、無地方性的;民書比較是創造的、流動的、省易的、地方性的。舉例來説,商甲骨文金文、西周金文、秦刻石和説文篆文等,是屬于官書的;六國時列國的貨幣文、陶器文、印璽文、刻字的金屬器(兵器在内)和説文古文等,是屬于民書的。官書和民書是有分別的,但不是全體不同,相同的還是很多。並且官書可以再分爲高低兩級,低級官書介乎官民之間,是較近于民書的。

官書既是傳統的,即在時間上都是先後相承的;又是統一的,即没有地方的區分。因爲官書是執政階級傳統所用的,所以儘管在名目上有大篆、小篆、隸書

的分别,它只是某一時代的稱名,其實質還是一脈相承:

商———周———————————————秦——漢
甲骨文→大篆(周金文,史籀篇,秦刻石)→小篆→隸書
【文字三次統一:①周初;②秦;③宋代官家雕板。】

　　本章一節,已經説到周王室派遣史官到各國,所以兩周官書大略是相同的。這種制度到戰國時已經破壞,而戰國的物質環境不得不使文字趨簡而且分歧。不但如此,因爲官學的衰微,私學代興,從此利用地方民間書而寫的私學課本,也大大盛行。這種課本就是詩書百家語。

　　自孔子(紀元前五五一——前四七九)開私人講學之風,從此私學盛行,李斯議燒書説:"人善其所私學","尊私學而相與非法教人"(史記秦始皇本紀),"聞令下各以其私學議之"(史記李斯傳)。私學是對官學而言,所以李斯提議禁私學,而"若有欲學者,以吏爲師"(李斯傳),詩書百家語都藏于"博士",這就是官學。

　　從孔子到秦之統一,約略二百五十年間,正是私學盛行的時代。所以"語言異聲,文字異形",它所影響于文字的,是文字的寫法和讀法有許多歧異。私學盛行,民書亦盛行,這種民書是各有各的寫法和讀法的。我們現在看到銘物上的官書是刻鑄的,而所謂"篆文"即是"刻鑄的文字"(詳下),所以它們和寫在竹木縑帛上的民間書,不但因書者身分而異,而且工具方法也異,寫于竹木縑帛上的總要比刻鑄于金石的簡便些。

　　秦始皇于紀元前二二一年消滅六國後,開始作同一制度的工作。李斯所提議的有二事:一是思想上的"定一尊",不許私學而立官學,不許"以古非今";一是奏同文字,説文叙説"秦始皇帝初兼天下,丞相李斯乃奏同之,罷其不與秦文合者"。據史記秦始皇本紀二十八年始皇登琅琊刻石有云"器械一量,同書文字",而説文叙説李斯奏同文字在初兼天下時,則當在始皇二十六年至二十八年(紀元前二二一——前二一九)二三年間。燒詩書事,史記系之始皇三十四年(紀元前二一三)。李斯的同一思想文字,于消極的禁止私學罷去民間異文外,積極的立官學,"以吏爲師",並作倉頡篇等官定的字書以爲小篆的楷式。所以李斯所作的倉頡篇,中車府令趙高所作的爰歷篇,太史令胡毋敬所作的博學篇都是所謂小篆或秦篆,乃是當時官定的字書。所以小篆也是官書。

　　小篆就是秦文,所以又叫秦篆。秦未併六國以前的文字,金文若相邦吕不韋戈、陽陵新郪虎符、大良造鞅戟、大良造鞅量,其文字十九同小篆,秦公毁和鐘

銘十九同大篆;石刻若詛楚文介于大小篆之間,石鼓文則近于大篆的史籀篇文字。所以李斯所謂"罷其不與秦文合者",秦文即指始皇併六國以前一二百年間秦世沿用的文字,而秦世沿用的文字可以説是大篆,亦可説是小篆。秦居宗周故地,所以秦文乃周代官書之遺。

　　戰國時代有一種自由講學和自由箸述的風氣,當時各國也有獎勵扶掖的,如齊之於稷下,李斯燒書議所謂"異時諸侯並爭,厚招游學"。詩書在民間傳布,自然采用民間較簡率的字來寫。百家語是自由箸述下的結果,當然也是用當時流通的字來寫。我們如今可以看到,先秦諸子所用的字,不一定一律皆見于説文。詩書百家語,就是表現這二百五十年自由色彩的總集。所以秦始皇爲定于一尊起見,先定出官定的字書,繼而燒滅天下的民間書,李斯燒書議説:"臣請史官非秦紀皆燒之,非博士官所職天下敢有藏詩書百家語者悉詣守尉燒之,有敢偶語詩書棄市……若欲學,以吏爲師。"這個辦法是,不許有第二部史記,不許私人藏書,不許私人講學;只有官史、官書、官學。詩書百家語既是民書,又是私學,當然在燒滅之列。

　　戰國時的民間書而書于經典的,漢代的人名之爲"古文",在下節必須詳細論到。這種"古文"于今見存于説文重文中和魏石經中。王國維在他自沉的一年(民國十六年)作桐鄉徐氏印譜序説:"夫兵器、陶器、鉥印、貨幣,當時通行之器也;壁中書者,儒家通行之書也。通行之器與通行之書固當以通行文字書之。……其上不合殷周古文,下不合秦篆,時不同也;中不合秦文者,地不同也。……此四種文字自爲一系,又與昔人所傳之壁中書爲一系。"王氏以前主張"戰國時秦用籀文六國用古文",以爲籀文古文爲西土東土文字之別,所以他在印譜序中取古文與此四種文字對比,證其本爲一系;又以此四種文字不合于商周古文因時代不同,不合于秦文因地域有別。我們以爲這種説法還是太粗疏,兵器、陶器、璽印、貨幣四種文字誠然與"古文"自成一系,它們除了同屬戰國時代外,並且同屬民書;齊魯間的陶文和刀布與"古文"又同屬東方齊魯地方的,所以更相近似。

四、復古和存古

　　文字在自然和物質的變遷中,是逐漸在變異的。變異的大致的趨勢,是自繁趨簡,我們在以前都已辯明。有時候某一件較晚的器銘上的一個字和很古的寫法相同,如甲骨文獲作隻,戰國的楚器上亦同,所以唐蘭説這是一種"極意摹古"。我們則以爲這不是"摹古"或"復古"，猶如閩粤人的方言和古音相同的很多，決不是閩粤人故意摹古，乃是他們的語言未曾大變，還約略保存了一兩千年前的舊樣子。文字也有同樣的情形：譬如説文的戕，隸書作戎，和甲金文相同；説文的盇，隸書作盍，秦公𣪘刻猒盇從盇，楚王飲忏鼎蓋作盍，和隸書同；説文的亐，隸書作于，和甲金文同；説文的眀，隸書作明，同于古文，甲文大多數作明，金文大多數作朙，隸書古文同甲文；説文的腳，篆文作豚，今隸從篆文，甲文作豚，金文作腳，今隸同甲文；説文的㴲，篆文作涉，今隸從篆文，甲金文都作涉，今隸同甲金文。由最後兩例，知小篆和隸書保存許多古式，而説文中的正文乃是繁複的官書；由以前四例，知隸書保存許多古式。至于楚器的獲作隻（陶文亦有隻），鑄作盩（也見于貨幣文），都和甲文同；貨幣文左作"𠂇"，右作"𠂇"，都近于甲文的"𠂇"。陶文迅和鉢文遂的形符辵只作止，與甲文凡辵部只作止相同。隸書的尒，同于陶文（陶文壐作𡎶）。【説文邊，金文作邊，隸書同。説文望，金文作望、望，隸書作望。説文甈，金文作甖，省羊，隸書作埶。】

　　隸書、陶文、貨幣文、楚金文和"篆文"是晚周、秦、漢時的文字，而且大半是民書和低級官書，它們往往保存較簡省的古式。官書在文字發展中曾經爲美飾或其他原因而增繁，而民書依然不變。就是在現在通行的簡俗字中，也保存許多較簡省的古式，如雲做云，從作从（同于甲文），處作処（同于説文正文），達作达（同于説文或體），禮作礼（同于説文古文）。民書以簡省爲第一條件。

　　漢以後的書籍、寫卷、碑刻中，往往保存許多古式，從其中可以補足説文所未載的。

五、書寫的手續

　　書寫的手續，因爲書寫和材料工具和方法而不同。

　　契法，用刀施于甲骨、金石、陶玉等。龜甲在貞卜刻辭以前，先要剥去表皮的膠質鱗片，再刮平鱗片下的坼文，再行錯治而又刮平之，然後才易于下刀契刻。出土龜甲都是如此。有些甲骨刻了直畫而缺刻橫畫的（後編上一六・六，下一・六，一五・一六，續編三・十三・一，六・二七・六），可知古人有時先把整章的直畫刻完，再刻整章的橫畫，並非一字一刻。刻以前，或者先用筆書寫。它的刻法，據董作賓告訴我，先刻直畫，次刻橫畫，每一筆刻兩刀，即順的刻一陡的，然後把倒過來刻一斜的，才把骨屑刻下來。鑄字是先契字于範母，這大約先經過書寫的，因爲由傳世銅器銘文，可以看出它是經書寫而後刻契的。

印法和鑄法相類,羅振玉説:"濰縣陳氏(介祺)所藏秦瓦量,至多數十片,其文字嚴整,乃合多數之四字範而印成全文,予以爲活字版的濫觴。"(俑廬日札。)這種説法很對。不過合數範而爲一全文,不止陶器,銅器亦往往如此。如曾姬無卹壺和秦公毁都是一字一模,我們可以從拓片上看出來它是許多小字模的接合,和活字版一樣。西周的銅器本身,就是數模相合,一次鑄成的,春秋後才有焊接術,分模分鑄而焊接。

書法分書于竹木與書于縑帛。書于縑帛,則持筆點墨而書,別無手續。書于竹木則要經過整治的工夫,論衡量知説:"夫竹生于山,木長于林,未知所入。截竹爲簡,破以爲牒,加筆墨之跡,乃成文字。大者爲經,小者爲傳記。斷木爲槧,析之爲板,力加刮削,乃成奏牘。"木札刮削以後,即可書寫;竹簡還要經過殺青。風俗通義引劉向別録説:"殺青者,直治竹作簡書之耳。新竹有汗,善朽蠹,凡作簡者皆於火上炙乾之。陳楚間謂之汗,汗者,去其汗也,吳越曰殺,殺亦治也。"(御覽六〇六)後漢書吳祐傳:"父恢爲南海太守,到官,恢欲殺青簡以寫經書,諫止之。"注云:"殺青者,以火炙簡令汗,去(或作取)其青,易書,復不蠹,謂之殺青,亦謂汗簡。義見劉向別録也。"

甲骨卜辭,偶有錯字,是無法改的;有遺漏的,常補刻小字于其旁。銅器銘文,鑄錯字的可以剷去那一個錯字而補鑄一小塊;遺漏的有時添注于最後,如矢人盤"厥受圖矢王于豆新宫東廷",厥是誰呢? 于是最後一行補"厥左執縷史正仲農"。竹木上有錯謬,用書刀削删,或者塗以鉛華,西京雜記説揚雄"懷鉛握槧"訪殊俗的方言。藝文類聚引東觀漢記:"曹褒寢則懷鉛筆,行則誦詩書。"

文字是契刻的,所以簿書卷約叫契,所謂書契。契的原義本是刻,或作栔和鍥,説文和廣雅釋言"栔,刻也",淮南子本經"鐫山石,鍥金石",或契于金石,或契于木,所以從木從金。契字于木的,如民國四年廣東南海南越文王墓得黄腸木,刻有"甫一""甫二"等字。

繫辭下説:"上古結繩而治,後世聖人易之以書契,百官以治,萬民以察,蓋取諸夬。"爲什麼説書契取象于夬呢? 夬和契古音相同,廣雅釋言"栔,缺也",集韻引廣雅"契,刮也",説文"栔,劃堅也",契就是栔刻的栔。在此我們要特別謹慎從事者,契是契字于器物,同時契刻文劃于器物也是契,而古代文字不是由契刻的文劃變來的。安特生在甘肅墓葬中所有刻鏤文劃的小骨片,他以此爲原始的文字,是受了"刻識"爲文字的暗示。這種小骨片是原始的符節,兩個符節在邊上同劃文劃,然後各執其一,以後即憑文劃的相合與否爲驗,故契和符都有合義。鄴中片羽二集卷下二十八的"玉合符",也各刻了四道平行的橫劃,這玉符是商代的。漢的虎符,則是把虎節剖分爲二,在兩半合逢的脊上刻字,各半並占半字,如周禮質人質劑之制。又今所發現漢簡契,則在札旁刻齒。瑤人木契,以刻劃記事,與結繩同類。凡此皆是刻識符號而非文字,而書契的契是文字的契刻而非木契符節的刻劃。向來的人,既有結繩爲文字的觀念,所以也以最古的書契是刻識。釋名釋書契:"契,刻也,刻識其數也。"朱駿聲説文通訓定聲在"半"字下説:"按介畫竹木爲識也,刻之爲刌,上古未有書契,刻齒于竹木以記事,丨象竹木,彡象齒形。"這種看法是錯誤的。

西周初葉銅器,凡代王策命的官叫"乍册",而器銘末了往往署以"某册"。"乍册"也許就是殷官的"工册",册本簡札的象形,而書于簡册也叫册,文獻借策爲之。策和册古音同。凡所寫曰策曰册,凡所以寫曰刺。釋名釋書契:"書稱刺,書以筆刺紙簡之上也。"漢書外戚傳下師古注説:"刺謂書之于刺板也。"古以木枝爲筆,木枝即刺,以木枝書于竹木曰刺,所書曰策。方言二説:"木細枝謂之杪……燕之北鄙朝鮮洌水之間謂之策。"所以西周初葉的"乍册"乃是書寫之官,而銅器銘文末尾簽署"某册"即某人所寫。井侯殷"用册王命","册"是册的形指字,即是典字。

説文:"寫,置物也。"書寫之寫是借爲篤字。玉篇:"篤,笘篤也。"釋名釋書契:"書稱刺……又曰到寫,寫此文也。"鳥和册策刺,古音相近。説文鳥的或體作鵲,從鳥昔聲,所以書籍的籍就是篤字。廣雅釋器:"篇章篤程也。"

説文:"則,等劃物也。"鬲羌鐘:"用明則之于銘。""則之"即刻劃于鼎,"則"字從刀鼎。説文叙説:"箸于竹帛謂之書。""箸"和署寫的"署"和書寫的"書",都是從書引申的。"書"就是用竹箸書寫。古音箸、署、書和册、策、刺、鳥、耤則並爲一系。又乍册的乍古音與箸同,所以乍册即是箸册。

占是寫,已詳于上。周初天亡殷"隹朕又慶",朕借爲謄寫的謄,古音占朕並爲一系。

西周初葉銅器中鼎:"中乎歸生鳳于王,犾于寶彝。"犾假作颰。説文説:"颰,種也。"象人持木種于土上。金文大克鼎番生殷"曩遠能犾",詩書作"柔遠能邇"。堯典"格于藝祖",今文作"假于祖禰",公羊傳八年注"格于祖禰",釋文作"藝"。所以犾就是獮,説文作"獮,秋田也",秋田而稱獮者就是爇燒火田的意思。犾既是獮字,所以犾于寶彝就是壐于寶彝。壐,説文作壐,籀文作壐,鉢文作枾、鉢。壐就是印,古印、抑一字,説文"抑,按也",把"壐印"按印在紙上叫做印。但鑄銅器的字,是先用陶(或石)預先刻削成一範母,然後印在範上,所以鑄銘亦可説是璽。殷虚發掘到一銅器的石範母，羅振玉曾經得一枚印陶器的印，他説："予嘗見古匋器印兩枚，即以匋爲之，蓋以印文字于匋器上者。"（俑廬日札）鄴中片羽初集卷上三十四頁有一個亞中隼陶印，又在二集卷上四二頁有一陶印，前者的字且和爵文（金文編附上四五）相同，後者也常見于初期銅器銘文。可知陶印最初印于陶器上，其後銅器仿陶器而作，銅器上的銘文是用陶印鈐記在陶範上的。又陳簠齋所藏的二個右里啟鋻（奇六·三七·三八）（三代一八·廿四）四個字分在四格中，也是鈐形，和鄴初上三五的一個陶印相似。這些陶印實在是陶範印，乃是印在陶範上的。

筆本是所以寫的工具，其後引申爲寫，引申爲所寫，即畢。爾雅釋器："簡謂之畢。"廣雅釋器："箷謂之簡。"是畢就是簡冊。

由上所述，書寫的事，書寫的工具，和所寫者（亦即所以書寫的材料）三者常常是同一個事物的引申或發展：

［書寫的工具］	［書寫的事］（動詞）	［所寫者］（名詞）
箸	箸、書、署、乍	書
‖		
刺	刺、策、冊	刺、策、典、箷
	寫	篤、籍
	則	則、劑
（刀）	契	契
鑽	占、刮	笘、帖
	朕	
璽	鈢	

六、史與工

商代卜人兼爲史官，所以卜用的甲骨，于既卜以後，即由卜人刻辭，卜史不分。到後來，卜辭中有一種官叫"工冊"，亦即"工典"，這也許就是周代"乍冊"的前身。西周的史官，就其見于銅器銘文的，可以分三種：一是史，即史、内史、乍命内史、内史尹、内史友等；二是尹，即尹氏、命尹等；三是乍冊，即乍冊、乍冊内史、乍冊尹等。這三種官名，他們十分之九的職務同是代王冊命和賞賜，所以三種可以説是同一類的。洛誥的"作冊逸"，逸周書克殷和周本紀作"尹佚"，周語、左傳、漢書古今人表作"史佚",可證"史""尹""作册"是一種官。"史"是商官名,終周世都用它。西周中葉以前,稱"乍册",中葉以後稱"乍册尹""乍册内史"。"内史"和"尹氏"也是中葉以後才有的官稱。甲骨文金文"尹"字和"聿"字不容易分别,都象又持一"筆",所以尹是史官。"乍册"大約是"署寫"的意思,最早是書寫王命的官,後來成爲傳授王命的官。從商到春秋,王室的史官維持傳統的官書。我們現在所看到商的卜辭金文和周代鑄于銅器的銘文,都代表當時"卜""史"的官書。

戰國開始,王官既已敗壞,而民間的私學民書發達。可惜這一時期士子的經書,只見存于説文的古文和魏石經。我們現在見于六國器物的銘文,有許多出于當日工師之手。王充論衡量知篇視文吏之學治文書當與土木之匠同科,所以説"能彫琢文書,謂之史匠"。六國民書,可説是"史匠"的手跡。【魯語上:"故工史書世,宗祝書昭穆。"】

我們現在以"民書"或出于工匠之手,而史官保存"官書"。其實彫琢文書,于古代本屬工匠的職守。商人之稱"工册",筆墨之起于繩墨竹籤,彫削範模文字之掌諸冶人。所不同的,商周的史官,是王室的工匠,而六國寫作文書者多是平民作家。先秦的人推崇孔子的删詩書,而漢人以刀筆吏爲可恥,不知要是孔子曾删詩書,何嘗不是刀筆呢?

第六章　歷史上的字體

一、總説

八體和六體,見于班固藝文志和許慎説文叙。藝文志説:

　　漢興,蕭何草律,亦著其法曰:"太史試學童,能諷書九千字以上,乃得爲史。又以六體試之,課最者以爲'尚書''御史'史書令史。吏民上書,字或不正,輒舉劾。"六體者,古文、奇字、篆書、隸書、繆篆、蟲書,皆所以通知古今文字、摹印章、書幡信也。

　　【荀悦漢紀卷廿五述劉向別録之言曰:"凡經皆古文,凡書有六本,謂象形、象事、象意、象聲、轉注、假借也。有六體,謂古文、奇字、篆書、隸書、繆篆、蟲書也。"】

説文叙説:

　　自爾秦書有八體:一曰大篆,二曰小篆,三曰刻符,四曰蟲書,五曰摹印,六曰署書,七曰殳書,八曰隸書。漢興,有艸書。尉律:學僮十七已上始試,諷籀書九千字,乃得爲史(原作吏,據魏書江式傳正)。又以八體試之,郡移太史并課,最者以爲尚書史。書或不正,輒舉劾之。……及亡新居攝,使大司空甄豐等校文書之部,自以爲應制作,頗改定古文。時有六書:一曰古文,孔子壁中書也;二曰奇字,即古文而異者也;三曰篆書,即小篆,秦始皇帝使下杜人程邈所作也(段曰:此十三字當在下文左書即秦隸書之下。夢家案:此十三字疑注文竄入,宜删去);四曰佐書,即秦隸書;五曰繆篆,所以摹印也;六曰鳥蟲書,所以書幡信也。

　　八體六體是試史的科目,秦有八體,漢初"蕭何攈秦法,取其宜于時者,作律九章"(漢書刑法志),所以用八體試史也許沿秦之舊。倉頡三篇既是取法于史籀篇,而史籀篇據班固説是試學童書,那末倉頡三篇也許是秦試學童的字書了。六體據説文是亡新所立,因其中的古文、奇字到王莽才正式立爲六體之二,班固以試史六體爲漢初律是錯誤的。

　　八體六體是試史制度的不同,秦和前漢用八體試史,新和後漢用六體試史。秦與前漢,還用大篆,亡新、後漢去大篆而改入古文奇字。刻符、署書、殳書不是特種的字體,只是書于某種器物而稍稍變異的字體,所以亡新以之歸併于小篆、繆篆和鳥蟲書。漢世試史制度之分前後兩期,和漢世字書的前後兩期是相關相應的(見一章二節),因爲字書就是學童所讀而太史用以試學童的。試史的制度改變,字書也改變,因此後漢的字書加入了古文、奇字。

　　古人分類不精,所謂八體並非平列的,可以總分爲三類:

　　甲類　時代先後的官書:大篆(古文、奇字),小篆(篆書),隸書(佐書)
　　乙類　器物相異的官書:刻符,署書,殳書,摹印(繆篆)【此四種指書寫的應用。】
　　丙類　特種器物之特種字體:蟲書(鳥蟲書)

　　這三類全是官書。六體則減去了八體中的四體,而另加入一新類:

　　甲類:篆書,佐書
　　乙類:繆篆
　　丙類:鳥蟲書【乙丙可併爲一類】
　　丁類:古文,奇字(六國書于竹帛的民書)

　　八體和六體,互相同的有四種,所以合爲十種,分述于次。

二、大篆

　　八體六體中,大篆、小篆、繆篆都名篆,而鳥蟲書于後漢三國亦名鳥篆、蟲篆。何以這些書體同稱爲篆,而什麼是"篆"呢?

　　古書篆、瑑、琢三字是通用的:周禮巾車"孤乘夏篆"注"故書夏篆爲夏緣。……或曰夏篆，篆讀爲圭瑑之瑑”；禮器“大圭不瑑”釋文“瑑本亦作琢”；郊特牲和禮器“大圭不琢”注“琢當爲瑑，字之誤也”；列子黃帝篇“彫琢復樸”釋文“琢或作瑑”；爾雅釋訓“如琢如磨”釋文“琢本或作瑑”。篆和瑑同從，古文字豕、豖不分（甲文“涿”或從豕或從豖），豖、象不分（説文“豢”古文從象，“豪”籀文作“𧱛”），所以琢、瑑、篆三字古本一形。説文：“琢，治玉也。”爾雅釋器：“玉謂之琢”，“雕謂之琢”。而瑑也是刻鏤：漢書揚雄傳“除彫瑑之巧”注“瑑，刻鏤也”；東方朔傳“陰奉珝瑑刻鏤之好以納其心”注“瑑謂刻爲文也”；王吉傳“不造珝瑑”注“瑑者刻鏤爲文”；董仲舒傳“良玉不瑑”注“瑑謂彫刻爲文也”。琢和瑑同具刻鏤之義。豕和篆古音相同，所異者篆收鼻韻而豕收入聲而已。由上所述，則此三字形音義相同相近，古本一字。

　　琢和瑑本爲刻鏤玉石，而古代文字亦刻絜于金石，所以琢或瑑就是篆。篆者在金石上刻瑑文字，而後世易之以竹木，所以字從竹。説文説“篆，引書也”，則專以篆爲書寫；又説“琢，治玉也”，則專以琢爲刻玉；又説“瑑，圭璧上起兆琢也”，則專以玉上的琢迄名瑑。“豕”和上所述書寫的名稱如“鳥”“册”“箸”“書”“刺”“籍”“則”在古音上同屬一系。

　　但琢並非限于治玉，在器物上刻字也叫琢，墨子書屢次提到：非命説“琢之盤銘”，明鬼和尚賢説“琢之盤盂”，兼愛説“琢于盤盂”。琢于盤盂就是刻鏨銘文于盤盂。凡琢于金石及以琢于金石的官書箸于竹木縑帛的叫做篆，秦以前的叫大篆，秦時的篆文叫小篆或秦篆或篆書（詳下）。琢于璽印的叫繆篆。琢于兵器幡信上的叫鳥篆或蟲篆或鳥蟲書（詳下）。

　　我們細讀墨子書，他之所謂“琢”和“鏤”“書”是有分別的。非命説：“書之竹帛，鏤之金石，琢之盤銘。”明鬼説：“故書之竹帛……故琢之盤盂，鏤之金石。”兼愛説：“以其所書于竹帛，鏤之于金石，琢于盤盂。”尚賢説：“故書之竹帛，琢于盤盂。”魯問説：“書之于竹帛，鏤之于金石，以爲銘于鐘鼎”；“亦書之竹帛，以爲銘于席豆。”【刻—陰文；鏤—陽文。琢—鑄；鏤—直接刻在金文。】凡竹帛皆曰書，金石皆曰鏤，鐘、鼎、盤、盂、豆等曰琢曰銘。銘也是琢。晉語注：“刻器曰銘。”魯語注：“刻曰銘。”考工記㮚人鄭注：“銘，刻之也。”封禪書武帝有銅器，“案其刻”云云，刻即銘文。呂氏春秋慎勢：“功名著乎盤盂，銘篆著乎壺鑑。”呂氏春秋求人：“故功績銘乎金石，著于盤盂。”著于盤盂即琢于盤盂。“鏤”于金石和“琢”于盤盂的分別，大約鏤是鏨而琢是鑄歟，也就是鑄法和契法的不同。我們所謂篆，則是不分鏤與琢的，不分刻于金或玉石的。

　　據我們的説法，篆文是琢于金石的文字，所以大篆是先秦琢于金石的文字及以琢于金石的文字箸于竹帛的文字，小篆是秦文。大篆寫于竹木上而作爲字書的，有史籀篇。"史籀"不是人名，共有三個證據。第一，漢書藝文志説："史籀者，周時史官教學童書也，與孔氏壁中古文異體。"又"史籀十五篇"班固自注："周宣王太史作大篆十五篇，建武時亡六篇矣。"【書斷："劉歆七略曰：'史籀者，周時史官教學童書也，與孔氏壁中古文異體。'"】許慎後于班固，其説多承班志，故説文叙説："及宣王太史籀箸大篆十五篇，與古文或異。"班説周宣王的太史作大篆十五篇，許説宣王的太史籀箸大篆十五篇，所以"籀箸"就是"作"，都是動詞。班固和許慎原來只説十五篇大篆是宣王時的太史所作，並沒有説出太史的名字。後于許者誤讀説文，以動詞的"籀"字屬上"太史"讀爲"太史籀"人名。于是衛恒四體書勢説："昔周宣王時，史籀始著大篆十五篇"；魏書江式傳："及宣王太史史籀著大篆十五篇"；顏師古急就篇注叙："昔在周宣，粵有史籀，演暢古文，初著大篆"；張懷瓘書斷："按大篆者周宣王太史史籀所作也。"其他若應劭漢書注（元帝紀贊注）"周宣王太史史籀所作大篆"、書斷、封演聞見録、郭忠恕汗簡等等引説文者，皆作"太史史籀"，這都是誤讀了説文的緣故。第二，就文法講，"宣王太史籀箸大篆"這一句話，宣王太史是主詞，籀箸是動詞，大篆是賓詞。若要把史籀變爲人名，不得不改爲"太史史籀"。今由班志和説文叙，知漢以後作"太史史籀"，所多一"史"字是後加的。第三，況且説文三引史篇，若史籀篇爲史籀其人所編，他決不能引其書而略其私名的。【籀文，倘籀是人名，不能以其私名稱字體也。】

藝文志説李斯等倉頡三篇"文字多取史籀篇，而篆體復頗異所謂秦篆者也"。説文叙則説："皆取史籀大篆，或頗省改，所謂小篆者也。"許慎所謂"史籀大篆"就是班固所謂史籀篇，"史籀大篆"就是上文"宣王太史籀箸大篆十五篇"的省述。然則"史籀大篆"者，史官所籀箸或所作的大篆，"籀"是動詞而用作形容詞的。

我們以此看法來解釋史籀篇之所以名史籀者，則"籀"字可有三種不同而相互關涉的解釋。

第一，籀是籀讀。

説文説："籀，讀也"；"讀，籀書也。"叙説："尉律：學童十七已上始試，諷籀書九千字，乃得爲史。"藝文志説："太史試學童，能諷書九千以上，乃得爲史。"諷籀書就是諷書和籀書，諷和籀略有分別，諷是背誦而籀是認字。凡欲爲史的學童，其平日所誦讀的課本及其應試時所考的課本，是一非二，而必有官定的定本爲準。班固説："史籀篇者，周時史官教學童書也。"而史籀篇同時便是學童應試史時的考本。籀是籀讀,所以史籀篇的第一個解釋,便是欲爲史的學童所誦讀的本子,爲太史教學童及考試學童時所用的本子。

第二,籀爲綴集。

説文叙説"及宣王太史籀箸大篆十五篇","史籀大篆",凡此籀字均是動詞。説文叙説宣王太史籀箸大篆,班固説宣王太史作大篆,所以籀箸就是作。籀字從擂,説文擂或作抽,説解云"擂,引也",方言十三"抽,讀也",詩牆有茨"不可讀也"傳"讀,抽也";字亦作紬,文選高堂賦注引字林"紬,引也",史記自叙"(太史公)卒三歲而遷爲太史令,紬史記石室金匱之書"索隱曰:"如淳云:‘抽徹舊書故事而次述之’,小顏云:‘紬謂綴集之也’。"籀爲箸作抽引綴集,所以史籀篇的第二個解釋是太史所箸或綴集用以教學童的本子,爲試史的學童所誦讀,而爲太史試史時所根據的本子。張懷瑾書斷説史籀篇"以史官製之,用以教授,謂之史書"。

第三,籀爲書寫。

籀有抽引之義,而説文"篆,引書也";篆琢既係一字的分化,而琢籀古音近,是籀和篆古音亦相近;籀之從竹與篆同,都因書于竹木而然。所以籀就是篆,篆就是琢。籀古音與"鏤""彫"亦近,所以籀是鏤刻或彫琢。據以上所述,説文叙説"皆取史籀大篆",藝文志説"文字多取史籀篇",所以史籀篇就是太史所籀箸的大篆,太史所籀箸的大篆即太史所寫定的大篆。同理,"史籀大篆"即史所寫的大篆。大篆之篆爲琢于金石的文字,而史籀篇十五篇亦是大篆,是籀文即篆文。所以説文叙"皆不合孔氏古文,繆于史籀","今叙篆文合以古籀",籀文與篆文古文並爲字體名。籀是書寫,所以史籀篇第三個解釋,便是太史所寫定(或籀箸)用以教學童的本子,爲試史的學童所誦習而太史試史時即用以爲考本。宣王太史的寫定大篆十五篇,猶如秦始皇時太史令胡毋敬之寫博學篇。

我們以爲,"籀"的第一個本義是"寫",由此義而引申爲箸作綴集和誦讀。説文説"籀,讀也",只保存了"籀"的後來的引申義,至以籀爲寫,是我們從音上義上推出來的。古文字關于"寫""讀"可由一個字兼用,而"寫""讀"與"所寫""所讀"亦往往是一個字的分化:

[寫]	[讀]	[所寫]	[所讀]
占	占(口占)	笘	佔
册	册(册命)	册	册
書	誦(?)	書	書

琢(?)　　　讀　　　讟　　　　牘

【儒林傳説"孔氏有古文尚書,安國以今文讀之",而經典釋文"孔安國用隸書寫古文尚書",是以今文讀之,即隸書寫之。】

所以"籀"是讀,也可以是寫。"籀""抽"的音和"讀"同屬一系。

史籀篇的名字,見于藝文志,説文叙稱之爲大篆十五篇,而奭、匋、姚三字下三引史篇。【是否史籀篇?】史籀篇是最早的一本由太史所寫定的字書。古代字書皆由太史所寫定用以教習並考試學童之欲爲史者,所以一切字書統可名爲史篇。漢書平帝紀"徵天下通知……小學史篇",王莽傳"徵天下……史篇文字",揚雄傳"史篇莫善于倉頡",揚子法言"或欲學倉頡史篇",凡此皆以史篇爲字書的通稱。

總上所述,我們可得一結論:

一、説文叙和藝文志都没有以"史籀"爲人名。

二、説文叙"及宣王太史籀箸大篆十五篇",根據班固的"宣王太史作大篆十五篇","籀箸"就是"作",意即綴集或寫定。

三、同時,説文叙的"諷籀書",藝文志作"諷書",諷籀書就是讀書。"籀"有"讀"義,是由"寫"義引申出來的。

四、班固説史籀篇是周時史官教學童書,張懷瓘説是史官所製用以教授者,而秦時博學篇取法史籀篇亦是太史令所作:所以史籀篇是太史所籀箸的官書(官定字書)。

五、這個由太史所籀箸的官定字書,史官所以教學童,試史的學童所以誦習,太史試史時即以此爲考本。是書爲史官所編所教所用以試史,所以又曰史篇。

六、史篇爲最早的官定字書,而古代字書由史所籀箸,所以史篇又爲一切字書的通稱。

以史籀爲人名,二千年後無異説,直到王國維做史籀篇叙録才提出史籀爲人名的疑問。他以爲"古籀讀二字同聲同義,又古者讀書皆史事。……昔人作字書者,其首句蓋云'太史籀書'以目下文,後人因取句中史籀二字以名其篇,'太史籀書'猶言太史讀書"。史籀篇的第一句是"太史籀書",實爲王氏的假設,而且以"讀"釋"籀",只通于説文叙"諷籀書"一句,而無解于"宣王太史籀書大篆十五篇"和"皆取史籀大篆"兩個動詞的"籀"。讀書固爲史事,而教學童試學童及選定字書尤爲太史所職。史籀篇誠如我們以上所陳述,則我們没有理由一定説"史籀"是這本字書的首句。古書名如尚書、春秋、論語、易都是以書的内容名篇的。

王國維又提出史籀篇時代的疑問,他以爲倉頡三篇小篆既取諸史籀篇,而戰國時秦之文字多用篆文,史籀篇"體勢實上承石鼓文,下啟秦刻石,與篆文極近",所以"史篇之文字秦之文字,即周秦間西土之文字也。至許書所出古文即孔子壁中書,其體與籀文篆文頗不相近,六國遺器亦然,壁中書者周秦間東土之文字也。史籀一書殆出宗周文勝之後,春秋戰國之間秦人作之以教學童,而不傳于東方諸國,故齊魯間文字作法體勢與之殊異,諸儒著書口説亦未有及之者,唯秦人作字書,乃獨取其文字用其體例,是史篇獨行于秦之一證"。傳説上史籀篇爲周宣王時作,王國維既把它降爲春秋戰國時作,又以爲秦人所作,所以接着他便作戰國時秦用籀文六國用古文説。

史籀篇的年代和國籍是有聯帶關係的。若以它爲周宣王時作,則不應該是秦字書,因爲周宣王當秦莊公,守西垂禦戎爲西垂大夫,尚未有史記,秦本紀説"文公十三年(紀元前七五三)初有史以記事",是秦之有史在將入春秋之前。若以它爲秦字書,則必須在入春秋以後,王氏所以主張它是春秋戰國之間所作者以此。王氏主史篇爲秦字書,他的理由是:(1)齊魯間東方文字體勢與之殊異,(2)齊魯間諸儒箸書口説亦有未及之者。關于(1),史籀篇文字並不與齊魯文字殊異,相反的如籀文盟作𥁕、西作卤、妣作妣、折作𣂦、登作𤼇、商作𠤖、兵作𠈃、辭作𤔲等字齊(並陳)的金文和籀文相合,而其中若妣、折、兵、辭等字幾乎只有齊金文合于籀文。陶文是屬于東方系的,而陶文賹所從的益和籀文同,陶文以缶爲匋與史篇同,陶文𦥏疑即籀文臨字。關于(2),雖然齊魯諸儒没有提到史籀篇的,即秦人也没有提到,秦人所以用史籀篇,因爲秦居宗周故地就近取用,而秦之有文,正在史籀篇作成以後五十年間。王氏既認籀文爲西土秦文字,所以又以古文爲東土文字,古文之非東土文字,上章三節略曾提及,以後論古文時再要詳細申述的。

王氏史籀篇疏證存録説文中的籀文凡二百二十三字,重二字,其中有三分之一見于甲文金文,我們將它們列爲一表,見附録二(按:附録未見)。它們的比例是:

籀文同于甲文和初期金文者　　十分之三‧五弱　35%

籀文同于西周金文者　　　　十分之四・五强　45%

籀文同于東周金文者　　　　十分之二弱　20%

所以史籀篇的文字當在西周之晚期而早于東周，傳説上説它作于周宣王，大致不錯。【史篇文字應是西周文字，于宣王時所編綴。】那末，它還是周人的字書。東周金文承襲西周的多，所以籀文可以合于東周金文，而鮮合于秦漢金文，籀文四作三，和甲文西周金文相同，金文只有邵鐘、鄲孝子鼎、梁鼎作四，這些器最早者爲春秋，下迄戰國，故知史篇必早于春秋。籀文只有幾個字見于秦漢金文，如兵字見于新郪陽陵虎符，則字見廿六年詔的權量和詔版，豪字見新嘉量，四字見漢金文，這四個字有二個是秦文，秦人只用籀文，一個是數字，一個見于王莽量器，王莽是復古。因爲它是官書又是西周晚葉的作品，所以它保存若干較繁複的古式。王筠所謂"籀文多重疊"，即此。因爲秦居宗周故地，當時史官係周室所遣，秦自己無文化，所采用者全是周文，他只有仿效，還没有自己變化的餘裕，所以秦文更近于周文。秦之有文字記載，在紀元前七五三以後，遠不及東方諸國有文的長久，所以東方諸國文字的變易較劇于秦。【此又因東土民間士子興起；秦國法治，不容許民書。】史籀篇大約是周宣王時作，離秦文公才五十餘年，秦文公初有史記，其文字必用當時通用的周文，亦即史籀篇，因爲周時列國史記都要寫存周王室，是必須用周文寫。

　　以上是王氏在叙録中所提出的"二疑"。至其所述可斷定的三事：一是史篇字數不得過于三千三百字，因爲據班志所述，秦時倉頡三篇共三千三百字，揚雄訓纂僅五千三百四十字，唐人張懷瓘説史篇九千字自不足信。（此段玉裁説文叙注已經説過了。）二是史篇文例没有説解，四字一句，二句一韻，可有複字，可有假借。三是籀文不是書體之名，史籀篇不過是編纂章句以便誦習的字書，此用羅振玉説。一二兩事，自可斷定無疑。三事史籀篇誠爲字書，然據我們以上所述，籀文是大篆，籀就是篆，所以籀文亦可以名字體。説文叙説"皆不合孔氏古文，謬于史籀"，"今叙篆文合以古籀"，又説解中"籀文作某"和"古文作某""篆文作某"平列，籀和史籀明明和篆文、古文並爲字體。史籀的籀既可訓箸作，訓寫，則史籀就是史書。説文叙"史籀大篆"，大篆即其上文的周宣王太史所籀箸的大篆十五篇，史籀即"史書的"所以形容大篆者。又"史籀"和"古文"相對爲文，"籀"和"文"皆是名詞而"史"和"古"皆是形容詞：我們已經説籀即篆，所以"史籀"即"大篆"，"史籀"是字體。籀既爲文體之一，所以説文説解中"籀文作某"的"籀文"是對的。

　　説文通例,重文中字出于史籒篇者標明“籒文作某”,只有一個例外。艸部末芥、蒠等五十三字,大徐本在這五十三字前有一行説“左文五十三,重二,大篆從艸”。小徐本没有這一行字,歷來或以此爲許書本有,或以爲後加。這五十三文中的蓬,有一重文説“莑,籒文蓬省”。段玉裁説:“籒文當作古文,蚰部蠭古文作蠭可以比例也。”無論這一行字是否後人所加,但確乎是有所據的。五十三文中蘽、莽兩字見于甲骨文(從四木),芺、葬、蔎三字見于兩周金文,莫字見于石鼓文,都是大篆的時代。

　　班固説:“建武時亡六篇矣。”唐元度十體書説:“大篆十五篇,秦焚詩書,惟易與此篇得全。【書斷:“秦焚書,惟易與此篇得全。”】王莽之亂,此篇亡失。建武中獲九篇。章帝時王育爲作解説,所不通者十有二三。晉世此篇廢,今略傳字體而已。”漢世通行的字書是倉頡三篇,這部周代的字書遂因不切實用而廢絶了。

三、小篆

　　我們取説文中的籒文和商代甲金文及西周金文相較,相合者有十之八,參看附録二(按:附録未見),史籒篇是大篆,則春秋以前的甲金文亦是大篆了。【在一短期内(秦始皇統一至二世亡)小篆指秦帝國的時候的秦國文字;統一以前大篆指傳統官書(商周秦及列國諸侯)。】所謂大篆的篆本是琢于金石甲骨之謂,所以春秋以前的甲文金文都是大篆。但是自春秋以迄秦之統一六國,其間金文石文同于商周古文者仍在十分之五以上;即以秦國而論,統一以前還没有立小篆這名目的時候,秦國的金石文字已與小篆相近,而亦不違異大篆,不過小篆較省略而已。【吕不韋戟三代二〇・二九下,商鞅戈三代二〇・廿一,商鞅量周金六・一二四,虎符(陽陵,夢郼 2.26)新郪(小校 14.90)。】秦始皇時,八體之中“大篆”爲首,這可證明當時還有用大篆的。李斯等倉頡三篇取諸大篆十五篇,是小篆乃省改大篆而成的。【勉强的説,春秋與戰國之際方祘作小篆的開始。】以此論之,秦始皇統一以前的官書,皆得名爲大篆。

　　古書記載,除班志、許書以外,並没有大篆這個名稱。班志、許書所謂大篆,只指西周後半期太史所寫定的十五篇,我們現在把它前後延長至于商代和戰國之終。至于小篆本是大篆的省改,然文字在演進中自然向省易簡略這方向發展,大篆的變爲小篆,也是自然的結果。這種發展是流動的,若我們一定要造出一個人爲的階段,只有以秦皇的同一文字爲分水嶺了。【肯定的説,秦統一天下

後用的是小篆。】

藝文志説："倉頡七章者秦丞相李斯所作也，爰歷六章者車府令趙高所作也，博學七章者太史令胡毋敬所作也：文字多取史籀篇，而篆體復頗異，所謂秦篆者也。"説文叙説："秦始皇帝初兼天下，丞相李斯乃奏同之，罷其不與秦文合者。斯作倉頡篇，中車府令趙高作爰歷篇，太史令胡毋敬作博學篇，皆取史籀大篆，或頗省改，所謂小篆者也。"小篆即秦篆，王莽六書既去大篆，所以名小篆爲篆書。小篆是李斯等依史籀篇爲藍本，取當時秦國通用的官書文字編爲官定的字書，以後吏民即以此字書爲準則，不合者去之。我們在上章三節曾説"罷其不與秦文合者"的"秦文"指始皇併六國以前一二百年間秦國通用的官書，而當時的文字還是宗周官書之遺，並非秦國自己的文書。秦于文公十三年（前七五三）初有史記，而史籀篇爲宣王時作，相距五十餘年，故當時秦人習文即用史籀篇，是以後此秦文多合籀文。

班許説李斯等倉頡三篇的篆體和史籀篇"頗異""或頗省改"，異即省改。小篆之所以異于大篆，並非李斯等所改易，乃是大小篆有時代的先後，而文字自繁趨省間有更改乃循自然的發展。後世誤讀班、許書者，以爲李斯等作倉頡時，從大篆省改爲小篆，實無此理。我們今從傳世始皇併六國以前的秦器銘文看到，其文字很接近小篆。李斯之寫定倉頡篇，不過順文字的自然趨勢，把當時官書寫編而頒布于天下，爲四海吏民的準則，如此謂之"同一"。

自秦始皇廿六年兼併天下（前二二一）到二世之亡（前二〇七）十五年間，凡始皇刻石和權量上所鑄的詔文，都是秦小篆的楷則。

説文九千正文中，有多少是小篆，以後自有論列。至于説文的重文中有三十六個字標明"篆文作某"，此篆文是什麼？許慎説文所采的大篆只是史籀篇，重文中凡某字出于史籀篇的一律標出"籀文作某"，凡由史籀篇文義而知某字某義者，説解中引史篇云云，如于"奭"下云"此燕召公名，史篇名醜"，"匋"下云"史篇讀與缶同"，"姚"下云"史篇以爲姚易也"。這是説文的通例。大篆而曰籀文，所以重文中的"篆文"必是小篆之文了。

重文中三十六個篆文，其見于甲文、兩周金文、秦刻石（石鼓以至始皇刻石）、印璽文、秦漢金文者列爲一表，見附錄三（按：附錄未見）。由此表所示，則知重文中篆文的年代了：

	甲骨文	西周金文	東周金文	秦刻石	印璽文	秦漢金文
同于説文正文	9	16	7	2	1	2
同于重文篆文	4	5	5	6	9	11

這條虛綫表明兩個時期的分界:甲文和兩周金文多半合于説文的正文,秦漢金石璽文多半合于重文中的篆文,那末篆文是指秦漢的小篆,非常明顯。我們還可以有幾個補證:一、重文中的篆文"鵲""臂""皸""頤""畎""蹂"都是形聲字,而正文是象形字,形聲晚于象形。二、"善"字一直到印璽文才合于重文的篆文,"吕"字一直到漢金還同于正文,則篆文作"脊"是後漢才用。三、臣字東周金文同正文,一直到璽文才作頤,同于重文的篆文,璽文是六國秦漢的文字。所以篆文是秦漢的文字。

但是重文中的篆文,如"豚""涉""漁"和甲文同,"學"和甲文略同(篆文從子,甲文不從子),這可證重文中的篆文還是"存古"的。由此更可證明説文中的正文有時晚于重文中的篆文,這因爲説文的正文根據史籀篇,而史籀篇是西周晚期的字書,篆文卻反而是直襲商周古文的。

秦世倉頡、爰歷、博學三篇,取諸史籀篇,史篇既爲學童字書,則此三篇亦當是專載日常用字,現存的急就篇可見其大概。藝文志説"漢興,閭里書師合倉頡、爰歷、博學三篇,斷六十字以爲一章,凡五十五章,并爲倉頡篇"。斯坦因在敦煌西北長城所獲漢木簡,有四簡係漢世之倉頡篇:

　　　游敖周章,馴麛黠黜,黢黝駼賜,黬騅赫赧,儵赤白黃
　　　起走病狂,疵疢灾疾……
　　　狸獌卿觳……
　　　□□□寸,薄厚廣俠,好醜長短……
　　　　【倉頡篇首句當是"倉頡作書",參看觀堂集林五・一六倉頡篇殘簡跋。小學考九:"案李斯作倉頡篇,首始有倉頡句,遂以名篇。"】

都是四字一句,有韻,以事爲類,而有假借字(廣俠即廣狹)。羅振玉説:"第一簡凡五句,廿字,合三簡則得十五句六十字,正爲一章,若以三棱之柧(即觚)寫之,則一柧正得一章,與班史所記適合。"倉頡字有不見于説文的,如"獥"字只見于集韻一屋,注音速,山海經東山經"東山經之首曰獥蟲之山";有與説文不同的,如説文鬠而倉頡以纛,説文妖而倉頡從厃。倉頡中亦有漢人所加的字,所以説文正文有時和篆文相異,此篆文就是秦漢的篆文。流沙墜簡以外,説文叙引"幼子承詔"一句,郭注爾雅引"考妣延年"一句,顏氏家訓書證篇引"漢兼天下,海内并厠,豨黥韓覆,畔討滅殘"四句,都是四字一句。藝文志説:"倉頡多古字,俗師失其讀,宣帝時徵齊人能正讀者,張敞從受之,傳至外孫之子杜林,爲作訓

詁。"志載倉頡傳一篇,杜林倉頡故一篇,今亡。

藝文志説:"武帝時,司馬相如作凡將篇,無復字;元帝時,黃門令史游作急就篇;成帝時,將作大匠李長作元尚篇,皆倉頡中正字也,凡將則頗有出焉。"此前漢三本字書,都是采編倉頡而成的,惟凡將稍有增益。凡將現已不存,惟文選蜀都賦注引"黃潤纖美宜制禪",藝文類聚四四樂部引"鍾磬竽笙筑坎侯",説文口部引"淮南宋蔡舞嗙喻",都是七字一句,顏師古急就篇注叙説史游的急就篇擬凡將而廣之。唐陸羽茶經引凡將有烏喙、桔梗、芫華、款冬、貝母,均見今急就"烏喙附子椒芫華""欵東貝母薑狼牙""亭歷桔梗龜骨枯"。急就今存,前三言,後七言。斯坦因在敦煌西北所獲漢木簡有急就篇五章,其中第一第十第十八各章是書于木觚上的。惟第一章完整,觚三面三棱,徐鍇引字書云"三棱爲觚",每面書一行二十一字,一觚三棱三行合得六十三字。第十章、第十八章兩觚,每觚只書兩面,一面以三十二字爲一行,一面以三十一字爲一行,一觚只書兩面合六十三字。六十三字一章,一章一簡。殘簡中文字有漢人的俗字,如説文的彎字,此作戀,漢夏承碑與此簡同;説文重文中"俗作某"者往往是漢時的別字。元尚已佚,無可考。倉頡本爲四字一句,而凡將急就又有七字一句的,可見凡將、急就雖采用倉頡正字編爲字書,而體例不盡相同,倉頡有複字凡將無複字,也是不同的一點。

藝文志説:"至元始中徵天下通小學者以百數,各令記字于庭中,揚雄取其有用者以作訓纂篇,順續倉頡,又易倉頡中重複之字,凡八十九章。臣(韋昭曰:臣,班固自謂也)復續揚雄作十三章,凡一百二章,無複字,六藝群書所載略備矣。"説文叙説:"孝平皇帝時,徵(爰)禮等百餘人,令説文字未央廷中,以禮爲小學元士,黃門侍郎揚雄采以作訓纂篇,凡倉頡已下十四篇,凡五千三百四十字,群書所載略存之矣。"考漢初倉頡篇三篇五十五章,章六十字,共三千三百字,有複字。訓纂篇十四篇,八十九章,章六十字,共五千三百四十字,而無複字。急就、元尚都是倉頡正字而改編爲三字七字句的,所以訓纂不數急就、元尚。凡將字雖有出倉頡以外的,但已收于訓纂中,所以訓纂也不數它。班固續十三章,合一百二章,章六十字,共六千一百二十字。班固以後,許慎作説文解字十四篇,九千三百五十三字。以上後漢揚、班、許三家的字書,今惟説文存。

倉頡是用小篆寫的字書,而説文也是以小篆爲主的字書,所以我們叙小篆以此爲始終,恰好前后三百年正。兩漢字書有兩個異點。一是凡將、急就(甚或元尚)七字一句,這是受當時以七言爲詩樂的影響,因爲字書也是諷誦的。一是字書與黃門的關係,史游爲黃門令,揚雄爲黃門侍郎,而許沖上説文表説"慎前以詔校書東觀,教小黄門孟生、李喜等"。

　　漢世字書,在説文以前不盡寫以小篆。敦煌漢簡中的倉頡篇和急就篇都是隸書。宋王愔説:"漢元帝時史游作急就章,解散隸體麤書之。漢俗簡墜,漸以行之。"倉頡已非篆體,則揚雄、班固所補恐怕也是隸書的了。説文以後的三倉,更是隸書。隋志有"三倉三卷,李斯作倉頡篇,揚雄作訓纂篇,漢郎中賈魴作滂喜篇,故曰三倉"。書斷説:"和帝時賈魴撰滂喜篇。以倉頡爲上篇,訓纂爲中篇,滂喜爲下篇,所謂三倉也,皆用隸字寫之,隸法由兹廣而篆籀轉微矣。"自此魏張揖作三倉訓詁,晉郭璞作三倉解詁,遂有"三倉"的名目。【唐志有三倉訓詁三卷。】

四、隸書

　　小篆是秦時所頒布的官書,隸書也始于秦世,它們的分別成爲歷來文字學的疑難。秦權量上的詔文,顔之推書證篇説它"兼爲古隸",吾丘衍學古篇説"秦隸即權量上刻字"。我們詳細剖析,權量上的字的確可以分別爲兩類,這兩類的分別只根據于一個字:一類是近于小篆的權量,那上面的則字作劓,和説文籀文與周金文相同。一類是近于隸書的權,那上面的則字作則,和説文的正文與隸書相同。禾石鐵權,廿六年詔八斤權,廿六年詔鼟小量,廿六年詔十六斤權,廿六年詔權(松補中三四),廿六年詔小權(松十二·三五,又十二·三六),這些都屬于後一類。小篆與隸書有方圓之不同,有鑄法與契法之不同。

　　小篆是大篆的省易,隸書又是小篆的省易,藝文志説:"是時(秦)始造隸書矣,起于官獄多事,苟趨省易,施之于徒隸也。"説文叙説:"是時秦燒滅經書,滌除舊典,大發隸卒,興役戍,官獄職務繁,初有隸書以趣簡約,而古文由此絶矣。"又説文叙叙亡新六書"四曰佐書,即秦隸書"。【前漢紀廿五劉向别録云:"秦時獄官多事,省文從易,施之于徒隸,故謂之隸書。"】凡此所述,都以隸書起于秦,而爲小篆之省易。

　　隸書發生于秦,有兩個原因:一因爲興官獄和役戍,不得不有較小篆更省易的寫法;二因爲秦蒙恬軍中已有鹿毫筆的發明,可以解散篆而爲方折的寫法。【此説不妥,毛筆早已發生了。1957.4.22 西安。】

　　隸書者下級佐吏的一種低級官書。古代以罪隸爲佐吏,所以左傳昭公七年十等的人是王、公、大夫、士、皁、輿、隸、僚、僕、臺,而隸不爲最下,服虔注云:"隸,隸屬于吏也。"左傳成十六"魯之常隸也"杜預注云:"隸,賤官";定四"社稷之常隸也”杜預注云：“隸，賤臣也。”古史、吏一字，吏、隸音同，古官、史、吏同源，惟後世太史的史是高級的官，而“府史”“佐史”的史是吏，即使役之吏，乃賤官，周禮班秩卿大夫士下爲府史、胥徒，史在府下胥徒之上，猶隸在皂輿下僕臺上。周禮冢宰注：“史掌書者，凡府史皆其官長所自辟除。”是府史的史是今所謂下級雇員。又冢宰注謂胥徒“此民給徭役者”。到漢代州郡有“功曹書佐”“典郡書佐”“假佐”，都是州郡自辟除。後漢書光武紀“所到部縣輒見二千石長吏三老官屬，下至佐史”注：“續漢志云：‘每刺史皆有從事史、假佐，每縣各置諸事曹史也。’”又有“假吏”（見漢書蘇武傳），而光武紀引漢官儀，漢初有軍假吏，“謂軍中權置吏也”，假者臨時相雇之謂。漢書王尊傳“司隸遣假佐”注：“蘇林曰：‘胡公胡廣漢官：假佐，取内郡善史書佐給諸府也。’”【後漢書百官志司隸校尉下有“假佐二十五人”，本注曰：“主簿録閣下事省文書……”】漢書貢禹傳：“郡國恐伏其誅，則擇便巧史書習於計簿能欺上府者以爲右職。”右職猶佐吏。由此可知漢世所謂“書佐”“假佐”都是官長自辟除的臨時雇的書記，古代稱史或吏，或由隸人任之。衞恒四體書勢説：“秦用篆，奏事繁多，篆字難成，即令隸人佐書曰隸字。”其實隸書即吏書，即佐吏之書。

　　説文叙：“最者以爲尚書史。”藝文志説：“課最者以爲‘尚書’‘御史’史書令史。”韋昭云：“若今尚書、蘭臺令史也。”通典引應劭漢官儀：“能通倉頡、史籀篇補蘭臺令史，滿歲爲尚書郎。”【大唐六典卷一及太平御覽卷二一三引漢官儀：“能通倉頡、史篇補蘭臺令史，滿歲補尚書令史。”】“尚書”“御史”史書令史是説“史書令史”是分隸于尚書和御史的。續漢書百官志説尚書六曹各有令史三人二百石，主書；【後漢書百官志注：“古今注曰：永元三年七月增尚書令史……蔡質曰：皆選蘭臺符節，上稱簡精鍊有吏能者。”案指蘭臺令史、符節令史。】御史中丞有蘭臺令史六百石，掌奏。【符節令史二百石。】是史書令史是掌書奏的。令是巧，所以史書令史就是便巧于史書的吏。【法言吾子篇：“或欲學倉頡、史篇。”漢書揚雄傳贊：“史篇莫善于倉頡。”】

　　兩漢有“史書”的名稱：前漢的元帝（本紀贊）、孝成許皇后（外戚傳）、王尊（本傳）【漢書列傳：“王尊……能史書……除補書佐。”】、嚴延年（酷吏傳）、楚王侍者馮嫽（西域傳），後漢的和帝（本紀）、和熹鄧皇后、順烈梁皇后（皇后紀）、北海敬王睦、樂成靖王黨（本傳）、安帝生母左姬（章帝八王傳），魏的胡昭（魏志管寧傳）都是“善史書”的【史書即隸書】。此所謂史書錢大昕段玉裁並以爲是隸書（見錢大昕三史拾遺、段玉裁説文叙注）。漢代奏牘用隸書，所以史書即隸書。漢書説嚴延年善史書，“所欲誅殺，奏成于手中”。後漢書皇后紀：“諸所稱善史書者，無過諸王后妃嬪侍之流，略知隸楷，已足成名。”此可知史書即隸書。漢世假佐是取内郡的善史書者給佐諸府，所以隸書又稱佐書。

秦世初有隸書，用于低級官書。張懷瓘書斷（見法書要録卷七）説：“秦造隸書以赴急速，爲官司刑獄用之，餘尚用小篆焉，漢世因循。”傳世秦權量詔文刻辭，當是小篆了。漢世大事用篆小事用隸。光武紀引漢制度：“帝之下書有四：一曰策書，二曰制書，三曰詔書，四曰誡敕。策書者，編簡也，其制長二尺，短者半之，篆書，起年月日，稱皇帝以命諸侯王；三公以罪免，亦賜策，而以隸書，用尺一木，兩行，惟此爲異也。”獨斷略同。由此知漢世册令諸侯王用篆書，其餘天子下書用隸，群臣上書亦然。晉和北齊沿用漢習。通典五六引晉博士孫毓議曰：“今封建諸王，裂土樹藩，爲册告廟，篆書，竹册。……四時享祀……尺一白簡，隸書。”隋志禮儀志説北齊封拜册用篆字。

中國西北部所出的兩漢墜簡，兼爲隸艸，而絶無篆書，可見屯戍所用只有隸艸。後漢以來，經籍多隸寫之，“孔安國用隸書寫古文尚書”經典釋文，【論衡：“壁中古文論語，后更隸寫之以傳誦。”】而後此一切經籍都寫以隸書了。從此隸書變八分，變正變楷變真，而實際上所變已經很少。漢以後，篆書漸漸不用，隸書已由低級官書進而爲高級官書了。

説文叙：“三曰篆書，即小篆，秦始皇帝使下杜人程邈所作也。”段玉裁以爲秦以下十三字應在“四曰左書即秦隸書”下。世傳程邈作隸，而叙又言作小篆，倘使如段氏所説是錯簡，則宋以前本已誤。顏師古注藝文志的六體，説：“篆書謂小篆，蓋秦始皇使程邈所作也，隸書亦程邈所獻，主于徒隸，從簡易也。”疑説文此句是後人的注文誤入正文的，因爲據許書所述亡新的六書的體例看來，這一句是不應該有的。

【案晉書衛恒傳四體書勢述亡新六書“三曰篆書，秦篆書也，四曰佐書，即隸書也”。北史江式傳上古今文字表述亡新六書“三曰篆書，云小篆也，四曰佐書，秦隸書也”。均無此十三字。惟四體書勢于述秦小篆時曰：“或曰下邽人程邈爲衙獄吏，得罪始皇，幽繫雲陽十年，從獄中作大篆，少者增益，多者損減，方者使圓，圓者使方，奏之始皇，始皇善之，出爲御史，使定書。或曰邈所定乃隸字也。”據此今本説文乃因四體書勢加入此十三字，非許氏原來所有。】

但自後漢起，就有程邈造隸的傳説。唐張彦遠法書要録七引蔡邕聖皇篇：“程邈刪古立隸書。”【書斷：“蔡邕聖皇篇程邈刪古立隸文。”】庾肩吾書品：“隸體發源秦時，隸人下邳程邈所作，始皇見而奇之，以奏事繁多，篆字難製，遂作此法，故曰隸書，今時正書是也。”徐鍇注説文叙引南齊王僧虔説：“秦獄吏程邈善大篆,得罪始皇,系雲陽獄,增減大篆,去其繁複,始皇善之,出爲御史,名其書曰隸書。"【書苑菁華引王僧虔古來能書人名:"秦獄吏程邈善大篆,得罪始皇,因于雲陽獄,增減大篆體,去其繁複,始皇善之,出爲御史,名書曰隸書。"】張懷瓘書斷説:"隸書者,秦下邽人程邈所作也。邈字元岑,始爲縣獄吏,得罪始皇,幽繫雲陽獄中,覃思十年,益大小篆方圓而爲隸書三千字奏之,始皇善之,用爲御史,以奏事繁多,篆字難成,乃用隸字爲隸人佐書,故曰隸書。"【四體書勢:"秦既用篆,奏事繁多,篆字難成,即令隸人佐書,曰隸字。漢因行之,獨符印璽幡信題署用篆。隸書者,篆之捷也。"江式表:"隸書者,始皇使下杜人程邈附于小篆所作也,世人以邈徒隸,即謂之隸書。"】

　　據諸書所述,程邈是秦始皇時的獄吏,有罪,繫雲陽,而作隸書。查始皇時確有適獄吏于雲陽除道的事。史記始皇本紀:"三十四年,適治獄吏不直者築長城及南越地","三十五年,除道通九原,抵雲陽。"蒙恬傳:"乃使蒙恬通道,自九原抵甘泉。"程邈或係三十四年被罰築長城的獄吏,三十五年更除道至于雲陽。據蒙恬傳所述,秦世的長城是蒙恬所築,而通道九原抵雲陽也使蒙恬爲之,所以程邈當係此二年隸于蒙恬軍中。當時蒙恬軍中,已有鹿毫筆的發明,且有許多得罪的獄吏,而他自己少年"嘗書獄,典文字",亦是獄吏的出身,所以軍中文書當用獄吏所用的隸書,因爲隸書是佐吏之書,而獄吏是佐吏之一。程邈在當時獄吏中或者以善寫"低級官書"的隸書著稱,或者是程邈開始用隸書寫定當時通用三千字的字書。隸書本當時佐吏若獄吏的低級官書,所以班固説"起于官獄多事"不如張懷瓘説"爲官司刑獄用之"的恰當。蒙恬築長城除道,其中有被謫的獄吏,則屯戍文書也易以獄吏所用的隸書,所以許慎説隸書起于"大發隸卒興役戍,官獄職務繁"。總之,當時官獄繁,不得不有較小篆更省易的字體,以適應低級佐吏若獄吏之用,于是有隸書。蒙恬是獄吏的出身,在他軍中發明鹿毫筆,在他軍中有許多被謫的獄吏而其中有一個程邈最以善隸著稱,而當時屯戍文書亦是力求急速,必定也是用隸書的。由此説來,李斯之于小篆,蒙恬之于隸書,實具有深切的關係,而他們二人正是秦始皇帝内外兩個文武大臣。

　　【獄吏與始皇:一、桂馥引劉奉世曰:"趙高作爰歷,獄吏用之";二、始皇本紀三十五年盧生侯生謂始皇專任獄吏。】

　　由上所述,隸書與篆書的分別,大略如下:一、篆書最初是琢于金石的文字,隸書最初是書于竹帛的文字。二、篆書于秦時用于廟堂重器碑碣等,隸書用于官獄及屯戍簿書。三、篆書是歷代史官所遺傳的官書,隸書是秦世佐吏根據小篆而更省改的字體。四、篆書是大篆的省易,隸書又是篆書的省易。五、篆書結體圓渾而繁複,隸書結體方折而簡易。六、秦漢時代篆書爲高級官書,隸書爲低級官書。七、篆書爲古代文字的結束,隸書爲近代文字的開始。

秦漢之際,字體的演變與隸書有關的,是艸書。說文叙説:“漢興,有艸書。”衛恒四體書勢:“漢興而有草書,不知作者姓名。”書品:“草勢起于漢世,解散隸法,用以赴急,本因草創之義,故曰草書。”書斷:“衛恒李誕並云:漢初而有草法,不知其誰。”【隋書經籍志:“漢時以六體教學僮,有古文奇字篆書隸書繆篆蟲鳥,並藥書楷書懸針垂露飛白等二十餘種之勢。”】【王愔文字志三十六種書有“草書”“藥書”。】【韋續五十六種書,“三十藥書,行草書也”。】有以爲艸書起于秦世的。書斷:“梁武帝草書狀曰:‘蔡邕云:昔秦之時,諸侯爭長,簡檄相傳,望烽走驛,以篆隸之難,不能救速,遂作赴急之書,蓋今艸書是也。’”後漢趙壹非草書曰:“蓋秦之末,刑峻網密,官書繁冗,戰攻并作,軍書交馳,羽檄分飛,故爲隸艸,趨急速耳”。據書苑菁華,壹作非艸書一篇。我以爲秦世隸書的省易的即是艸書。古隸艸本不能分,或即是一。隸書者指其爲佐史之屬所寫的低級官書,艸書者指其爲佐史之屬所寫的艸藁。段玉裁説:“按艸書之稱,起于艸藁。”甚是。【書斷:“艸書之起因于起艸。”】艸書一名章艸,“章艸”就是“章奏的艸藁”。【日知録本米芾之説曰:“草書之可通于章奏者謂之章草。”本書斷:“蓋因章奏,後世謂之章草。”】以上曾説漢世所謂史書即隸書,而周禮宰夫“六曰史掌官書以贊治”注“贊治若今起文書艸也”,此史即冢宰府史胥徒之史,史主文書艸,即漢世掌書奏的“史書令史”。所以史即章奏起艸的人,其所寫曰史書即隸書,則隸書亦是章奏的艸藁了。所以兩漢木簡,可以説是隸書,亦可以説是章艸。若一定要分別之,則章艸是隸體的解散而粗書之。

章艸以後,又有今艸,其別在漢世章艸尚具波磔,以一字自爲起訖,曁以後盤繞連綿以一行或一節爲起訖的是今艸。流沙墜簡中,簡牘遺文第六十七和六十八兩紙,近于今艸,第二十八到三十五諸木簡是隸書的楷則,第二十一木簡介乎隸艸之間,是章艸的代表,第六簡還不失秦篆的筆意。

後漢簡牘,漸用艸書。北海靖王傳:“作艸書尺牘。”蔡邕答詔問災異八事,説:“受詔書各一通,木版艸書。”

文字形體的變異,到隸艸可算截止了。官書從大篆而小篆而隸書而艸書,一次比一次簡易,人事的加繁和工具的進步使它不得不然。在變異的當中,官書往往分爲高級和低級,高級官書是廟堂的保守的,而低級官書是比較民間的改進的。秦世官書,高級用篆,低級用隸,漢世則前漢沿用秦制,然高級官書間用隸書,到後漢低級官書用隸艸了。在變易中,低級官書常常是過渡的橋梁。

從漢以後，小篆始而尚爲少數幾種廟堂重要典册所尊用，漸漸變爲幾種特殊器物上的古字了，唐六典説"篆書印璽旛碣所用""隸書典籍表奏公私文書所用"，而碑碣上的篆字只限于題額了。

晉以前，篆、隸、艸三體的遞用，表列在下方：(所謂艸書是章艸)

	秦以前	秦	前漢	後漢	晉
簡册 高級官書	大篆	大篆、小篆	小篆、隸書	小篆、隸書	小篆、隸書
版牘 低級官書	大篆(?)	小篆、隸書	隸書、艸書	隸書、艸書	真書、行書
經籍	大篆(官書)古文(民書)	小篆	小篆	小篆、隸書	隸書
字書	大篆	小篆	小篆(或艸書)	小篆、隸書、艸書	隸書、艸書

【四體書勢謂漢"符印璽旛信題署用篆"。】

最後附述一問題。説文以後有一籙字，玉篇説："籙，篶也"，廣雅釋器説："籯、笘、籙、籬也"，廣韻説："籙，札也"。笘籬是占瓠所孳乳，則籙者隸所孳乳，所以引申爲寫爲瓠爲札。但是笘籙互訓，而訂正篇海："籙，札也，篶也，竹筆也"，説文："笘，折竹筆也"，隸逮同從隶聲而隶占古音近，是"籙"又和"笘"互通，也許本是一字。笘是小兒學書所寫于木簡或木瓠上的字，若笘籙通轉，難道隸書本是笘書嗎？我們以前曾説隸艸本是文書的艸藁，文書艸藁和小兒學書不是一樣的潦艸而簡易的嗎？我們對此問題，只可存疑。根據以上所述，隸和籙不敢認爲是孳乳字和被孳乳字的關係，只認爲笘籙是一字。

五、古文

"古文"這個名稱，到漢朝才有，它所指的意義也前後有異。最早見于漢書郊祀志説"張敞好古文字"，又載敞美陽得鼎議"臣愚不足以跡古文"。古文就是古文字。王國維説："太史公所謂古文，皆先秦寫本舊書。"漢人雖不用它，但仍能認識。太史公自叙説"十歲則誦古文"，當是他家藏的先秦舊籍。前漢之世，中祕藏有易古文經，河間獻王有得自民間的古文先秦舊籍，不僅孔子壁中書爲古文。但自"魯恭王壞孔子宅而得禮記、尚書、春秋、論語、孝經"，于是古文之名漸漸爲壁中書所專據。前漢之末已經如此,到後漢初爲更甚。漢書地理志所謂古文,則已從書體之名變爲學派之名了。

　　許慎在後漢晚期,所以他的説文叙既以古文爲相對的前代的古文,又以古文爲先秦壁中書的一種字體。説文叙凡説到古文共有十次,可以分爲兩類:一類以古文爲古代的文字,古文就是今文之對。叙説"郡國亦往往于山川得鼎彝,其銘即前代之古文,皆自相似①",這古文即張敞所説"臣愚不足以跡古文",鐘鼎上的古文。叙説"初有隸書,以趣約易,而古文由此絕矣②",是説自有隸書而隸以前的古文字滅絕了。古文隸書是相對的,漢人以隸書爲今文,所以儒林傳説孔安國以今文讀古文尚書,經典釋文説他用隸書寫古文尚書。叙説亡新"頗改定古文,時有六書③",王莽的六書,去秦八體中的大篆而入古文奇字,又把秦八體中的刻符、署書、殳書歸併了,這是他所改定的,所以所謂改定古文是改定秦的八體。以上説文叙三個"古文",都是以古文泛舉先于漢的古代文字,古文即古文字。説文叙又説"以迄五帝三王之世,改易殊體,封于泰山者七十有二代,靡有同焉",這也是説的古文,而没有明指出的。一類以古文爲壁中書的一種特殊字體,叙説"至孔子書六經,左丘明述春秋傳,皆以古文④",這古文是壁中書的字體,因爲叙説"壁中書者,魯恭王得禮記、尚書、春秋、論語、孝經,又北平侯張蒼獻春秋左氏傳",又説"古文,孔子壁中書也⑤"。左傳雖不出壁中,而據服虔注哀公二十五年傳云"古文篆書一簡",史記吳太伯世家贊云"余讀春秋古文"亦指左傳,所以左傳也是古文。叙又説"其稱易孟氏、書孔氏、詩毛氏、禮周官、春秋左氏、論語、孝經皆古文也⑥",是視左傳的古文同于壁中書古文。藝文志説"武帝末,魯恭王壞孔子宅欲以廣其宫,而得古文尚書及禮記論語孝經凡數十篇,皆古字也",是許慎的"皆古文也"就是"皆古字也",許慎的"皆以古文"就是"皆用古字"。叙説"及周宣王太史籀箸大篆十五篇,與古文或異⑦","或異"小徐本説文、魏書江式傳、郭忠恕汗簡、元李文仲字鑑作"與古文或同或異",四體書勢作"或與古同,或與古異",是説大篆十五篇和古文有的同有的不同,而此古文是指壁中書,因爲藝文志説"史籀篇者周時史官教學童書也,與孔氏壁中古文異體",許氏的"與古文或異"就是班氏的"與孔氏壁中古文異體"。叙説"諸生競説字解經……皆不合孔氏古文,繆于史籀⑧",此古文與史籀並舉,明是孔氏壁中書體。叙又説"奇字,即古文而異者也⑨",而其上説"古文,孔子壁中書也",則此古文指壁中書體。叙又説"今叙篆文,合以古籀⑩",古籀即古文籀文,篆文籀文既是字體,則古文也是字體之一,即壁中書的字體。以上説文叙七個古文都是指孔氏壁中書的字體。【書斷:"大篆……始變古文,或同或異。"】

"古文"本是"古文字"的簡稱。它可以泛指一切古代的文字，也可以專指古代某一種文字。【古文：1. 相對的，凡今以前的文字皆曰古文；2. 以秦爲界，凡先秦文字爲古文（漢人）；3. 以孔子壁中書爲限，凡先秦之孔壁中書爲古文（後漢）。】史記以古文泛指一切古代的文字，漢書地理志以古文專指壁中書的字體，許慎説文叙則是兼而有之。但許氏將"古文"兼用爲泛指專指，而無所分別。他以"古文""籀文""篆文"同爲字體，而明示"古文"與"籀文"的不同。然古文與籀文之孰先孰後，他雖没有明白説出，然以籀文爲周宣王時作，古文爲孔子書六經所用，則似乎籀文早于古文，所以"今叙篆文，合以古籀"，是以小篆、古文、籀文爲次序的。至于孔子所書的古文，是孔子當時的文字，抑或早于孔子的文字，許氏都没有説到。這因爲漢代對于"古文"這一名稱，概念至爲莫胡不清。漢世以今文和古文相對，如史記儒林傳説"孔氏有古文尚書，而安國以今文讀之"，古文明明是相對的意義。但藝文志説"古文尚書……皆古字也"，"古文字讀皆異"，則古文是一種書體或學派。班固的漢書，郊祀志的古文是古文字，藝文志地理志的古文是古文學派。班固既不分別之，許慎承班之緒，也不事分別了。漢人所能看到的古文字，大致是壁中書和與壁中書相類的古書，所以"古文"一個名稱漸漸爲壁中書所專有了。

我以爲"古文"之名也許起于秦世。秦世以小篆爲今文，以六國文字爲古文，秦世同一文字就是以小篆爲準則而去不合于秦篆的六國文字。齊魯的詩書和百家語，是用古文寫的，這些書在秦朝看來既不合秦文，而又提倡古制。李斯燒書議説："今諸生不師今而學古，以非當世……古者天下散亂，莫之能一，是以諸侯並作，語皆道古以害今，飾虛言以亂實，人善其所私學，以非上之所建立"，此所謂"私學"即以古非今，私學所援之古即詩書百家語，乃六國時的民間書，所以始皇立法："天下有敢藏詩書百家語者悉詣守尉雜燒之，有敢偶語詩書棄市，以古非今者族。"（秦始皇本紀）這三條相聯的禁律，第一條不許藏詩書百家語，因爲這些是私學的憑藉；第二條不許談論詩書，因爲私學和非上非公的議論都是援詩書爲證的；第三條不許以百家語的古以非今制，因爲私學和非上非公的議論都是援百家語爲證的。李斯説"語皆道古以害今，飾虛言以亂實"，正是對于戰國諸子的嚴屬的批評，而百家語的"古"確乎有些是虛言不實的託古。藝文志説"戰國縱橫，真偽分争，諸子之言，紛然殽亂，至秦患之，乃燔滅文章，以愚黔首"，是説秦世因爲諸子百家語的紛亂，所以燒滅之，此可證百家語之禁在于真偽分争，而以古非今是指引用百家語的古制攻擊秦制。

李斯既主非古，所以以這些古文字所寫的書籍，也很可以叫它爲"古文"。

【河間獻王得先秦舊書古文中有孟子、老子。】秦世的古文是先秦的六國文字,而
漢世的"古文"指壁中書,壁中書是六國文字之一,然則漢世的"古文"當是秦世
所謂古文的六國文字。秦世的私學,是援六國文字的詩書百家語以非今制(即
秦制)的,而漢世的古學是以壁中書爲主體的,後漢書儒林傳"河南鄭興、東海衛
宏皆長于古學",許沖上說文表"慎本從逵受古學",古學就是古文之學,亦即是
上承秦世私學的一部分。

　　漢世的"古文"和今文不同之點,一共有三:一是字形的不同。藝文志説"古
文字讀皆異",是説"古文"的字形和音讀都不同,又説"古文尚書……皆古字
也",是説古文的尚書、禮記、論語、孝經等出于孔氏壁中的都是古字。藝文志説
"劉向以中古文校歐陽、大小夏侯三家經文……文字異者七百有餘",是尚書今
古文的字形或異。又説"禮古經者出于魯淹中及孔氏,與十七篇文相似"(原作
"學七十篇",從劉敞改)是説淹中所出禮記和壁中所出禮記文相似。二是音讀
的不同。藝文志所謂"古文字讀皆異",而史記儒林傳"孔氏有古文尚書而安國
以今文讀之",這"讀"即馬融所謂"杜子春始通周官讀"和班固所謂"倉頡多古
字,俗師失其讀,宣帝時徵齊人能正其讀者"、許慎所謂"詔通倉頡讀者"。【讀:
①音讀;②句讀。】杜子春是劉歆的弟子,鄭興、鄭衆父子從受學,周禮賈序引鄭
玄説二鄭(興衆)"存古文,發疑正讀,亦多信善",而玄自己"就其原文字(指古
文)之聲類考訓詁,捃祕逸"。此説二鄭存古字正古讀。周禮小宰"四曰聽稱責
以傅別"注"故書作傅辨,鄭大夫(興)讀爲符別,杜子春讀爲傅別",是其例。古
文音讀異于今文,所以藝文志説"古文讀應爾雅故解,古今語而可知也",是通讀
古文須知古文語。自古六藝之學盛于齊魯,齊魯老師以六藝教授各地學者,所
以六國之末"書音"和"口語"漸漸分立,這也是古文異讀的原因,因爲漢世古文
所指即六藝之學。三是字義的不同,所以"古文讀應爾雅故解"。説文于疋下説
"古文以爲詩大疋字",是假疋爲雅頌之雅,説文于哥下説"古文以爲謌字"是假
哥爲歌詠之歌,這些都是古文的假借,猶如籀文以鼎爲貞,以姚爲易。

　　兩漢所謂"古文",實不僅壁中書,它們大別爲三種:

　　　　一種是孔氏壁中書,如尚書禮記論語孝經春秋等。
　　　　一種是孔氏所傳舊書,如史記仲尼弟子列傳:"弟子籍,出孔氏,古文近
　　　是。"五帝本紀:"孔氏所傳宰予五帝德及帝系姓,儒者或不傳……總之不離
　　　古文者近是。"索隱云:"古文謂帝德帝系二書也。"藝文志説毛詩"自謂子
　　　夏所傳"。

　　一種是六藝之學而文與壁中古文相似的，如左氏傳、毛詩、易、周官等。

由此可知"古文"與孔氏之學的關係了。

　　古文究竟是什麼時代的文體，吳大澂在説文古籀補叙説："竊謂許氏以壁中書爲古文，疑皆周末七國時作，言語異聲，文字異形，非復孔子六經之舊簡，雖存篆籀之跡，實多譌僞之形。"吳是對的。其後王國維在史籀篇疏證叙録上發揮一個假設，以爲史籀篇的籀文是秦的文字，乃周秦間西土的文字；壁中書的古文，是周秦間東土六国的文字。其後又作戰國時秦用籀文六國用古文説以申之。王氏這種假設是不能成立的：第一，據我們以上所述，史籀篇是西周晚葉的宗周文字，不是秦人所獨創獨用的，所以籀文不但合于甲文和西周金文，並且有些特別合于東周的東土（齊、陳、邾等地）金文。秦的金文和東土諸國金文，没有十分顯著的差異，同點大多于異點。秦的小篆雖説是取諸史籀篇，也可以説取諸兩周金文的。在兩周之世，東西土的金文既是一樣，那就不至于到戰國時突然相異了。所以王氏東西土文字之分，是根據秦文是西土文字，現在可以證明它不能成立。第二，戰國時的陶器文、璽印文、兵器文、貨幣文和説文古文自成一系，它們和西土的秦金文不同，和東土的六國金文也不同。所以同屬于東土的文字，還是很有差異的。

　　王氏因主東西土文字不同之説，所以説"六藝之書，行于齊魯，爰及趙魏，而罕流布于秦"，王氏自注云"猶史籀篇之不行于東方諸國"。不知秦國金石刻辭無不受詩書影響，而石鼓尤爲詩體。漢書説杜林于西州得漆書古文尚書，西州，秦地。

　　王氏以古文爲戰國時六國所用的東土文字，既然不能成立，那末"古文"究竟是哪時的字體？

　　第一，它和官書的史籀篇、兩周金文有許多相異之處，所以它不是官書而是民書。

　　第二，它和六國時的陶器文、貨幣文、璽印文、兵器文相合的，可證它的時代也屬于六國。

　　第三，在六國時詩書是民間的私學的課本，百家語是私學的產物，都是民間的，而這些詩書百家語多是用"古文"寫的。

　　第四，漢世所出現的古文經傳多半來自民間，如漢書景十三王傳説河間獻王"從民得善書"，"皆古文先秦舊書周官、尚書、禮、禮記、孟子、老子之屬"，藝文志説"禮古經者出魯淹中"，又説"而民間有費高二家之説，劉向以中古文易經校施、孟、梁丘經，或脱去‘无咎’‘悔亡’，唯費氏經與古文同”，是古文易同于民間的費氏。

由上所述，我以爲古文者乃戰國時（甚至于是晚期）的一種民間書。因爲它是民間書，所以和出于史官的六國金文不大相合，而與出于工匠的貨幣文、陶器文、兵器文、璽印文相合。

由上所述，漢世所謂古文學派和今文學派之争至少是板本之争，其所争而相異的是：

一、古今文字的不同；
二、古今語讀和書音的不同；
三、官學私學的不同；
四、因此而有釋義的不同。

漢世所謂“古文”的字體和秦世的“篆文”不同之處是：一、古文是民書，篆文是官書；二、古文是六國時“文字異形”的文字，篆文是秦世統一的文字；三、古文是詩書百家語的文字，所以多六藝文字，小篆多官用日常文字；四、古文是書于竹帛的文字，篆文最初是琢于金石的文字。由此則“古文”的：

時代——六國（晚期）
地域——東土（西土也有）
方法——書寫于竹帛
階級——民書

因爲“古文”是六藝之文所用，而六藝自古盛于齊魯，所以古文比較的有東土（尤其齊魯）色彩，我們在上章曾説民書是有地方性的。但因爲“古文”是六國時民間的書寫的文字，所以地域雖然不同而大致仍屬于一系，所以西州的漆書尚書是“古文”，汲冢的墨書竹簡也是“古文”；反之，齊魯的東周六國金文雖然和“古文”時地兩近而有不少的差異，階級不同是它主要的原故。古文的時期是六國而且是晚期的，這因爲就文字來看有許多晚出的形跡，它和晚期的印璽、金器、陶器、兵器等文相近，而所謂古文的書若周官、禮記、孝經、老子、弟子籍、帝系、帝德，試一考證其書内容，可以知爲戰國晚期以迄秦漢之際作成的。

六、奇字

　　"奇字即古文而異者。"鄭玄注周禮外府說："古字亦多或。"古文既是戰國晚期的民書，而民書又富于地方性，所以古文也有異體的，就是奇字。說文倉、儿、無、涿、䚙等字並附錄奇字。【南史顧野王傳："蟲篆奇字無所不通。"】【漢書揚雄傳："（劉歆之子）劉棻嘗從雄學奇字。"】【吳志虞翻傳注："會稽典錄曰：孫亮時有山陰朱育，少好奇字，凡所特達，依體像類，造作異字千名以上。"】【隋書經籍志：異字二卷，朱育撰，亡。】【汗簡引"朱育集書"。】【唐書經籍志：古文奇字二卷，郭訓撰；唐書藝文志：古文奇字二卷（郭訓）。】

　　後漢衛宏作古文官書一卷，見隋書經籍志小學類。【此書衛恒作。參孫仲容述林卷四、朱希祖汲冢書考。】唐書經籍志有衛宏詔定古文官書一卷，唐書藝文志有衛宏詔定古文字書一卷，尚書正義、藝文類聚、太平御覽引作衛宏古文奇字，史記正義、漢書注引作衛宏詔定古文尚書，史記正義論例說"衛宏官書數體"，則此書體例是把尚書的古文而異體的羅列起來，和汗簡略同，所以也叫做古文奇字。漢世的古文尚書有孔壁本、河間本、西州本，三本出自三地，所以文字有異，衛宏的書一定是逐字注出它的異同的。【參師石山房隋志考證一八四——一八五。隋志：古今奇字一卷，郭顯卿撰（今佚）。唐書經籍志：古文奇字二卷，郭訓撰。唐書藝文志：郭訓古文奇字二卷。】

七、刻符

　　秦八體中有刻符，傳世的秦代虎符有二，一在始皇併天下前，一在併天下後。【四體書勢謂漢世惟"符印璽幡信題署用大篆"。】

　　新郪虎符，文四行，錯金。文曰："甲兵之符，右才王，左才新郪，凡興兵被甲，用兵五十人以上必會王符乃敢行之；燔燧事雖毋會符行殹。"新郪于始皇五年入秦，王國維以此符爲始皇五年前後物，所以稱王。符文凡字和矢人盤同，才字和兩周金文同，雖字和秦公毀說文同，新字興字和兩周金文詛楚文同，兵字敢字和詛楚文說文籀文同，殹字和石鼓文詛楚文同，甲字和詛楚文說文同，也作殹，和雍邑刻石詛楚文同。其他的字或上同金文下同篆文。

　　陽陵虎符，左右二符膠固爲一，文二行，各十二字，錯金。文曰："甲兵之符，右才皇帝，左才陽陵。"十二字中甲兵之符左右才和新郪虎符相同，可證秦統一前後的文字没有很大的差異,幾乎是相同的。

　　二符的文字,和秦權量、秦始皇刻石文字作一比較,就知它們是相同的,可以説都是小篆。它們是謹嚴規架方正的法書,象徵法制的整齊劃一。在此以前,如夵龍符(錯金,松十一·十二)、馬符、熊符、豕符、雁符、鷹符、龍符(三代吉金文存十八·三一一三二)都是春秋戰國的文字,相形之下,更可以彰顯秦符的謹嚴規架方正,這個就是小篆的特色。

　　魏書江式傳述秦八體曰"刻符書"【北史江式傳作"符書"】,今傳世漢新虎符文字都和秦制相近。【宋王愔文字志三十六種書有"刻符篆"。】【韋續五十六種書"刻符書"。】

八、蟲書——鳥書

　　説文叙秦書八體的蟲書,亡新稱爲鳥蟲書,而衛恒四體書勢引亡新六體作鳥書,藝文志則作蟲書。文選吳都賦"鳥書篆素",古今注:"今晉朝惟用白虎幡信,幡用鳥書,取其飛騰輕疾也。"後漢至南北朝,或名之爲"鳥篆""蟲篆"。魏志衛覬傳:"好古文,鳥篆隸艸無所不善。"三國志王粲傳注引魏略云邯鄲淳"善蒼雅蟲篆,許氏字指"。後漢書陽球傳:"或鳥篆盈簡。"北史江式傳:"式六世祖瓊……善蟲篆詁訓。"南史顧野王傳:"天文地理著龜占候蟲篆奇字無所不通。"【後漢書靈帝紀"始置鴻都門學生"李賢注:"時其中諸生,皆勑州、郡、三公舉召能爲尺牘辭賦及工書鳥篆者相課試。"】【唐韋續五十六種書説:"二十二蟲書,魯秋胡婦浣蠶所作,亦曰雕蟲篆。二十三傳信鳥跡書,六國時書節爲信,象鳥形也。"】【唐張彦遠歷代名畫記:"按字學之部,其體有六,其六曰鳥書,在幡信上書端象鳥頭者,則畫之流也。"】【唐徐堅初學記述秦書八體:"五曰蟲書,爲鳥蟲之形施于幡信也。"】【晉書索靖傳録其草書狀:"是爲科斗鳥篆。"】【成公綏隸書體:"蟲篆既繁,草藁近僞。"唐李嗣真書後品:"蟲篆者小學之所宗,草隸者士人之所尚。"】【梁庾元威論書:"鳳魚蟲鳥是七國時書。"】【宋王愔文字志及庾元威論書並分"鳥篆""蟲書"爲二。】

　　自來對于鳥蟲書,没有明確的説解,容庚作鳥書考,舉示許多實例,而後所謂"鳥書"才得明白。具有所謂鳥書的器物,分國別或出土地分列于下:【以下各器考釋,詳東周銅器考釋。】

(甲)屬于吴的

1. 吴季子之子劍　孫承澤藏。銘曰:“吴季子之子逞之元用戈。”攈古録二之一,頁五七箸録。【史記吴世家季札稱“延陵季子”,前五四四前後一五一六。】

(乙)屬于越的

2. 越王鐘　銘曰:“隹王正月王春吉日丁亥,戉王者旨於賢擇斤吉金自乍禾□翟,以樂□□,□而賓客,□以鼓之,□莫不□,□□子孫,萬枼無疆,用之勿相。”錮紫金。嘯堂集古録下頁八二箸録。

3. 越王矛　日本細川護立藏。銘曰:“戉王者旨於晹。”錮金。周漢遺寶。【前四九六一前四六五。晹所從之目作,與越王鐘“相”字同。】

4. 越王劍一　王懿榮藏。銘曰:“王戉州句自乍用僉。”出陝西,今歸陶祖光君。

5. 越王劍二　巴黎 Cernuschi 博物院藏。銘同上。錯藍玉。【此器鳥書考誤爲德國所藏。】

6. 越王劍三　紐約 G. L. Winthrop 君藏。銘同上。

7. 越王劍四　劉體智藏。銘同上。

越王劍五　蔡季襄藏。二十五年長沙出土。銘同上。

越王劍六　二十四年長沙出土,格背“戉王”鳥書,格正“者旨……”

8. 越王劍七　銘曰:“王戉者旨於晹。”出壽州。

9. 越王劍八　銘曰:“邚王者旨於晹。”出壽州。

10. 越王劍九　容庚藏。銘曰:“王戉。”出陝西。

(丙)屬于楚的

11. 楚王酓璋戈 双古上 45【惠王熊璋,前四八八一前四三二。】　于省吾藏。銘曰:“楚王酓璋嚴呪兵乍軘戈,以卲殤文武之戈(?)用。”錮金。出于洛陽。兵作弄,説文古文作㑊,軘即説文“鉈,短矛也”,銘説祝(即鑄銷)舊兵而作短矛與戈。

12. 之用戈一　李公麟藏。銘曰:“蔡侯産之用戈。”錮紫金。出壽州。考古圖卷六頁十二箸録。案亦政堂本曰“得于壽陽紫金山漢淮南王之故宫。……胡有銘六字,蟲鳥書,黄金文”。圖所附是十二字。

13. 之用戈二　劉體智藏。銘曰:“之用戈。”錮金。出壽州。

14. 子比之用戈　銘曰:“子比之用戈。”比容釋并。出壽州。【楚世家:“遂入殺靈王太子禄,立子比爲王。”後自殺,司馬棄疾立爲平王。平王元年

在紀元前五二八,子比死于前一年即前五二九。史記又曰:"子比爲王
十餘日。"子比在春秋末期内。】

15.□子可戈　張修府君所藏。銘曰:"□子可猟之用。"鈿金。出壽州。
【可猟疑公子期,昭王兄,須查。】

(丁)屬于宋的

16.宋公欒戈　銘曰:"宋公欒之造戈。"出壽州。【宋景公頭曼,前五一六—
前四六九,在春秋末期内。】

(戊)國別不明的

17.用戈　容庚藏。銘曰"用"。汾陽出土。

18.玄鏐戈　羅振玉藏。銘曰"玄鏐"。鈿金。出山西。
　以上兩戈雖出于晉而不一定晉器,由越王劍的出于陝西,可爲反證。
這兩件多半是越或楚器。

【待考:

1.玄鏐戈　二字。陶祖光藏。

待查:

2.金文編玄字下尚有玄鏐戈二器,一玄字着兩鳥,一着一鳥。

3.玄鏐枚𫔶之用戈。　許懋齋(鳥書考補正。我有拓本)】

【補:4.玄鏐錯金非吕乍戈　五字。長沙南門外出土。非從電,其餘鳥。
蔡季襄藏。5.玄鏐錯金非鳥書 鉊乍戈　五字。湘陰出土。蔡氏藏。
釋文不確。】

19.自作用戈　羅振玉藏。銘曰:"自作用戈。"

20.□之作用戈　羅振玉藏。銘曰:"□之作用戈。"鈿金。

21.舂公劍　璜川吳氏藏,後歸奉天楊氏。銘曰:"舂公自□吉□金,其以□
爲用元鏉。"鈿金。

22.册□帶鈎　銘三十三字,不盡識。鈿紫金。嘯堂集古録下頁六九箸録。

　　這種文字的構形有二:一是在一個文字之旁邊聯綴一個或二個鳥形以爲紋
飾,把鳥紋取去,仍可成字的,如1、14、17等器;一是一個文字和鳥紋糾纏混和
而不能分析的或文字自身糾繚爲一鳥形的,如8、9、19等器。我們若根據此把
上述二十二器的銘文分別爲鳥書與非鳥書的兩大類:

	鳥書	非鳥書	共計
1.	"季""用"二字	八字	十字
2.	約十字	約四十二字	五十二字
3.	全體鳥書		六字
4－7.	"王""戉""乍""用" (兩面共八字)	二字(兩面共 四字)	十二字
8.	全體鳥書		六字
9.	"者""於""旬"三字	三字	六字
10.	全體鳥書		二字
11.	"王""兵""作""用"四字	十四字	十八字
12.	全體鳥書		六字
13.	全體鳥書		三字
14.	全體鳥書		五字
15.	"用"一字	五字	六字
16.	"公"一字	五字	六字
17.	全體鳥書		一字
18.	"玄"一字	一字	二字
19.	全體鳥書		四字
20.	"之""用"二字	二字	四字
21.	"自""用""元"三字	十一字	十四字
22.	全體鳥書		三十三字

全體作鳥書的,除 22 一例外,其他全銘文字不過六字。一銘之中,有鳥書與非鳥書的,其中鳥書大概用於"人名""稱名"和"用"字的。銘文中不用鳥書寫的,其中有些字既非鳥書,又與普通銅器上的大小篆也不同,它們糾繚成一蛇蟲之形,我以爲是蟲書。如 1 兩個"之"字,4—7、9、11、15、16、20 諸器凡鳥書以外的字都是蟲書。一銘之中,鳥書蟲書兼用,所以王莽六體叫它爲鳥

蟲書。

根據有鳥書的器銘，鳥書以外而糾繚成蟲形的爲蟲書，我們在其他的器上可以知爲"蟲書"的有以下各件：

23. 越者沪鐘　攈古録二之三頁二五，松一·六，松補上二。銘曰："佳戉十九年，王曰者沪……"凡三十餘字。沪從水從尸，尸古夷字，所以沪即洟字，者沪疑勾踐子。越世家"勾踐卒，子王鼫與立"索隱云："按紀年云於粵子勾踐卒，次鹿郢立【有邸郢逴鐸三代。邸郢即鹿郢】，六年卒。樂資云越語謂鹿郢爲鼫與也。"左傳哀公二十四年作適郢，吳越春秋十作興夷，越絶書記地傳作與夷。通校諸書，上一字作鼫、適、與，與者之古音近（古音鼫適近，而鼫與嶼近）；下一字作夷，與洟同音。所以者沪就是勾踐的太子與夷，而這個器的王是勾踐，戉十九年即勾踐十九年。此器字體與戉王劍同，而戉王皆作戉，然則戉王或即勾踐了。【勾踐：前四九八—前四六五；鹿郢：前四六四—前四五九。】

24. 郘原鐘　三代吉金卷一頁三五至三九，兩器，一四八字，一六十字，奇觚室箸録，歸安陸氏藏。【此器子字與子可戉完全相同。】

25. 董武鐘　攈古録二之一頁四十六。銘曰："……戎赳□武，□□吳彊……"

【薛氏欵識商鐘四亦是蟲書。】

26. 劍槃　奇觚室十之四箸録，簠齋藏。銘曰"兄□吳，兄□吳，兄□吳，兄□吳"共十二字，而只有四個兄字可認，其他不識，四個象吳字的同形，我把它讀成四個人名。商三句兵之一，銘曰"兄日丙，兄日癸，兄日壬，大兄日乙"，與此類似。

27. 蔡公子果戈　三代吉金卷十九頁三八（又頁四六重出）。松江程氏藏。銘曰："蔡公子果之用。"羅振玉釋蔡。

28. 攻敔王光戈　三代吉金卷十九頁四三。銘曰："攻敔王光自撖。"與攻敔王夫差劍同出於洛陽金村，光即吳王闔廬。【撖舊不釋。説文："㦱，利也。"自撖猶自用也。光即闔廬，前五一四—前四九六。】

29. 翏庚用戈　三代吉金卷十九頁三七。銘曰："翏庚用眉之。"松江程氏藏。庚用眉三字聯爲一字。

30. 大王戈一　攈古録二之三頁三十一，錢塘何嘉祥藏，周金文存卷六頁十五。銘曰："大王桼赳自乍用戈。"【舊題赳貞戈】

31. 大王戈二　　嘉定瞿氏藏,周金文存卷六頁十六。銘同上。

32. 大王戈三　　華亭金鼺廷藏,後歸順德鄧氏風雨樓,周金文存卷六頁十七。銘同上。

【待查:番文劍郶中二〇,鳥篆戈三代吉金一九‧三八】

33. 楚亘劍　　三代吉金卷二〇頁四三,羅題曰□命劍,劍殘,存六字,有杢赴二字與大王戈同,疑是一人。杢字和下楚王盤的楚字略同,所以定爲楚字。

34. 錯金劍　　松卷十二頁十八,羅振玉藏。劍殘,存五字,鈿金。銘曰:"者□它之□。"

35. 弔字劍　　劍斷,殘存二段,上半在奇觚室十‧二,簠齋舊藏,下半在三代吉金卷二〇頁四三,羅振玉藏。

36. 楚王酓肯盤　　三代吉金卷十七頁五。壽州出土。銘曰:"杢王酓肯乍爲鑄盤,以共藏棠。"肯從肉從出,廣雅釋親"胐,曲腳也",廣韻入没有胐字。此胐假作疕,説文"疕,病也",楚王飲疕就是王負芻,負芻就是負兹負薪,就是病。【負芻,前二二七一前二二三。】

37. 王子遃匜　　三代吉金卷十七頁廿五,内府藏,寧壽鑑古卷十二著録。銘曰:"王子遃䖒遹盟。"遃從昏從辵,説文云"遃,疾也",今作适,舊不釋。王子遃疑即吴王諸樊,名遏,哀二十五年春秋經"吴子遏伐楚",公穀作謁。又疑即公子蓋餘(前五六〇一前五四八)。

其他如吉日壬午劍和魚匕上的幾個字,也有些近于蟲書。蟲書和鳥書一樣,它的構形有二:一是一個文字的旁邊聯綴一個或二個蟲形以爲紋飾,把蟲紋取去,仍是成字的;一是一個文字和蟲紋糾纏混合爲一,或文字自身糾纏爲一蟲形。關于前者,如攻敔王光戈和大王戈的王字在最上一橫上左右各綴一蟲形,這和戈王劍和戈王矛的"王"上綴兩鳥者相類;楚王盤的王則在王字最下一筆綴以一很長的蟲形,公子果戈的"子""果"等字也是最下一筆引長糾繞爲一蟲形,這和楚王戈在"王"字下綴鳥紋相似。子比戈的"戈"字上綴鳥紋,自乍用戈的戈字下綴鳥紋,而楚王□之用戈的"戈"字下綴蟲紋。這種蟲紋發展而爲王子遃匜的"子"綴以黽形,長沙所出玄鏐非呂乍戈五字中非字從黽,餘字從鳥,湘陰所出戈非字從鳥,可證從黽與從鳥同,而一戈之内或飾鳥或飾黽,是爲鳥蟲書。又之字作齒,綴二蟲形。【"之"字糾纏爲蟲形的是吴季子之子劍、宋公戈、弔字劍。】

以上這些俱有鳥蟲書的諸器,歸納起來,可得以下的現象:

（1）很多器在文字中鈿金或紫金的，如 2、3、11、12、13、15、18、20、21、22、34 等器，除 34 外都是有鳥書的。

（2）所有的器，最多的是兵器中的戈劍（少數的矛），樂器中的鐘；其他少數的只有一個盤和一個帶鉤。盤時期很晚，帶鉤很別緻，可疑。

（3）兵器上很富彫飾，如戈的內上很多雕花（如 11、13、14、16、19、20、27、28、30 等器），劍的格上亦然。

（4）所有的器，就其人名可考定的而論，全部屬于吳、楚、越三國的器。吳滅于越，器最少；戰國中期越弱而楚興，所以楚器更多于越。

（5）作器者都是吳、楚、越的王和王子，他們的姓名除了𢼸公、可𤔲、果等待考定外，其餘的人名年代可考者如下：

吳（?）王遏（?）	前 560—前 548	（孔子　前 551—前 479）
楚王子比	…—前 559—前 529	
吳王闔廬	前 514—前 496	
宋公欒	前 516—前 469	
吳季子之子	—前 500（?）—	（季札　—前 544—前 516—）
越王勾踐	前 496—前 465	
楚惠王熊障	前 488—前 432	
越王鹿郢	前 464—前 459	
越王朱句	前 488—前 412	
越王者旨於睗	前 375—前 361	
楚宣王熊良夫	前 369—前 340	
楚幽王熊悍	前 237—前 228	
楚王負芻	前 227—前 223	

所以就其可考定的而論，鳥書和蟲書起于春秋的後半期，約當孔子的盛時，戰國初期尚流行于楚越。戰國中期和晚期仍然行于楚器。【秦漢印璽仍鳥篆。】容據玄婦壺商器，故以爲鳥書起于商，又以諸器皆屬戰國，均誤。

由上所述，鳥蟲書當春秋晚期，興起于南國的吳、楚、越，直到戰國晚期仍然流行于楚，最多見于兵器和樂器。這些器上的“王”和“兵”等字同于戰國晚期的“古文”。

鳥蟲書在一器銘中，往往用于人名。我們由此可以推知都公簠、都公鼎的都作蜻和蓋，邾國的邾銅器多作鼀，邾公釛鐘“陸庸之孫”庸從二虫，都是蟲書。

　　衡山的岣嶁碑,世傳爲禹刻,當然是荒誕不經的。現在所看到的,已是後人的翻刻本,但就其筆勢和所在地來看,恐怕是戰國時楚人的鳥蟲書。又薛氏欵識卷十六有封比干墓銅槃,跋云唐開元四年游子武得于偃師,故以爲比干墓,凡十六字,也是鳥蟲書,時代和衡山古碑相近。

　　薛氏欵識卷十八有秦璽二:一鳥書,有向巨源、蔡仲平兩傳本;一蟲書,宣和印譜摹向巨源傳本,云"石本在畢景傳家"。

　　漢代的蟲書,有永受嘉福瓦一,而印璽如"婕伃妾娋""庆志"等近百方,都是蟲書。

　　説文叙説亡新六體"六曰鳥蟲書(衛恒四體書勢作鳥書)所以書幡信也",顏師古注藝文志"蟲書謂爲蟲鳥之形,所以書幡信也"。

　　晉崔豹古今注説:"信幡,古之徽號也,所以題表官號以爲符信,故謂爲信幡也。乘輿則畫爲白虎,取其義而有威信之德也。魏朝有青龍幡、朱鳥幡、玄武幡、白虎幡、黃龍幡五,而以招四方……今晉朝唯用白虎旛,信旛用鳥書,取其飛騰輕疾也,一曰以鴻鴈燕虒者,去來之信也。"

　　最後,我們雖以鳥蟲書起于春秋晚期的南國,而不得不溯其源于商世。一、楚國風俗習慣很多同于商的,其族必極早與商族有密切的關係。二、越國于甲骨卜辭中已與商有密切的交涉。三、列國惟宋有鳥書,而宋爲殷遺。四、劍槃上的"兄某某"同于商句兵。五、商以鳳鳥爲族名,所以商字所從的辛即甲骨文"鳳"的冠,甲骨文商星的商或作𪁛(前編七·二六·四)。六、商本鳥夷,後稱佳夷、淮夷,而楚所居在淮水即佳夷所居地。

九、摹印——繆篆

　　説文叙叙亡新六體"五曰繆篆,所以摹印也",顏師古注藝文志"繆篆謂其文屈曲纏繞所以摹印章也"。如此似乎繆篆即摹印了。秦漢印璽或用鳥蟲書,鳥蟲書或稱鳥篆蟲篆,鳥蟲書都是糾繆爲蟲鳥之狀的:所以六體的繆篆就是鳥蟲書而在璽印上的,而六體的鳥蟲書是鳥蟲書而在信幡上的。秦以前的鳥蟲書,則多見于兵器和樂器。

　　但"摹印"不一定用鳥蟲書,也可以用大小篆,所以秦八體有"蟲書"更有"摹印"。鳥蟲書亦不一定用于印璽,所以新六體有"繆篆"更有"鳥蟲書"。古人分類,往往如此。【羅振玉赫連泉館古印存叙:"其書體與傳世權量銘同,許祭酒謂秦書有八體,五曰摹印,今以秦印傳世者證之,未見有殊體如有周官私璽者

也,此爲周秦璽印之別。"】

鳥蟲書用于兵器、信幡、璽印,這三者于古本是題表官號之具,并符節而爲四。古時注旄于干首,而甲金戈字皆有旄;金文許多旅字象車上立戈,戈上有旂。古今注:"榮戟,殳之遺象也,詩所謂伯也執殳,爲王先驅。殳,前驅之器也,以木爲之,後世滋僞,無復典刑,以赤油韜之,亦謂之油戟,亦謂之榮戟,公王以下通用之以前驅。"接著便述信幡,如前所引。説文:"榮,傳信也。"所以榮戟即信幡之類,説文戟從軟從戈,軟即金文𢎘的繁形,所以戟是作爲旗幟的有刺的戈,考工記所謂車戟是立于車上的。戟是以兵器系旂題表官號的,其後則但以旗表名號,如周禮司常的九旗,古今注的五種信幡,是晚周、秦、漢之制。璽印本是符節的支流,周禮掌節有玉節、角節、金節,"門關用符節,貨賄用璽節,道路用旌節"。旌節即以竹爲橦而無綴旂,和殳杖略同;璽節者,注云"今之印章也",司市注亦同。由上所述,則古制最先題名號于旗,而旗附屬于戈戟;其後旗離戈戟而獨立,立旂于竹木之幹,是爲信幟;其後即以旗幟的竹木之幹化而符節,更由符節化而爲璽印。所以九旗"熊虎爲旗,鳥隼爲旟,龜蛇爲旐,全羽爲旞,析羽爲旌","交龍爲旂",魏世五幡則爲青龍、朱鳥、玄武、白虎、黃龍,晚周符節則有虎節、人節、龍節(此據周禮,傳世先秦符節作龍、虎、熊、豕、馬、雁、鷹等形),而璽印鈕上常作龍、虎、龜、蛇之形。

【元吾丘衍三十五舉:"漢有摹印篆,其法只是方正,篆法與隸相通,後人不識古印,妄意盤屈,且以爲法,大可笑也。多見故家藏漢印,字皆方正,近乎隸書,此即摹印篆也。"

羅振玉赫連泉館古印存謂漢印"其文字初承先秦,而日趨方正,與漢代傳世器物銘相似,吾丘竹房所謂方正如隸書者是也,偶有屈曲,其文如世所謂繆篆者"。】

十、殳書

説文:"殳,以杖殊人也,禮殳以積竹八觚長丈二尺,建于兵車,旅賁以先驅。"殳是竹木之杖。廣雅釋器:"殳,杖也。"淮南子齊俗"摺笞杖殳"注云:"殳,木杖也。"殳爲木杖,亦是兵戟的柲柄。方言九:"戟,其柄自關而西謂之柲,或謂之殳。"所以殳是無刃的。殳書是把官號書于戟柲上,建之于車。釋名釋兵:"殳,殊也……有所撞挃於車上使殊離也。"詩魏風伯兮:"伯也執殳,爲王先驅。"周禮司戈盾:"祭祀,授旅賁殳。"所以説文説旅賁以先驅。杖上題官爵,儀禮喪服傳：“苴杖，竹也。削杖，桐也。杖各齊其心，皆下本。杖者何？爵也。”論衡謝短篇：“箸鳩於杖末不箸爵，何杖？苟以鳩爲善，不賜鳩而賜鳩杖而不爵，何説？”由此可知古杖上書爵，此即殳書。傳世有三年杖首，其上刻字，晚周器。

殳書是寫于竹木上的官號，竹木易腐，所以先秦殳書，已經看不到了。

十一、署書

署書亦是題表官號之一，是題于書封或門扁上的。説文：“檢，書署也。”“扁，署也，從户册。户册者，署門户之文也。”説文繫傳徐鍇説：“檢，書函之蓋，三刻其上，繩緘之，然後填以泥，題書其上而印之也。”這些題署行于竹木，所以現在也不存了。

在周初的銅器銘文之末，署有“某册”，它的構形和普通銘文不大相同，這些亦見于我們所説的“族名”（見第一章），它們也許是上古的署書。

釋名釋書契：“書文書檢曰署。署，予也，題所予者官號也。”【急就篇顔注：“檢之言禁也。削木施于物上，所以禁閉之，使不得輒開露也，署謂題書其檢上也。”】

十二、説文中所有的字體

以上把八體六體合起來講述，已經完了。六體中有四體同于八體，所以八體六體相加只有十體。這十體中，大篆、小篆、古文、奇字、蟲書、隸書六種確乎是不同的字體，而刻符、摹印、殳書、署書四種不過因器而分。六種不同的字體中，奇字是古文之異，可以附于古文；蟲書是書于特殊的器物上的，它只是篆的一個支流，與大小篆古隸之爲一般通行文字者不同，因此我們若要簡單的叙述戰國、秦、漢用于公文和書籍的文字，只是：

```
大篆                              古文——民書
  │    ╲
  │     ╲
  ▼      高級官書
小篆     ╱            ╲
  │    ╱              官書
  ▼  ╱               ╱
隸書————低級官書
```

在許慎的時代,他可以看到隸書,那是漢世通用的文字。他可以看到小篆,秦代用小篆所寫的字書到漢代仍存在,而漢世的小篆當然看到的。他看到的古文,只是孔子壁中書和春秋左氏傳,是戰國晚期的民間書。他看到的大篆只是九篇史籀篇而已。他自己説:"郡國往往於山川得鼎彝,其銘即前代之古文,皆自相似。"好像他親見了許多鼎彝,才斷定它們是相似的。其實不然。拓墨之法始於南北朝之拓石經,兩漢之時雖有少數的銅器出現,但是無法拓墨傳布的。況且許慎雖然説鐘鼎文字的相似,只是得自傳聞,而不必親見,正如他説"以迄五帝三王之世,改易殊體,封于泰山者七十有二世,靡有同焉",看上去是親所經歷的而其實他抄錄封禪書,而封禪書抄錄管子。

據説文後叙説説文十四篇共"九千三百五十三字,重一千一百六十三",九千多字是正文,一千多字是重文。許慎説"今叙篆文,合以古籀",是説以小篆、古文、籀文三者編纂而成説文的正文。所以説文的正文包括:

> 籀文——西周晚期的大篆
> 古文——戰國晚期的民書
> 篆文——秦漢的小篆

因此秦字書只有三千三百字,而説文多出兩倍,其中至少有一部分是古文和漢世的小篆,以及其他見于秦漢與先秦書籍上的字。

説文的重文,都是正文的異體,重文中的:

> 籀文——即史籀篇文而異于正文的"古文"或"篆文"的;
> 古文——即壁中書文而異于正文的"籀文"或"篆文"的;
> 篆文——即秦漢的小篆而異于正文的"籀文"或"古文"的;
> 俗體——即漢世的流行體而異于正文的"籀文"或"古文"的,如裒的
> 　　　　俗體作袖,見于漢袖珍奇鈎;
> 或體——即自商迄漢的異體而不見于史籀篇、壁中書、秦字書和漢時
> 　　　　的典籍的。

由此説來,説文的正文重文的時代,最早不過西周晚期,然而用説文去對照商甲骨文西周金文,它們之間相似甚于相異,這是何故? 文字的演進是陳陳相因的多,急驟變易的少,所以西周晚期以來的文字和兩周商代文字,還沒有失去

聯系。這也是説文的價值所在。

　　説文重文中,古籀俗篆的异于正文的,都注明"古文作某""籀文作某"等以別之。重文中的或體,則要我們自己去測定,如龥的或體釜見于東周金文,那末至少是東周文字已經有了這個或體。

　　説文的正文,既包括古籀篆三體,我們怎樣去鑒別呢?

　　一、凡古籀篆三者相同的　　　説解中不識別之(即無重文);

　　二、凡古籀和篆文相異的　　　説解中注出"古文作某""籀文作某"的,
　　　　正文是篆文;説解中注出"篆文作某"的,正文是"古文"或"籀文";

　　三、凡古籀而自相異的　　　正文本是古籀而重文中更注出"古文作某"
　　　　"籀文作某";

　　四、凡篆文有而古籀無的　　　説解引杜林司馬相如揚雄的當出倉頡凡
　　　　將訓纂諸書;

　　五、凡古籀有而篆文無的　　　説解引詩書禮春秋以説解之字是古文,
　　　　引史籀篇以説解的字是籀文;

　　六、凡篆文而自相異的　　　正文本是篆文,而重文中更注出"篆文作
　　　　某"。

十三、附論秦文

　　以上所述十體,除了古文、奇字是漢代所立外,其餘八體是秦的八體。古文、奇字兩體是民書,而其餘八體是官書,所以秦的八體都是官書。秦的八體,其中除署書、殳書外皆見于遺器銘文。大小篆是先後相承刻于金石的篆書,刻符是刻于符節的篆書,蟲書是刻于兵器、璽印、樂器上的鳥形蟲形的篆書,摹印是刻于璽印上的篆書。所以秦八體可分兩大類:

　　篆書　　高級官書
　　隸書　　低級官書

篆書可以分三小類:(1)大篆,(2)小篆(小篆和刻符),(3)繆篆(蟲書和摹印)。

　　就秦器的銘文來看,併六國以後的遺器,如陽新虎符、權量上所刻二十六年

詔、元年詔和始皇所立刻石等，其中除詔文有爲隸書者外，其他都是小篆。併六國以前的秦器，其銘文近者爲小篆（其中艸率者爲早期的隸），遠者爲大篆，分述于下：

新郪虎符，秦始皇五年物（前二四二），文字近于小篆。它和陽陵虎符大致相同，虎符與權量詔、始皇刻石，其銘文皆謹嚴規矩方正的法書，的確是官書小篆的楷則。

呂不韋戟，銘曰：“五年相邦呂不韋造，詔吏圖丞□工寅。”銘文全是刻的。相邦即相國。樛斿戟，銘云：“四年相邦樛斿之造，櫟陽工上造聞。”呂不韋封文信侯爲相國，嫪毒封長信侯，疑亦相國，樛斿即嫪毒，老子“亭之毒之”釋文云“毒本亦作育”，育斿音近。此兩戟文字艸率，介乎篆隸之間，此可以説是匠工所作的民書篆文，亦即隸書的濫觴。戟與劍上刻某年相邦某者，大都皆秦器，文字自相似，亦是艸率的篆書，初期的隸書。【秦本紀“獻公二年城櫟陽”集解：“徐廣曰：徙都之，今萬年是也。”正義：“括地志云：櫟陽故城一名萬年，城在雍州東北百二十里。”】

大良造鞅量，銘云：“十八年，齊起卿大夫象來聘。冬十二月乙酉，大良造鞅爰積十六尊五分尊一爲升。”此十八年是秦孝公十八年，前三四四。又有大良造鞅戟，銘云“□年大良造鞅之造戟”，文與量銘近。此兩器銘文和上述的虎符、權量詔文、始皇刻石，屬于同一類的嚴正官書小篆。它們距秦併天下一百二十年，而其文字與始皇時官書相似至于如此。量上刻有始皇廿六年詔，可以比觀。

秦子戈及矛，銘云：“秦子乍造公族元用左右帀鈲用逸宜。”字體和文例屬于春秋期，早于以上各器。春秋左氏傳莊公九年：“秦子梁子以公旗辟于下道。”此器末一字宜，或屬上讀，或者是銘末的署名如秦公毀者，則與毀同時。

秦公鐘與秦公毀，銘云：“秦公曰：不顯朕皇且受天命，鼏宅禹賣，十又二公。”案秦自“襄公以兵送周平王，平王封襄公爲諸侯，賜之岐以西之地”，自襄公至桓公爲十二世，則作器者爲秦景公（前五七六—前五三七），此説宋楊南仲、歐陽修主之。考古圖引。周王是天子，所以受命于天就是受命于周天子。鐘的形制花紋與齊侯鎛完全相同，鎛作于齊靈公時，靈公六年當秦景元年，正是同時。毀的形制，亦當正是西周後半期春秋前半期。【全銘有韻，亦春秋時體。】毀銘文則屬春秋體，如公字和師兌毀、郘鷺毀、趠亥鼎、邾公鈚鐘同；疆字從土和王子啟疆尊同，秭鉦則從阜，春秋以前不從土或阜；葬字從兄，和春秋戰國的王孫鐘、曼葬父盨、邾公華鐘、陳戾因資敦同，而西周時的毛公鼎、克鼎、頌毀等則不從兄；

穆字和是字和郘公華鐘同；金文余字西周期的作 ，春秋及其後的如邵鐘、者沪鐘、齊灰鎛、郘鉦、郘公華鐘、余義鐘、陳肪敦、 鉦、邾大宰簠、齊灰壺、郘公輕鐘、義楚耑都作 ，秦公敦亦然；皇字西周的從土，春秋戰國的從王，秦公敦亦然；十字西周的作丨，春秋戰國的如齊灰鎛、者沪鐘、陳灰午錞、申鼎、邵大叔斧作 ，秦公敦亦然。由上所述，秦公敦文字不屬于西周體，而和春秋或戰國時體相同，它的“帝”字幾乎和説文小篆相同，而尤可注意者則秦公敦銘文偏旁已經固定，它和説文部首幾乎完全相合。它和説文所不同者，秦字從秝是籀文，説文作秦而已。【秦公敦“咸畜胤士”，晉公盦“咸安胤士”。】

　　從併六國以來的秦金文看，併六國以前和以後的金文大致相同，併六國以前草率的金文，已經是隸書的濫觴了。秦公敦離統一天下三百多年，其偏旁字體和説文上所傳的小篆，沒有顯著的異點，所以秦公敦若説是小篆，則西周金文可以説是大篆了。大良造鞅量和大良造鞅戟，離併天下一百多年，它們和始皇時文字太相近了，因此可知秦國文字變異的非常慢。

　　併六國以前的秦刻石，惟詛楚文的年代可考。銘曰“先君穆公及楚成王是繆力同心兩邦以壹”，又曰“而兼倍十八世之詛盟，率諸灰之兵以臨加我絕”，從繆公十八世爲秦惠文王。宋王厚之（順伯）説定爲惠文王後元十三年所作（前三一二），詛楚文稍前于鞅量鞅戟，而其文字極近于小篆，其中惟旾、夌、勳、兵、速、設、意等字，同于史籀篇。其“域”“婚”“邦”同于説文正文而不同于籀文，其“疾”字同于説文正文而不同于金文。

　　“石鼓”一名，始見于唐李賢後漢書鄧騭傳注，韋應物韓愈等從之。唐蘇勗稱之爲“獵碣”吳曾能改齋漫録，張淏雲谷雜記並引之，寶蒙從之。石鼓的發現，大約在唐初，元和郡縣志卷二天興縣下説：“石鼓文在縣南二十里許，石形如鼓，其數有十，蓋紀周宣王畋獵之事，其文即史籀之跡也。貞觀中，吏部侍郎蘇勗紀其事云。”唐天興縣爲秦雍縣，馬衡説定石鼓爲秦刻石，所以唐蘭改稱爲雍邑刻石（雍邑十刻）。自唐以來，對于石鼓的年代，最是異説紛紜。大略可分三類，一類主爲西周物（有文、成、宣三説），一類主爲秦世物（有襄、文、繆、獻、惠文、始皇諸説），一類主爲秦以後物（有漢、元魏、宇文周諸説）。一三兩類的不當，已久經考定，惟主秦世時究屬哪一世，至今沒有定論。

　　據史記秦本紀，“文公十三年前七五三初有史以記事”，“德公元年前六七七初居雍城”，始居宗周故地，秦人歌詩，最初見于載籍者爲繆公死後的黃鳥。所以雍邑的石鼓年代不得早于文公、德公、景公。因爲石鼓稱“嗣王”，所以必在始皇以前；因爲它的字體早于詛楚文，所以必在前三一二以前。石鼓年代，約在前五三七一前三一二約二百年間。

我們以下分析石鼓的字體,分四節來說:一、石鼓文和史籀篇,二、石鼓文和秦公敦,三、石鼓文和詛楚文,四、石鼓文和秦篆。

一、石鼓文和史籀篇

史籀篇的時代,在西周晚期,或即宣王時,或在春秋初。它是周人字書,秦居宗周故地,所以取周人字書爲本。石鼓文和史篇的關係如下。(1)同于史籀篇的:圍轟獎勳鼎速嗣。(2)近于史籀篇的:樹籀文作討,石作敊;西籀文作🏹,石作🏹;迺籀文作匲,石作迲;中籀文訛作甲,石作甲。(3)偏旁同于史籀篇的:籃從汰,汰是次的籀文;變即說文的夌字,籀文枭作樑,辟作辟;微作攸,籀文薇作蔽;轍即說文的翰字,籀文翼作翬;駓即說文的駒字,說文于匋下云"史篇讀與缶同";說文艸部大篆從舜,石鼓莽、芋、莘、莘四字都從舜。在文字上石鼓文是屬于秦的,其特徵有二:一是假殹作也,詛楚文、新郪虎符同,秦帝以後的刻石則作廿;二是多存籀文,詛楚文、新郪虎符、陽陵虎符等同,秦帝以後的刻石和權量詔文則多近小篆。石鼓文之多存籀文,是秦帝以前秦器的共同特徵,所以只能援此以證石鼓之屬于秦刻,而不能援此以證石鼓之屬于周宣時。我們于此特需申明三點:一、據以前所述,秦人于西周末始取周人字書爲用,因秦所居爲宗周故地,所用爲西周晚期字書,其接受周人字書較晚,所以秦文字保守性大,變異性較列國爲緩滯,于上述秦金文時可知。二、石鼓雖然保存一些籀文,但它大部分接受了"小篆"的精神,以下就要說到。三、說文重文中的籀文是說文正文而異于史籀篇的,其說文正文同于史籀篇的,當然不注明,其數甚多,所以籀篆之間的分別是部分的漸變的差異。若如此看法,那末石鼓文若是說它是籀文,無寧說它是小篆更爲妥當。

二、石鼓文和秦公敦

它們之間的字體,看上去很相似,其實不然。正如商鞅量上刻了鞅時的銘,又刻了始皇時的詔文,相去百餘年,還是相似一樣。秦公敦"竈囿三方",鐘銘作"竈又三方",囿假作又或有,說文囿的籀文作圍,石鼓作圍。我們不能因此認定石鼓早于秦公敦,因爲秦公敦假囿作有,並不以囿爲園囿,而石鼓以圍爲園囿。我以爲石鼓後于秦公敦,其理由有三:一、據說文,三是四的籀文,秦公敦作三,兩周金文大都作三,惟東周金文者減鐘、邵鐘、鄳孝子鼎、梁鼎、四年相邦樛斿戟等器作四。二、秦公敦說"秦公曰",是景公也,石鼓文而師石有"天子……嗣王……",天子是周天子,嗣王是秦王,詛楚文曰"有秦嗣王"可證。三、秦公敦承西周金文之流,領格第一人稱作朕,如"朕皇且""朕祀"。石鼓文則用遴,和詛楚文同，以吾爲主格或領格的第一人稱，不過詛楚文我吾通用，如"㗇邊城""我邊城"。兩周金文和詩經無以吾爲第一人稱的，直到戰國時的書籍，才以吾爲領格第一人稱。

三、石鼓文和詛楚文

它們之間非常接近，共有數點：（1）皆以"吾"爲主格領格的第一人稱。（2）皆以"殹"爲"也"。以上兩點都與方言有關。（3）都保存若干籀文，而文字體勢和秦篆相合。（4）皆稱"嗣王"。考秦至惠王始王，周本紀"顯王三十三年賀秦惠王，三十五年致文武胙于秦惠王，四十四年秦惠王稱王"正義"秦本紀云惠王十三年與韓魏趙並稱王"在前三二五年，次年改元。【容庚古石刻拾零詛楚文考釋云："秦至惠文王四年始稱王，故稱嗣王。十刻石（俗稱石鼓）亦有嗣王之文，疑同爲惠文王時物。"】而師"□□來樂，天子□來，嗣王始□，古我來□"，似乎作器者述天子使之賀惠王，惠王始改元，作器者亦來賀。吾水石"公謂大□"的公似是作器的人。但石鼓雖與詛楚文相近，卻是早于詛楚文：一因爲石鼓的遰，詛楚文省作㗇；二因爲石鼓所用的籀文多于詛楚文，三石鼓的衕較古于詛楚文的遒，遒和始皇刻石的道相近。

四、石鼓文和秦篆

以上所説石鼓文和詛楚文相同的四點，正是石鼓文和始皇刻石、權量詔文所以不同之點。石鼓文有顯然接近于小篆的，如籀文三石作四，籀文戔石作車（東周金文如子禾子釜邸大叔斧和齊城右戩作車），如馬字魚字及其作偏旁時都和小篆相近，而不與西周金文同。

由上所述，石鼓文的年代，既不能早于史籀篇，亦不早于秦公毁；它必在始皇稱帝以前，亦稍前于詛楚文，今定爲惠王或孝公時物（紀元前四世紀）。它和鞅量鞅戟約略同時而不盡相同，這因爲石鼓是高級官書，是大篆寫的，鞅量鞅戟是低級官書，是小篆的濫觴。

我們在此得一暗示，即秦公毁早于石鼓而和東周金文無別，石鼓詛楚和史籀篇的關係較深，也許史籀篇是戰國時的，或者有別的緣故（如秦公毁或是鑄于別國，而刻石是秦人自刻的）。但王國維所説"史籀上承石鼓"則是錯的。

第七章　古文字材料

卅一年四月下旬續作

一、甲骨文

　　商代刻在龜甲牛骨上的文字，在地下霾藏了將近三千年，到最近幾十年才被偶然發現。大約在光緒初葉，就已在安陽小屯出土，羅振常于宣統三年到安陽，他在洹洛訪古記上說"此地埋藏龜甲前三十餘年已發現"，或者是可信的。不過當時農民拿它當龍骨，磨成細末做刀尖藥，不知道它是古物，光緒廿五六年（己亥、庚子，一八九九——一九〇〇）山東濰縣古董商范維卿在武安、彰德一帶收集古物，最先獲得甲骨，帶到北平，賣給王懿榮和端方。王氏于庚子年殉難，甲骨大部分歸劉鶚一八五七——一九〇九，更益以自所購致的，在光緒廿九年選拓千餘片石印爲鐵雲藏龜，序上定此爲"殷人刀筆文字"，于是甲骨文才爲世人所注意。甲骨出土于河南安陽洹水之濱的小屯，殷代自盤庚徙都于此，直到殷亡，所以宋代考古圖所載的古物有出土于河亶甲城的，即是此地。原來在彰德府一帶地名小屯的有二，一在湯陰縣，名前小屯，一在安陽縣，名後小屯，相距三十餘里。所以劉氏序上說："龜版己亥歲出土，在河南湯陰縣之古牖里城。"因爲是刻在龜版上的文字，所以叫做龜板文字；因爲出土于殷虛，所以又叫做殷虛文字；因爲是契刻的文字，所以又叫做契文或殷契文字；因爲所刻是占卜之辭，所以叫貞卜文字或卜辭；我們現在定名爲甲骨文字，因爲這些文字大部分刻于龜甲和牛骨上的[①]。

　　光緒三十年，孫詒讓看到鐵雲藏龜，他于金文本有深邃的認識，所以他的契文舉例在認識甲骨文字上盡了開創的功勞。宣統二年，羅振玉一八六六——一九四〇作殷商貞卜文字考，對于殷的都邑、帝系、文字和卜法有進一步的考定。民國二年，羅氏所編殷虛書契前編用珂羅版影印出版，于是研究甲骨者才有可資利用的材料。四年，羅氏殷虛書契考釋出版，甲骨文的研究至此始粗具規模。

王國維一八七七——一九二七利用這些材料,對于殷代的歷史制度和文字作更詳盡的考證,而甲骨文字始爲恢復古史重要的資源。孫、羅、王是前期甲骨文字研究的功臣。

民國十七年起,中央研究院到安陽殷虛作科學的發掘,除了甲骨以外,還得到銅器、骨器、陶器、石器等殷代遺物,又發現殷代陵墓、宮室、窖穴等建築遺址。我們從此不但對于甲骨的真確性得到科學的證據,並由相伴出土的器物,得以瞭然當時的生活狀態。董作賓參與發掘,根據實物對于甲骨的年代、文例、天文等有很大的貢獻。郭沫若想藉甲骨卜辭窺探古代社會的真象,而他的貢獻還是以甲骨文的本身爲大,卜辭通纂和殷契萃編分門別類,編制極好,其中更有許多創獲。但是對于甲骨文字作精密的分析的,要推唐蘭。董、郭、唐繼孫、羅、王之後,對于甲骨學都有極大的貢獻。

國外的傳教士收藏並研究甲骨的,早期有山東濰縣美籍牧師方法斂(Frank Herring Chalfant,1862—1914),他于甲骨發現後的第四年,既已從事收集與研究,他所摹寫的甲骨卜辭都已出版了[2]。次之爲河南彰德英籍牧師明義士(James Mellon Menzies),他于民國三年起開始搜集甲骨,現在還在繼續研究中。除此以外,國內許多學者在甲骨各部門都有不少努力。

所謂甲骨卜辭是將占卜之辭刻在甲與骨的上面。甲是龜甲,大部分刻于腹甲,也有刻于背甲的。骨是牛的左右胛骨,正反面都刻字,甲骨于未刻辭以前,先事鑽鑿灼,而後見兆,然後刻辭。甲骨卜辭大約分爲二:一是命辭,即命龜之辭,記所問于龜的事;二是占辭,即見兆而得的徵象,以定所問的吉凶順逆。但甲骨卜辭中間,也附有純粹記事之文。又有刻在鹿頭骨、人頭骨或其他獸骨上的,都是屬于記事的。占卜是"卜人"官的事,古代卜史大約不分,卜後刻辭,也許仍操諸卜人。甲骨是王室占卜所用,其貞卜的事類約而言之有四:一是祭事,二是戰事,三是農事,四是田事。由祭事類,可以知商代的世系、祭祖妣的週期、用牲之數等等。由戰事類可以知商國的敵方所在、兵力和武器的情況。由農事類可以知商時農業的大略,又由祈年、祈雨于上帝及山川之神足見商人的自然崇拜。由田事類可以知商王畋獵的頻繁和他行幸所至的地方。戰、農、田三事往往附帶的占天時,我們因此可以研究殷代的氣象和曆法。

以下將上述的四類,各舉簡明的例,以見一斑:

(一)　　癸亥卜率　　率,卜人名。

貞,㞢于示壬　　㞢,祭名。示壬即主壬。見殷本紀。

前一·一·一

末　　末即燎,祭名。

癸酉卜

出于且

辛二牛

今日用

前一·十一·四

(二)

光不　　光,國名。

其隻　　隻即獲。

羌　　羌,西羌。

前三·三三·五

徝伐土方　　土方,殷西北强敵。

貞:今春王　　王,武丁。

庚申卜㱿　　㱿,武丁時卜人。

林一·二七·十一

(三)

甲辰卜,商受年

前三·三〇·六

丑出告麥　　出,有。

宁:羽辛

庚子卜

前四・四〇・一七

(四)

壬申卜貞

王田宮往　　宮,地名。
來屮祟

前二・四二・一

……隻鹿十又八

……田于洮往來

前二・三二・四

研究甲骨的第一步是"識字"。要認識甲骨文字,必須對于先秦的古文字先有精深的知識,才能推認出來。第二步是通"文例",由甲骨契刻的文例才能了解它的"文法",文法和識字必須相輔而行。認識其字通讀文法以後,第三步才能分別事類,研究它的内容。卜辭所記,一小部分可以和典籍上的記載互相印證,如史記殷本紀和古本竹書紀年等的商王世系和卜辭大略相同,但大部分是不見存于載籍的,我們必須乞靈于人類學和有關于宗教、習俗一般的研究,以作它石之助。我們對于每一個字分析它的字形,追尋它原始的意義和其引申假借等的演變,通之于每一卜辭而無礙,這才算確定一個字。由認識的字而得綜合爲許多商代的文法,由此文法而讀各片卜辭,由分類的卜辭而得每一事類較詳盡而綜合的事實。到了第四步,我們才能做到恢復"商史"和重構商代社會的工作③。

①甲骨出土的情況,可看:
　　甲骨年表　　董作賓
　　洹洛訪古記　上册　　羅振常
　　五十日夢痕録　　羅振玉
②述方法斂所摹甲骨卜辭　　圖書季刊新二卷一期,三期
③研究甲骨的書籍

甲、基本準備

　　殷虛書契考釋　　　羅振玉

　　安陽發掘報告四册（或小屯村發掘報告）　　　中央研究院

　　卜辭通纂　　郭沫若

　　甲骨文斷代研究例　　　董作賓　　　中央研究院史語所集刊外編

　　甲骨叢編　　董作賓　　　北平圖書館考古學叢刊

　　甲骨文編　　　孫海波

乙、重要材料

　　殷虛書契前編、後編、續編、菁華

　　鐵雲藏龜

　　戩壽堂所藏殷虛文存（附考釋）

　　殷契佚存

　　殷契萃編

　　殷契遺珠

中國文字學

一九四三年重訂本

第一章

第一節 古代的小學和字書

研究文字,古稱小學。小學是古代學制的名稱,和大學爲教育的兩級。周代初期的大盂鼎和晚期的師訇毀都有"小學"的名稱,可知西周時至少王室已有小學制度的存在。關于此制度的詳情,缺乏早期的記載,只有秦漢時書略有追記:

大戴禮保傳篇	古者八歲而出就外舍學小藝焉。
小戴禮內則篇	六年教之數與方名。……九年教之數日。十年出就外傅,居宿于外,學書計。(鄭注數日爲"朔望與六甲也"。)
漢書食貨志	八歲入小學,學六甲五方書計之事。(亦見太平御覽六一三引王粲儒吏論。)
白虎通辟雍篇	以爲八歲毀齒始有識知,入學學書計。
後漢書楊終傳	禮制:人君之子八歲爲置少傅,教之書計以開其明。

到後漢時,崔寔作四民月令述當時小學之制曰:據隋陸臺卿玉燭寶典引。【古逸叢書】

正月	研冰釋,命幼童入小學學書篇章。(原注:篇章謂六甲九九急就三蒼之屬。"之屬"二字據齊民要術三引補。)
十一月	研冰凍,命幼童入小學讀孝經論語篇章小學。

就此種記載所述,大約古人在八歲左右入小學,學"書寫"與"計數",便是周禮保氏和大司徒所說禮樂射御書數六藝中之後二者。禮樂射御是成童所學,爲大

藝;書數爲幼童所學,爲小藝。

小學課程分書與數。據四民月令所説,正月至十月幼童學書篇章,就是寫字;十一月讀篇章(另外讀論、孝),就是認字和誦讀。所寫所認所誦只是一種篇章,這種篇章照鄭玄注和四民月令注是六甲、急就、三蒼之屬,乃是字書。北史儒林傳述劉蘭"始入小學書急就章",又述李鉉"九歲入學書急就章",可知北朝時的制度。

所謂六甲者,用甲乙丙丁戊己庚辛壬癸(十干)和子丑寅卯辰巳午未申酉戌亥(十二支)配合而成六十單位,自商世以來以一單位(即一個干支)代表一日,故六甲便是六旬的代名,表如下:

【張政烺六書古義,集刊第十本】

甲子	乙丑	丙寅	丁卯	戊辰	己巳	庚午	辛未	壬申	癸酉
甲戌	乙亥	丙子	丁丑	戊寅	己卯	庚辰	辛巳	壬午	癸未
甲申	乙酉	丙戌	丁亥	戊子	己丑	庚寅	辛卯	壬辰	癸巳
甲午	乙未	丙申	丁酉	戊戌	己亥	庚子	辛丑	壬寅	癸卯
甲辰	乙巳	丙午	丁未	戊申	己酉	庚戌	辛亥	壬子	癸丑
甲寅	乙卯	丙辰	丁巳	戊午	己未	庚申	辛酉	壬戌	癸亥

【漢書王莽傳:"令天下小學,戊子代甲子爲六旬首。"】

近代在西域所發現的漢簡有篆書的六甲(見流沙墜簡第四頁下第五頁上共三簡和居延漢簡一簡),是漢代學童學書的六甲。而殷虛出土商代甲骨上的六甲或有商代卜史習刻之作,可證自古以來,六甲爲學童學寫認字的第一課。

六甲的誦習書寫,不但是認字學寫的教育,並且爲推數的練習,南齊書顧歡傳説:"歡年六七歲畫甲子,有簡三篇,歡析計遂知六甲。"南史遂説他"年六七歲知推六甲"。因爲六甲爲幼童小學的第一課,所以後世泛稱字書爲六甲。

隋書李鍔傳   上書曰:……于是閭里童昏貴游總丱,未窺六甲,先製五言。
李太白文集上安州裴長史書   五歲誦六甲,十歲觀百家。

六甲共一百二十字,分爲六篇,每一行自甲至癸爲一篇。周禮占夢正義引鄭志曰:

庚午在甲子篇，辛亥在甲辰篇也。中有甲戌甲申甲午成一月也。

是漢制每篇二十字。流沙墜簡所録出敦煌北的三片木簡六甲：（1）木簡，甲子篇，缺"丙寅"以下。（2）木觚，兩面各書甲子篇，不缺。（3）木簡，癸亥篇，缺"庚申"以上。居延漢簡所録一片六甲：木簡，正反兩面皆書甲子篇，如上述木觚。案木觚三棱，三面可書，每面寫一篇，所以六甲書于二觚。木簡每簡寫一篇，所以六甲書于六簡；若正反面皆書則三簡即可。南齊書顧歡用簡三篇畫甲子，正是正反兩面皆書。

漢代的字書，倉頡、訓纂六十字一章，急就六十三字一章，若書于木觚一章正好一觚（三面都寫，每面二十字或二十一字）。流沙墜簡所録漢倉頡木簡四簡，有一簡完整者爲二十字，所以三簡爲一章。又漢簡中，急就第一章（流沙墜簡第一頁）第十四章木觚，三面完整，每面二十一字，一觚六十三字；又第十章第十八章兩木觚，各觚只寫兩面，一面三十一字，一面三十二字，合一觚仍爲六十三字。就此欵式，更可以證明出土敦煌的六甲確是字書，它和漢字書倉頡、急就相同。由此知漢字書所以定六十字（後來六十三字）爲一章，和六甲篇分書二觚六簡（或三簡）是大有關係的。後來以"六甲"爲字書的通稱，正因爲六甲是字書的鼻祖。

四民月令説幼童"書篇章""讀篇章小學"，所謂"篇章"也是字書的通稱。"篇"和"編"古當有別。説文："篇，書也。一曰關西謂榜爲篇。""編，次簡也。"凡目録書篇卷的篇皆當是編。漢書武帝紀、公孫宏傳、鼂錯傳"箸之于篇"注云"篇謂竹簡也""篇，簡也""篇謂簡也"。當後漢紙未發明以前，在竹簡上學書，而字書亦寫于簡上，所以凡字書都稱篇：如漢書藝文志所載史籀篇、倉頡篇、凡將篇、急就篇、元尚篇、訓纂篇，【漢以史篇爲字書的通稱，詳下。】隋書藝文志所載後漢班固的太甲篇在昔篇、崔瑗的飛龍篇（後漢書崔瑗傳説他作"艸書勢七言凡五十七篇"）、蔡邕的聖皇篇女史篇、賈魴的滂喜篇、晉王羲的小學篇以及梁世通行的黄初篇（大約魏時）吳章篇（此二書均無撰人）。後漢書蔡邕傳述靈帝造羲皇篇五十章。篇或稱章：如史游急就篇，隋書經籍志作急就章（宋王愔文字志同，北史崔浩傳"臣能解急就章"）；【急就篇"請道其章"自稱爲章。】王羲小學篇，顏氏家訓書證篇作小學章；蔡邕聖皇篇，舊唐書經籍志作聖草章，新唐書藝文志作聖皇章；黄初篇，舊唐書經籍志作黄初章；隋書經籍志有蔡邕勸學一篇，舊唐書經籍志作勸學篇，世説新語紕漏篇注作勸學章（玉函山房輯佚書輯得六條，五條四字一句，四句二韻，一條六字一句，句句有韻）；又隋書經籍志有陸機吳章二卷。章是樂章,字書自倉頡以下都是韻語,故稱章。漢書藝文志稱秦字書爲"倉頡七章""爰歷六章""博學七章",說文解字叙則稱之爲"倉頡篇""爰歷篇""博學篇"。藝文志又説:"漢興,閭里書師合倉頡、爰歷、博學三篇,斷六十字以爲一章,凡五十五章,并爲倉頡篇。"章不但有韻,並有定句。

　　章因係學童法帖的專稱【參説文"笵"之訓法帖法書之義。章或許是分章之章】,引申爲章程。廣雅釋器:"篇章,笵程也。"玉篇:"笘,笘篇也。"説文:"潁川人名小兒所書寫爲笘。"南朝齊王僧虔論書謂鍾繇書有三體,"二曰章程書,世傳祕書,教小學者也"。篇章就是小兒學書的法帖,所以顏師古急就篇注叙曰:"司馬相如作凡將篇,俾效書寫。"據此,敦煌出土篆書六甲所本的篆書六甲法帖當是先秦通行之本。

　　小兒學書或用木觚或用竹簡。説文:"觚,棱也。"説文繫傳曰:"字書曰:三棱爲觚木。"一切經音義卷十八立世阿毗曇論第八卷音義引"通俗文木四方爲棱,八棱爲觚"。急就篇顏師古注:"其形或六面或八面,皆可書,觚者棱也。"史記酷吏傳索隱引應劭曰:"觚八棱有隅者。"驗以出土漢觚,三棱四棱六棱都有。【蘇林説四面爲觚,見康熙字典觚字下。】急就篇顏師古注:"觚者學書之牘,或以記事,削木爲之。"今驗出土木觚字書居多而亦用以記事。顏注又曰:"今俗猶呼小兒學書簡爲木觚章,蓋古之遺語也。"小兒用木觚學書,所以文賦所謂"或操觚以率爾",正以小兒之學書形容屬文的繚草。

　　其用竹簡學書者,則有以下諸名。廣雅釋器曰:"籥、篇、笫、籾、笘、篥,箶也。"説文曰:"籥,剖竹未去節謂之籥,從竹將聲。笫,籥也,從竹枼聲。篇,書僮竹笘也,從竹龠聲。"又曰:"潁川人名小兒所書寫爲笘。"一切經音義卷二大般涅槃經卷四十音義,又一切經音義卷六妙法蓮華經第五卷音義並引"宋何承天纂文云關西以書篇爲篥"。是篥笘爲方言之別,皆是小兒學書的竹簡,篇是其通語。

　　以上所述六甲和篇章大都是漢或秦的制度,前乎此者可以想見。周禮或許是先秦人所作,它的禮制皆屬理想,所以周禮保氏説"保氏掌諫王惡而養國子以道,乃教之六藝……五曰六書,六曰九數"並非實在的制度。大盂鼎曰"余隹即朕小學……敏朝夕入諫",小學之官並掌諫王惡,可見周禮所記近實。保氏的書數就是漢世的書計,書是書寫,數是計數。所以保氏的六書實在指書法,考漢書藝文志小學類有八體六技一書,次于史籀篇之後、倉頡篇之前,可知是先漢的書。據説文解字叙"秦書有八體",八體六技當是秦書的八體,六技當指六種書法。隋書和唐書經籍志小學類有"古今八體六文書法一卷",八體六文即八體六技。【南北朝隋唐時人著書並稱文書爲六文。】北史江式傳上古今文字表云："臣六世祖瓊家世陳留,往晉之初與从父兄俱受學于衛覬古篆之法倉、雅、方言、説文之誼,當時竝收善譽。……亡祖文威杖策歸國,奉獻五世傳掌之書,古篆八體之法。"是古篆八體之法晉世猶存。又南史文學顏協傳:"時又有會稽謝善勛能爲八體六文方寸千言。"新唐書藝文志有王氏八體書範四卷。【王充論衡自紀:"六歲教書……八歲出于書館,書館小僮百人以上皆以過失祖譴,或以書醜得鞭。"太平御覽三八五引會稽典録云:"七歲教書數。"】

最早的小學課程,既以書數爲主,所以漢人迻名文字之學爲小學,班固漢書藝文志叙史籀篇到倉頡故"凡小學十家四十五篇",孝平帝元始中以爰禮爲小學元士,許慎説文解字叙有"小學不修"的感歎。班固在藝文志中獨立小學一類,從此史書仿其例,而小學遂爲文字學的專名。但此名稱有三個缺點:第一,小學是學制的名稱,不宜于名學科。第二,小學兼書與數,而數不屬文字學。第三,小學是古代幼童發蒙時學書認讀的課程,是文字學的起源而非文字學的本身。又漢代所謂小學爲字書篇章的通稱,如藝文志"凡小學十家四十五篇",但有時小學與篇章並舉,如四民月令讀"篇章小學",漢書平帝紀"徵天下通知……小學史篇",論衡別通篇"夫倉頡之章,小學之書,文字備具",則小學並非即是字書篇章。漢書杜鄴傳説鄴子林"故世言小學者由杜公",藝文志有"杜林倉頡訓纂一篇,杜林倉頡故一篇",似乎小學指文字訓詁。

秦始皇時才有"文字"的名稱,此以前稱文字爲"文"或"名"(詳下)。唐國子監置書學博士三人。文字學本可以稱作"名學""文學""書學",但因爲和論理、文章、書法之學容易混淆,不得不以"文字學"爲名了。

第二節　　説文解字的完成

篇章本是學童誦習臨寫的字書,在文字學的研究上只是一種材料,它本身並不能使小學成立爲一種學問。直到許慎的説文解字出現,中國才有文字學,此以前没有有系統的有意的文字學。漢代的篇章承襲秦代的倉頡篇,而倉頡篇承襲周代的史籀篇,它們皆屬于小學的課本。篇章本是書師所教,書僮所習,行于書館中的字書,就如後代的千字文與三字經。説文解字則爲經學大師所箸,爲研究經學必讀之書,它之成立正與經學有莫大的關係。許慎博采通人中如桑欽、杜林、衛宏、徐巡、賈逵均治古文尚書,劉向、劉歆父子則是古文家重要的祖師,揚雄亦是古文家。古文學家所用的經本是用古文寫的,和漢世通行的隸書不同,所以通經必先通古文，是漢世字書之興與經學有關。又漢時辭賦極流行，大率以辭藻典故爲主，所以對于異字的搜羅不遺餘力，兩漢篇章家如司馬相如、揚雄、班固（三人皆在許慎博采通人之列）等都兼爲著名的賦家【王逸注説賈逵、班固曾注楚辭】，是漢世字書之興與辭賦有關。又藝文志説“黃門令史游作急就篇”，説文叙説“黃門侍郎揚雄采以作訓纂篇”，許沖表説許慎以説文“教小黃門孟生、李喜等”，而隋志謂“後漢郎中賈魴作滂喜篇”，則漢世字書之興與宮廷教育有關。有此三事，字書由篇章而進爲文字學。

要了解許慎在文字學上的價值，必須先將許慎以前篇章家和其他與字書有關諸家的貢獻叙述一下，藉此可見文字學的成立經過若干預備的功夫。

第一　篇章字數

説文解字以前的篇章，都是有定句的韻文，而無説解。可以分爲前後兩期：前期的篇章自秦至前漢之末，據漢書藝文志秦時有倉頡、爰歷、博學三篇，漢興，書師合爲倉頡篇，斷六十字爲一章，共五十五章，三千三百字。漢倉頡篇原書已佚，佚文有以下各條：

幼子承詔　　　説文解字叙引倉頡篇

考妣延年　　　爾雅釋親注引倉頡篇

游敖周章，駟驦駐驖，驞勦駢賜，黔黗赫赧，儵赤白黃　　流沙墜簡一第一簡

起走病狂，疕疛灾疾　　流沙墜簡一第二簡

狸獡卿觳　　流沙墜簡一第三簡（第二字羅振玉誤釋爲獟【説文：“獟，犬如人心可使者。”】

□□□寸，薄厚廣俠，好醜長短　　流沙墜簡一第四簡

【孝經邢疏引倉頡篇謂“患爲禍孔”，羅亦疑倉頡文。】

據此可知倉頡篇四字一句，有韻，有假借字（假俠爲狹），以事爲類，無説解。

由漢倉頡篇可以推測秦的倉頡篇。漢書藝文志説倉頡七章，爰歷六章，博學七章，合共二十章。漢以六十字爲一章，秦制當亦如此，則二十章共爲一千二百字。漢初書師合秦倉頡爰歷博學爲二十五章，必定有新部分加入，何以證之？甲、顏氏家訓書證篇曰：“倉頡篇李斯所造而云‘漢兼天下，海内並廁’，‘豨鯨韓覆，畔討滅殘’……皆由後人所羼，非本文也。”又據梁庾元威論書曰：“漢晉正史及古今字書並云倉頡九篇是李斯所作，今竊尋思必不如是，其第九章論豨信京劉等，郭云‘豨信是陳豨韓信，京劉是天漢，西土是長安’。此非識言，豈有秦時

朝宰談漢家人物,牛頭馬腹,先達何以安之。"據此漢兼天下四句在倉頡第九章,即漢五十五章之内,則五十五章經漢人增編可知。【據居延漢簡,"漢兼天下,海内並厠"在第五章。顏所引四句不當屬于一章。】乙、流沙墜簡所録倉頡篇四十一字中"游周章白黄病狂疕災貍寸厚廣俠好長"十六字並見急就篇,藝文志説急就"皆倉頡中正字也",則此四十一字確是漢代的倉頡篇,然四十一字中,孅狹説文作殲殃,其所以相異或説文用秦篆而倉頡用漢字,或説文用漢字而倉頡用秦篆。會稽刻石有殃字,則似説文用秦篆而倉頡用漢字了。

藝文志説:"武帝時司馬相如作凡將篇,無複字;元帝時黄門令史游作急就篇,成帝時將作大匠李長作元尚篇,皆倉頡中正字也,凡將則頗有出矣。"凡將一卷新舊唐書猶有箸録,唐以後佚,佚文有以下各條:

> 淮南宋蔡舞嗙喻　　説文口部引司馬相如説
>
> 黄潤纖(或作鮮)美宜制禪　　文選蜀都賦注引凡將篇
>
> 鍾磬竽笙筑坎侯　　藝文類聚四四引凡將篇
>
> 烏喙桔梗芫華,款冬貝母木藥,蔞芩草芍藥桂漏,蘆蜚廉萑菌荈詫,白斂白芷菖蒲,芒消莞椒茱萸　　陸羽茶經卷下引凡將篇

凡將已經脱去倉頡的陳法:(1)文字有出于倉頡者,(2)六字七字爲句,(3)無複字。

顏師古急就篇注叙曰:"逮至炎漢,司馬相如作凡將篇,俾效書寫,多所載述,務適時要,史游景慕,擬而廣之。"急就原書今存,凡三十一章,章六十三字,共千九百五十三字,除複字三百三十五外,當得一千六百十八字。史游是擬凡將而廣之,則凡將或者不及二千字。【急就所見字皆出倉頡,故倉頡面目,可由此見之。】

急就大致仿效凡將:

(1)文例:第一章首半七字一句,每句有韻;第一章後半至第六章三字一句,四句二韻,等于六字一句;第七章至三十章七字一句,每句有韻;第三十一章四字一句,四句二韻,等于八字一句。

(2)内容:第一至第六章名姓,第七至廿四章諸物,第二十五章以後五官,第三十一章結語頌漢德。諸物一類中樂名如"竽空侯筑鐘磬",藥名如"烏喙芫華款冬貝母桔梗"都見于凡將。但是急就中的字都是倉頡篇的正字,由此可知倉頡篇的字都屬于五官名姓諸物等日常用字。【元尚篇原書完全亡佚。】

後期的篇章自前漢之末起,于日常用字外,加入六藝文字。説文解字叙曰:

"孝平時徵（爰）禮等百餘人，令説文字未央廷中，以禮爲小學元士，黃門侍郎揚雄采以作訓纂篇，凡倉頡已下十四篇，凡五千三百四十字，群書所載略存之矣。"漢書藝文志曰："至元始中徵天下通小學者以百數，各令記字于庭中，揚雄取其有用者以作訓纂篇，順續倉頡，又易倉頡中重複之字，凡八十九章，臣復續揚雄作十三章，凡一百三章，無複字，六藝群書所載略備矣。"揚雄的訓纂篇三十四章二千另四十字，合倉頡五十五章三千三百字共爲八十九章五千三百四十字。班固十三章或即隋書經籍志所載的太甲篇在昔篇，十三章共七百八十字。一〇二章共6120。這三篇顯然有不少是六藝文字，班固十三章以"太甲""在昔"起句，可以看出它記史爲篇。到後漢和帝時賈魴作滂熹篇與倉頡篇訓纂篇合爲"三倉"。【三倉書名已見江式傳文字表。】

　　　　梁庾元威論書　　及秦相李斯破大篆爲小篆，造倉頡九章，中車府令趙高造爰歷六章，太史胡毋敬造博學七章，後人分五十五章爲上卷，至哀帝元嘉中揚子雲作訓纂記"滂喜"爲中卷，和帝永元中賈升郎更續記彥均爲下卷，故稱爲"三倉"。

　　　　張懷瓘書斷　　揚雄作訓纂二當作三十四章以纂續倉頡，孟堅乃復續十三章，和帝永初中賈魴又撰異字，取固所續章而廣之爲三十四章，用訓纂之末字以爲篇，故曰滂喜篇，言滂沱大盛。凡百二十三章，文字備矣。

　　　　至和帝時賈魴撰滂喜篇，以倉頡爲上篇，訓纂爲中篇，滂喜爲下篇，所謂三倉也，皆用隸字寫之，隸法由兹而廣。

　　　　隋書經籍志　　三蒼三卷，郭璞注，秦相李斯作倉頡篇，漢揚雄作訓纂篇，後漢郎中賈魴作滂喜篇，故曰三蒼。

據上所述，則滂喜篇三十四章，順續訓纂篇的末字"滂喜"，以迄"彥均"，故曰滂喜篇。滂喜三十四章内有十三章爲班固所作，其證有二：（1）書斷云："賈魴又撰異字，取固所續章而廣之爲三十四章"；（2）韋昭注漢書藝文志云："班固十三章疑在倉頡下篇三十四章之内。"此三倉據舊唐書經籍志有魏張揖撰三蒼訓詁，而郭注三蒼諸書所引或作三蒼解詁。篇章之學，到此已集大成。

　　總結此段所述，漢世篇章可以三倉爲其總稱，内容如下：

　　一、三倉上卷　　倉頡篇，共五十五章，三千三百字。據上推斷，五十五章中有漢人加入部分，秦倉頡七章、爰歷六章、博學七章共二十章，若秦漢每章字數相同,則只有一千二百字。急就除複字有一千六百餘字,急就都是倉頡中正字,然此倉頡是漢世書師所用五十五章本的倉頡,故不能因急就字數推論秦世倉頡等三篇的字數。据論書所載,倉頡篇共九篇,大約秦世倉頡、爰歷、博學各一篇。

二、三倉中卷　　訓纂篇,共三十四章,二千另四十字。説文叙謂“凡倉頡已下十四篇”,是倉頡、訓纂共有的篇數,去倉頡九篇訓纂當有五篇。倉頡三千三百字,若以九篇平分,每篇約三六六字,則秦倉頡、爰歷、博學三篇共一〇九八字,與以上推測一千二百字相近。訓纂篇五篇,每篇平均四〇八字,與三六六字相近。段玉裁説文解字注謂十四篇中有凡將、急就、元尚,然藝文志述此三篇“皆倉頡(即五十五章)中正字也,凡將則頗有出焉”,而訓纂篇與倉頡篇無重複之字,是十四篇中只可能有一部分凡將而無急就、元尚是可斷定的。北史江式傳上古今文字表以“三倉凡將”並舉,是凡將又不在三倉内。

三、三倉下卷　　滂喜篇,共三十四章,二千另四十字。其中有班固的十三章,或即隋書經籍志的太甲篇、在昔篇。十三章爲七百八十字,分爲兩篇,每篇平均三百九十。由倉頡、訓纂、太甲、在昔有篇數字數者平均分配,大約每篇字數在三百四十至二百九十字之間。

許慎與賈魴同時,據説文後叙其書作于永元十二年(紀元後一〇〇),獻于建光元年(紀元後一二一),而滂喜篇成于永元中(紀元後八九──一〇四),是許氏或及見三倉的完成。三倉共録字七千三百八十,許氏説文共録字九千三百五十三,比三倉又多出將近二千字。【乃籀文古文也。俗字漢世篆。】許沖上説文表云:“作説文解字,六藝群書之詁皆訓其意。”是其書逸出篇章者有不少屬于六藝文字。此是説文同于後期字書而異于前期字書的一點,即于日常用字外加入六藝文字。説文解字叙云“蓋文字者經藝之本”,和前期篇章以識字爲主,有極大的不同。【秦末至漢末,字數由三千至九千,並非字數增加,乃是字書内容之變遷,即日常用字→六藝文字→古文字。】

第二　分別部居

急就篇開章云:“急就奇觚與衆異,羅列諸物名姓字,分別部居不雜廁。”顏師古注云:“前後之次,以類相從,種別區分,不相間錯也。”其所謂部居乃指諸物名姓字的分部。這種分部是以事類爲主,如流沙墜簡的倉頡篇以“色”“疾”“獸”分別爲三簡,如凡將以“樂”“藥”分別爲二類。急就本擬凡將,而凡將以前漢世通行的倉頡已經如此分部。但凡同事類的,往往也同形類,如流沙墜簡的倉頡篇十六個色類字，接連十個字皆從"黑"旁。急就篇中更多此類例：（據顏本。惟鱜顏本從虫，改從松江本。）

絳緹絓紬絲絮綿　　襜褕袷複褶袴襌

鐵鈇鑽錐釜鍑鏊　　鍜鑄鉛錫鐙錠鐎

筦篿籅筥箕算籌　　纍縞繩索絞紡纑

鯉鮒鱯鯉鮐鮑鰕　　輻輞轅軸輿輪轔

桐梓椵棻榆椿樗　　駔駬騅駁驪騂驢

癃疽瘻瘀痿痹痕

但非完全以同形類者排列于一處，所以急就篇的"分別部居"和倉頡、凡將仍以事類爲主。

　　説文解字叙："分別部居，不相雜廁。"（小徐本多一也字。）此部居即後叙："五百四十部……其建首也，立一爲耑，方以類聚，物以群分，同牽條屬，共理相貫，雜而不越，據形系聯，引而申之，以究萬原，畢終于亥。"此五百四十部，後人稱爲部首，凡屬于同一部首的諸字必同屬一個偏旁，如馬部字皆從馬，許慎于馬部部首下云"凡馬之屬皆從馬"。隋書經籍志小學類有賈魴字屬一篇（新舊唐書亦箸錄），今亡，大約是部首一類，如許所云凡某之屬皆從某。許沖上説文表謂"慎博問通人"，魴與慎同時，或有相問的可能。若此説不誤，則許慎當時已有歸納偏旁爲部首者。

　　但説文除了以形類分五百四十部外，每部之中又以事類分爲若干群，如説文羽部二十三字除部首外其他分爲七群：

翟以下五字　　　各種羽之鳥名

翩以下八字　　　羽之異名

翌一字　　古諸侯名

翥以下十三字　　　從羽有飛義諸字

翯一字　　　鳥白肥澤皃

翟以下三字　　　舞所執之物

翳以下二字　　　車與棺之羽飾

　　説文後叙所謂"方以類聚，物以群分"即指同形類者聚爲一部，不同事類者分爲數群。

第三　説解

三蒼及其前篇章,其本身都無説解。【後人的注解是不同的:(1)以現在的話去解釋古代的字,(2)以可以懂的話去解釋不易了解的字。】但訓詁很早即已發生,依舊説可分形訓、音訓、義訓三種,兹分別述之如次。

一、形訓　春秋左氏傳宣公十二年楚莊王曰"夫文止戈爲武",又十五年伯宗曰"故文反正爲乏",又昭公元年醫和曰"於文皿蟲爲蠱",韓非子五蠹篇"古者倉頡之作書也,自環者謂之私(説文引作自營曰厶),背私謂之公"。凡此四條説文一律采用。又説文:"畜,田畜也。淮南子曰:玄田爲畜。"漢世緯書亦用形訓,如春秋説題辭:"天之爲言顛也,居高理下,爲人經緯,故其文一大以鎮之。""故其立字,禾入水爲黍。"説文:"天,顛也,至高無上,从一大。""黍……孔子曰:黍可爲酒,禾入水也。"都與緯書相同。許慎一方面采用它,一方面又批評它。説文叙:"諸生競説字解經……乃猥曰馬頭人爲長,人持十爲斗,虫者屈中也。"(春秋考異郵曰:"虫之言屈中也。")劉歆移太常博士書説綴學之士"分文析字,煩言碎辭",班固藝文志説博學者"便辭巧説,破壞形體",均指緯書一類的分析字形。又當時有"字頭""偏旁"之説,如緯書春秋考異郵"王者駕馬,故其字以王爲馬頭",説文解字叙引"馬頭人爲長",是以王爲馬頭,長爲馬頭。【説文于電下云:"電頭與它頭同。"】論衡奇怪篇:"姜原履大人跡。跡者,基也。姓當爲'其'下'土',乃爲'女'旁'臣'。"又別通篇:"孝明之時讀蘇武傳,見武官名曰栘中監,以問百官,百官莫知。……'木'旁'多'文字尚不能知。"周禮考工記鮑人之事"察其線"注云:"故書線或作綜。杜子春云:綜當爲糸旁泉。"

許慎與其以前的學者,固同樣以分析文字形體以達經義的訓詁,所異者許慎用六書條例爲其標準,所以説文叙批評當時俗儒鄙夫"未嘗覩字例之條"。

二、音訓　孟子滕文公:"庠者,養也;序者,射也;校者,教也。"又梁惠王:"畜君者,好君也。"易傳説卦:"乾,健也;坤,順也。"凡此都是以聲爲訓。聲音與意義的關係有通變兩例。通例則聲相近者義相近,變例則因地域而有方言之別。揚雄方言,隋書經籍志箸録十三卷,郭璞注。原書今存。此書以分別各地的方言殊語爲主,附帶述没有方域性的通語(或曰通名、通詞、總語、凡語、凡通語)。舉例如下:

> 娥、嬿,好也。秦曰娥。宋魏之間謂之嬿。秦晉之間凡好而輕者謂之娥。自關而東河濟之間謂之媌,或謂之姣。趙、魏、燕、代之間曰姝,或曰妦。自關而西秦晉之故都曰妍。好,其通語也。(卷二)

嫁、逝、徂、適，往也。自家而出謂之嫁，由女而出爲嫁也。逝，秦晉語也。徂，齊語也。適，宋魯語也。往，凡語也。（卷一）

碩、沈、巨、濯、訏、敦、夏、于，大也。……于，通詞也。（卷一）

釥、嫽，好也。青徐之間曰釥，或谓之嫽。好，凡通语也。（卷二）

拔、摸，去也。齊趙之總語也。（卷六）

蛉蚞……西楚與秦通名也。（卷十一）

通语或爲“四方之通語”，或爲某某地之“通語”（如“齊趙之總語”“西楚與秦通名”“自關而東汝、潁、陳、楚之間通語”），後者實爲方域較廣的殊語，前者爲全國通行的普通話。有方域性的，稱爲“方言”。揚雄與劉歆書自稱所作爲殊語，晉常璩華陽國志、北史江式傳、隋書經籍志均稱爲方言，舊唐書經籍志稱爲別國方言，雄答歆書又稱別國方言爲“異語”。又有所謂別語、代語、轉語者：

假、佫、懷攎、詹戻、艐，至也。邠、唐、冀、兗之間曰假，或曰佫。齊楚之會郊或曰懷攎、詹戻，楚語也。艐，宋語也。皆古雅之別語也，今則或同。（卷一）

儀、㑰，來也。陳潁之間曰儀。周鄭之郊、齊魯之間或謂之㑰，或曰懷。（卷二）

㘈哗、謰謱，拏也。……南楚曰謰謱，或謂之支註，或謂之詀諵，轉語也。……（卷十）

恔、鰓、乾、耇、革，老也。皆南楚江湘之間代語也。（卷十）

緤、末、紀，緒也。南楚皆曰緤，或曰端，或曰紀，或曰末，皆楚轉語也。（卷十）

別語即方言殊語。代語、轉語是方言中之自相異者，故上舉“趙、魏、燕、代之間曰姝，或曰姤”“青徐之間曰釥，或谓之嫽”都是轉語。又方言卷一述“大”之方言總之曰：“皆古今語也。初別國不相往來之言也，今或同，而舊書雅記故俗語不失其方，而後人不知，故爲之作釋也。”此與其下“皆古雅之別語也，今則或同”相較，知“古今語”是“古別語”的錯誤。

方言不爲古今字作訓詁，而爲方言別語作釋，這是最大的特點。説文的説解十分之九爲古今字的訓詁，亦間爲方言作釋：

莒,齊謂芋爲莒。

蘱,楚謂之蘺,晉謂之蘱。

咷,楚謂兒泣不止曰噭咷。

喑,宋謂兒泣不止曰喑。

由此可知説文所録有一部分爲方域字。就此而論,説文所録的字共含四部:(1)古字(先秦六藝文字而爲漢世日常用字以外者),(2)今字(先秦六藝文字同于漢時日常用字者),(3)俗字(秦漢通行之日常文字不見于經藝者),(4)方域字。

三、義訓　　孟子梁惠王上引尚書"徯我后",解説爲"奚爲後我",這是很早的傳注。國語周語下引大誓故,這是最早專釋尚書篇的訓詁。戰國秦漢人雖不少引古書而解釋者,但直到爾雅才專以訓釋編爲一書。此書漢書藝文志著録爲三篇二十卷,今所存者是郭璞注本,分釋詁、言、訓、親、宫、器、樂、天、地、丘、山、水、草、木、蟲、魚、鳥、獸、畜十九類,不僅解釋五經,並及其它各物之同異,所以和經傳注本不同。詩關雎正義引爾雅序篇云:"釋詁釋言通古今之字,古與今異言也。"隋書經籍志也説:"爾雅諸書解古今之意。"所以漢書藝文志把爾雅小爾雅古今字並附于孝經類之後。【爾雅,雅,古雅之言也。爾假作邇,説文云"邇,近也",以近言釋古之雅言,謂之爾雅。梁書沈約傳約所著有邇言十卷,或即通志所載之俗説三卷,邇猶俗也,邇、俚音同。故爾之與雅爲俗之與雅、今之與古。】漢書藝文志小學類訓解倉頡篇的有倉頡傳、揚雄倉頡訓纂、杜林倉頡訓纂、杜林倉頡故各一篇,又唐唐玄度十體書説史籀篇:"建武中獲九篇,章帝時王育爲作説解,所不通者十有二三。"揚、杜、王三家訓詁,都是專釋字書,實爲説文説解的淵源。三家書都已亡佚,現在從説文一書援引到的鈎稽于下:

奴重文𡗠	揚雄説:奴从兩手。
臘	揚雄説:鳥臘也。
𦣞重文胇	揚雄説:𦣞从㒸。
舛重文踳	揚雄説:舛从足春。
疊	揚雄説以爲古理官决罪,三日得其宜,乃行之。从晶从宜。
頯	揚雄曰:人面頯。
掔	手掔也。揚雄曰:掔,握也。
捽重文拜	揚雄説:拜从兩手下。

繒重文䋼	籀文繒从宰省。揚雄以爲漢律祠宗廟丹書告。
鼂	揚雄説匽鼂蟲名。杜林以爲朝旦。【廣韻宥部："鼂，倉頡篇云蟲名。"】
斡	揚雄杜林以爲輻車輪斡。
𥰗	杜林以爲竹筥，揚雄以爲蒲器。讀若軒。此或許慎的讀若。
藕	杜林曰：藕根。
芰重文茤	杜林説：芰从多。
薽	杜林曰艸薪薽兒。
𪊓	杜林以爲麒麟字。
橆	杜林以爲橡櫟字。
宋部㮺	杜林説：㮺亦朱木字。
巢部叜	杜林説以爲貶損之貶。
狋重文怰	杜林説：狋从心。
渭	杜林説：夏書以爲出鳥鼠山。
耿	杜林説：耿，光也。从光聖省聲。
娸	杜林説：娸，醜也。
妸	杜林説：加教于女也。讀若阿。
嫨	杜林説：卜者黨相詐驗爲嫨。讀若潭。
軎	車軸耑也，从車，象形。杜林説。
爲	王育曰：爪，象形也。
禿	王育説：倉頡出見禿人伏禾中，因以制字。
女	婦人也，象形。王育説。
無重文无	王育説：天屈西北爲无。
醫	治病工也。殹惡姿也，醫之性然。得酒而使，从酉。王育説。

上所引者揚雄説大部分出于揚雄倉頡訓纂，杜林説大部分出于杜林倉頡訓纂和倉頡故，一部分或出于他的説解尚書（如渭字解禹貢和橆字解大誥），王育説大部分出于史籀篇解説。三家説解于訓詁外並有（1）"象形"、（2）會意形聲的分析、（3）省聲、（4）"讀若"四例爲説文所采用，而"軎""女""醫"諸字許慎直接采納，不再訓釋。許氏采三氏之説，是叙所謂"博采通人，至于小大"，許沖上説文表所謂"慎博問通人，考之于逵，作説文解字"。説文所引漢世通人説有董仲舒、尹

形、司馬相如、杜林、劉向、劉歆、譚長、傅毅、張林、揚雄、黃顥、王育、京房、衛宏、官溥、莊都、爰禮、周盛、徐巡、甯嚴、桑欽、逯安、張徹、班固、歐陽喬、宋宏、賈侍中、鄭司農、復、博士共三十人。除上述三家外，其體例爲説文所采用者有下列六事：

（1）象形（杜釋叀，王釋爲）

蠱重文蛊	蠱或从木，象蟲在木中形。譚長説。
畢	箕屬，所以推棄之器也。官溥説。
㠯	賈侍中説：巳，意巳實也。象形。

（2）會意（揚釋艹踳疊拜，杜釋叕，王釋禿醫）

王	董仲舒曰：古之造文者三畫而連其中謂之王，王者天地人也而參通之者王也。
平	語平舒也，从亏从八。八，八分也。爰禮説。
典	莊都説：典，大册也。（誤作典从大从册）
匄	逯安説：亡人爲匄。
㪅	斷也，从斤斷艸。譚長説。
牖	譚長以爲甫上日也，非戶也，牖所以見日也。
帀	周也，从反之而帀也。周盛説。
盇	仁也，从皿，以食囚也。官溥説。
東	官溥説：从日在木中。
用	可施行也，从卜从中。衛宏説。
尟	是少也，尟俱存也，从是少。賈侍中説。
県	賈侍中説：此斷首到懸。

（3）形聲

| 鷫重文鷞 | 司馬相如説：从夋聲。（小徐作鷫从鳥肅聲） |
| 豫 | 賈侍中説：不害于物，从象予聲。 |

（4）省聲（杜釋耿）

| 黼 | 袞衣山龍華蟲粉米也。黼，畫粉也，從㡀粉省聲。（此據小徐本，大徐本無"粉米也""聲"字，集韻吻部引説文同大徐本） |
| 貞 | 一曰鼎省聲。京房所説。（溺下云"桑欽所説"，與此同例） |

（5）讀若（杜釋叕嫯）（附讀與某同）

屮	艸木初生也，象丨出形，有枝莖也，古文或以爲艸字，讀若 徹。尹肜説。【此條亦可入"象形"。】
赿	賈侍中説：讀若拾，又讀若郅。
礜	傅毅讀若慴。
辛	曰辛也，從干二。二，古文上字，讀若愆。張林説。
狛	甯嚴讀之若淺泊。
鉥	桑欽讀若鎌。
囧	賈侍中説：讀與明同。

（6）方言

| 娿 | 賈侍中説：楚人謂姊爲娿。 |

以上凡許氏全部采用通人説爲説解的，先舉其説，殿以通人之名；凡許氏自己有説解或兼采數説的，則先舉通人之名而後稱述其説。以上六事，許氏説解中用爲定例，其它説文説解定例或是許氏所創：（1）亦聲，（2）省形，（3）與某同意。

第四　異體

漢世每一種篇章，只用一種字體，或用篆書或用隸書或用艸書。漢簡中的倉頡與急就都是隸書。隋書經籍志的三倉，書斷説"皆用隸字寫之"。漢世艸書已行，字書當亦有用艸書的。秦世字書用篆書，史籀篇用大篆，所以説文引作籀文。漢世通行隸書，篇章自以隸書爲主。但古文學家的經籍有用古文寫的，如孔子壁中書；有用篆文寫的，如左傳襄公廿五年服虔注引"古文篆書一簡"。即就古文而説，亦有異體：説文解字叙曰"奇字即古文而異者"，鄭玄周禮外府注云"古字亦多或"。後漢古文學家衛宏作詔定古文尚書，將異體而同字者舉出，其書今亡，由唐玄應一切經音義和宋丁度集韻所引者録如下：

　　衛宏詔定古文官書寻得同體　　一切經音義卷一大方廣佛華嚴經第一卷，一切經音義卷六妙法蓮華經第一卷。

　　詔定古文官書枊桙二字同體　　一切經音義卷二大般涅槃經第十四卷，一切經音義卷二道行般若經第十卷。

　　詔定古文官書圕圖二字形同　　一切經音義卷八維摩詰所説經下卷，一切經音義卷二十五阿毗達磨順正理論第二十七卷。

　　昊古國名，衛宏説與杞同　　集韻上部六止部。

其中如得説文古文作寻，是寻得是古今字。漢書藝文志有古今字一卷，大約和衞書相仿。古今字今亡,魏張揖古今字詁(有玉函山房的輯本)也是以古文字與今字對照,許慎則擴充爲篆文、古文、籀文的對照,説文解字叙曰"今叙篆文,合以古籀"。魏正始中立三字石經,用古、篆、隸三體寫五經,當是受了説文的影響。【敦煌出土唐寫本老子亦用三體。】

從以上各條所述,可知説文解字的完成一半靠前人已經努力的成績,一半是許氏自己獨特的意見。許氏最大的貢獻,簡言之有二:一是視文字爲"經藝之本",使字書脱離篇章而獨立成學;二是用"字例之條"來統率全書,以六書條例分析字形字義字音,將中國文字理成一個完整的系統。顏氏家訓書證篇稱"其爲書隱括有條例,剖析窮根源"。它並且保存古文字的形體、古代的音讀和古代的訓詁,今日古文字學之所以可得而研究,古典籍之所以可得而了解,無不依靠説文這部書。

第三節　説文學與古文字學

説文之學,在後漢即已興起。"鄭玄注書,往往引其爲證"(顏氏家訓書證篇),如周禮考工記冶氏注引"許叔重説文解字云:鉽,鎩也"。儀禮既夕禮注引"許叔重説有輻曰輪,無輻曰輇"。應劭風俗通義、晉灼漢書注亦或稱引。漢魏之際有邯鄲淳,北史江式傳上古今文字表稱其"博開古藝,特善倉雅許氏字指,八體六書精究閑理"。吳則有嚴畯,吳志謂"嚴畯少耽學,善詩書三禮,又好説文"。

晉世有呂忱、江瓊,北史江式上古今文字表云:"晉世義陽王典祠令呂忱表上字林六卷,尋其況趣,附託許慎説文而按偶章句,隱別古籀奇惑之字,文得正隸,不差篆意也。"又曰:"臣六世祖瓊家世陳留,往晉之初與從父兄(魏書父兄下有應元)俱受學于衞覬,古篆之法,倉雅方言説文之誼,當時並收善譽。"又晉書衞恒傳四體書勢謂:"及許慎【慎下或有"撰"字】説文用篆書爲正,以爲體例,最可得而論也。"

隋書經籍志又有説文音隱四卷一切經音義引,無撰者姓名,次在字林演説文之間。南朝則有庾儼默、顧野王等。隋志云:"梁有演説文一卷,庾儼默注。"汗簡引二十五條,稱"庾儼演説文"或"庾儼字書"。南宋初李燾説文解字五音韻譜序曰:"陳左將軍顧野王更因説文造玉篇三十卷,梁大同末獻之。"今通行本是唐上元末處士孫強增字本,宋祥符六年陳彭年等重修。梁庾元威論書:"許慎穿鑿賈氏,乃奏説文;曹産開拓許侯,爰成字苑。説文則形聲具舉,字苑則品類周悉。"陳江總有借劉太常説文詩。

北朝則有江式、李鉉、趙文深、顔之推等。北史江式傳上古今文字表云："臣敢藉六世之資，奉遵祖考之訓，竊慕古人之軌，企踐儒門之轍，求撰集古來文字，以許氏説文爲主。"北史本傳稱："式書成，號曰古今文字，凡四十卷，大體依許氏説文爲主，上篆下隸。"北史儒林傳李鉉傳："遂覽説文倉雅，删正六藝經注中謬字，名曰字辯。"周書趙文深傳："太祖以隸書紕繆，命文深與黎季明、沈遐等依説文及字林刊定六體，成一萬餘言，行于世。"顔之推有論説文事，見家訓書證篇。又後魏酈道元穀水注："然許氏字説，專釋于篆而不本古文。"

唐時説文字林皆立于學。唐玄宗開元文字音義序："古文字惟説文字林最有品式，因備所遺缺，首定隸書，次存篆字。"唐世則有李陽冰、張參、唐玄度等。説文解字五音韻譜序曰："唐大曆間李陽冰獨以篆書得名，時稱中興，更刊定説文，仍祖叔重，然頗出私意，詆訶許氏，學者恨之。"徐鉉上説文表云："唐大曆中李陽冰篆跡殊絶，獨冠古今，自云斯翁之後直至小生，此言爲不安矣。于是刊定説文，修正筆法，學者師慕，篆籀中興。然頗排斥許氏，自爲臆説。"又徐鉉説文解字篆韻譜序云："往者李陽冰天縱其能，中興斯學，贊明許氏，煥焉英發。"五季後唐林罕作字原偏傍小説，其序曰："罕今所篆者則取李陽冰重定説文，所隸者則取開元文字。"李書亡佚，二徐書中（尤以小徐繫傳祛妄篇）存録若干條。與李同時的張參，亦于大曆中作五經文字三卷，一百六十部，三千二百三十五字。其序例曰：

> 説文體包古今，先得六書之要，有不備者求之字林，其或古體難明衆情驚懼者，則以石經之餘比例爲助，石經湮没所存者寡，通以經典及釋文相承隸省引而伸之，不敢專也。近代字樣，多依四聲，傳寫之後，偏傍漸失，今則采説文字林諸部以類相從，務于易了，不必舊次。自非經典文義之所在，雖切于時，略不集録，以明爲經不爲字也。

其後開成間唐玄度删補張書，作九經字樣一卷，七十六部，四百二十一字。張唐二書作時正李陽冰重定説文盛行于世，所以林罕字原偏傍小説序謂此二書"其字注解或云説文者即前來兩説文也"，所謂前來兩説文即序中所述許慎説文與李陽冰重定説文。

五代則有林罕、徐鍇等。後唐罕作字原偏傍小説三卷，"于偏傍五百四十一字各隨字訓釋"。南唐末徐鍇字楚金（九二〇一九七四）作説文繫傳，説文解字五音韻譜序謂："故鍇所著書四十篇，總名繫傳，蓋尊許氏若經也。"書分通釋三十篇(許書十五篇篇析爲二),引伸許説,間述己見;部叙二篇,擬易傳序卦,述説文五百四十部首相次之意;通論三篇,釋常見要字,推闡造字的本意;袪妄一篇,紏正李陽冰的謬説;類聚一篇,取説文字義相類者分群訓釋;錯綜一篇,擬繫辭;疑義一篇,述説文偏傍所有而諸部所闕者和説文字體與小篆小異者;系述一篇,是其自序。宋代説文學的復興,端賴此書。鉉稱其弟"楚金又集通釋四十篇,考先賢之微言,暢許氏之元旨,正陽冰之新義,析流俗之異端,文字之學,善矣盡矣"(説文解字篆韻譜序)。鍇又作説文解字篆韻譜,有鉉前後二序,據前序此書係"取叔重所記,以切韻次之⋯⋯五音凡五卷";據後序,"韻譜既成,廣求餘本,頗有刊正",則此書實徐鉉兄弟同編。李燾説文解字五音韻譜序、陳振孫直齋書録解題、馬端臨文獻通考經籍考均稱此書爲説文韻譜,後二書並通志記其書爲十卷。李燾稱:"今韻譜或刻諸學宮。"

　宋世復興説文學,則有徐鉉,鉉字鼎臣,宋太宗雍熙三年(九八六)承詔與句中正、葛湍、王惟恭等校定説文。鉉上表云:"今以集書正副本及群臣家藏者,俾加詳考。有許慎注義序例中所載而諸部不見者審知漏落,悉從補録。復有經典相承傳寫及時俗要用而説文不載者,承詔皆附益之,以廣篆籀之路,亦皆形聲相從,不違六書之義。其間説文具有正體而時俗譌變者則具于注中。其有義理乖舛違戾六書者並序列于後,俾夫學者無復致疑。⋯⋯又許慎説解詞簡義奧,不可周知,陽冰之後諸儒箋述,有可取者,亦從附益。猶有未盡,則臣等粗爲訓釋,以成一家之言。説文之時未有反切,後人附益,互有異同;孫愐唐韻行之已久,今並以孫愐音切爲定。"由此知校定説文的條例如下:

(1)根據集書正副本及其他私家藏本校定。

(2)有許慎注義序例中所載而不見諸部者補入各部之中,共補"詔""志"等十九字,附列表後。如説文叙引倉頡篇"幼子承詔"而正文無詔字,鉉爲補于言部"誥"字後。(段注又删除之。)

(3)有經典相承傳寫及時俗要用而説文不載者,補列爲"新附"四百字,如示部"文六十三,重十三",又有"文四,新附"。如玉部新附璩"見山海經",艸部新附苲"見史記",這是經典相承傳寫而説文不載者。又如張參五經文字序例:"考桃褕逍遥之類,説文漏略,今得之于字林。"是説文新附示部"桃""褕"辵部"逍""遥"都是采自字林,所謂時俗要用而説文不載者。凡此新附諸字"皆形聲相從,不違六書之義"。新附字幾乎全是形聲字。

(4) 有説文具正體而時俗譌變者則具于注中,如屮部每下:"臣鉉等曰:案左傳'原田每每',今別作'莓',非是。"

(5) 有俗書義理乖舛違戾六書者並序列于後,即鉉等上説文表後所附二十八字。

(6) 李陽冰以後諸儒箋述附益于注中,如元下引"徐鍇曰:元者善之長也,故从一",玉下引"陽冰曰:三畫正均如貫玉也"。而校者亦爲訓釋,如㻝下云:"臣鉉等曰:劦亦音麗,故以爲聲。"

(7) 音切以唐孫愐唐韻爲定。

徐鉉校定説文很受其弟徐鍇的影響,以下諸事可爲明證:

(1) 後漢書儒林傳謂許慎"又作説文解字十四篇",説文後叙亦曰"此十四篇",許沖上説文表和隋、唐書經籍志都作十五卷,則是并叙而言。李陽冰刊定説文,崇文書目作二十卷,林罕字原偏傍小説序:"至唐時將作少監李陽冰就許氏説文復加刊正展作三十卷,今之所行者是也。"是三十卷分法始于陽冰。説文繫傳卷第一標題下云:"臣鍇曰:部數字數皆仍舊題,今分兩卷。"是一篇析爲兩卷或沿用李書。【大小徐本契下引"易曰:後代聖人易之以書契",世作代,避唐諱,可知二徐所用是唐本。】大徐仍十五篇之名而每篇分上下,實與小徐分三十卷無異。崇文書目校定説文十五卷,文獻通考經籍考作"説文解字三十卷"。陳振孫直齋書錄解題曰:"凡十四篇,並序目一篇,各分上下卷。"

(2) 繫傳疑義篇錄二事:一、"劉志驊希崔免由"七字依説文偏傍知其脱漏,此例即大徐補加各部十九字所仿。一、"亥長康夤言羽彳肉"等八字説文字體與小篆小異者,此例即大徐上説文表後所附列"篆文筆跡相承小異"所仿。

(3) 繫傳于許慎説解之外更加箋述,大徐多采鍇説。

(4) 繫傳"一"字下云:"許慎時未有反切,故言讀若;此反切皆後人之所加,甚爲疏朴,又多脱誤,今皆新易之。"新易之者用朱翱反切。案敦煌石室所出寫本經典釋文引説文已有反切,知六朝以來已如此。一切經音義卷一大集日藏經第十卷云:"案説文等音皆作余瞻切。"大徐改用唐韻。

但二徐之間,亦頗有異同。如讀若和形聲二事小徐比大徐本多出數百事,其他字句相異者不少。二徐本並非和許慎説文完全相同,不過經過唐世許李二本説文混淆之後,刊除李氏希圖回復原來的説文而已。大徐本于雍熙三年奉詔雕板印行,因爲是官書,在宋世流行較廣。小徐本則不然,北宋時已殘缺。宋本卷末有北宋神宗熙寧二年(一〇六九)蘇頌題記云:"舊闕二十五三十共二卷,俟別求補寫。"故崇文書目作三十八卷。卷末又有南宋孝宗乾道九年(一一七三)尤袤題記云:"余暇日整比三館亂書,得徐鍇説文繫傳,愛其博洽有根據,而一半斷爛不可讀。"李燾説文解字五音韻譜序亦説:"余蒐訪歲久僅得其七八,闕卷誤字,無所是正(?),每用太息。"玉海亦説:"今亡第二十五卷。"【元初黄公紹作韻會,其館客熊忠約爲韻會舉要,二書所引小徐繫傳最爲近真。】

　　南宋李燾(一一一四——一一八三)又作説文解字五音韻譜,其書雖因徐鍇篆韻譜而編制略有不同。篆韻譜依切韻韻部分列説文各字,一部之中所收字次序無規律。李書雖也依集韻分部,但一部之中參照類篇偏旁以形相從,自序云:"因司馬光所上類篇,依五音先後,悉取説文次第安排。"又李書盡録許氏説解,勝于鍇書"止欲便于檢討,無恤其它,故聊存訓詁,以爲別識"(鉉前序)。此書南宋以後盛行于世,段玉裁汲古閣説文訂序曰:"自鉉書出而鍇書微,自李氏五音韻譜出而鉉書又微【我們可以加入:自陽冰書出而許氏説文微,自二徐説文出而陽冰説文微】,前明一代多有刊刻五音韻譜者而刊刻鉉書絶無。好古如顧亭林乃云:'説文原來次第不可見,今以四聲列者,徐鉉等所定也。'嘻,其亦異矣。"案李書于明代有萬曆陳大科刻大字本,明刻中字本,天啟世裕堂重刻本;而鉉本有明末毛晉毛扆父子重刻本。

　　以上所述是許慎以後以迄南宋説文學的持續,説文之學興于後漢,中興于宋,復興于清世乾嘉之後,中間經過不少起伏。在漢後唐前有許多資常用的字書,如通俗文、魏張揖埤倉雜字、晉李彤單行字字偶、葛洪要用字苑(均佚);而晉吕忱的字林(佚)、梁顧野王的玉篇(存)尤其補足許多日常用字而爲説文所不載者。唐世考試説文字林,可見字林的地位。六朝以後韻書盛行,説文的重要性因此減少,而韻書大有代替字書的趨勢。宋人復興説文,但爲了習俗檢查之便,仍然編爲韻譜,因此明代只有李燾的五音韻譜通行,二徐本竟至衰微。明世梅膺祚的字彙、張自烈的正字通,就是清代康熙字典的前身,它們以字書代替了韻書在文字上的重要性。字典不以韻目分部,保存若干偏旁爲部首,每部依筆劃爲序,在檢查上較勝于韻譜;字典包羅若干字書所有的字形字義,比限于説文一書自然更爲廣泛。由此可知説文問世後,在日常應用上往往不及常用字彙、韻書、字典三類書方便,因此顔之推在書證篇説看了説文後"從正則懼人不識,隨俗則意嫌其非"。漢以後有許多獨尊說文的以爲說文一點一劃都是正確的，書寫必取法于此。雖推崇說文至于極點，而說文在極盛之後仍不能免于沈寂，而其再興卻不得不受別種學問的影響。

說文的成立是經學發達的結果，宋、清二代的再興亦是受經學昌盛餘波所及。所以漢、宋、清三代的說文學，都可說是經學的附庸；而近代古文字學的發生則有其他的因素，並且自此離經學的蕃籬而成爲一種獨立的學問。

清代說文學發達至于極點，近人所編的說文解字詁林網羅古今治說文者無慮數百家，而清代成書之多超過前代。但是清代治說文的，不問他注意說文的哪一方面，他們研究的對象總不出說文範圍，很少用說文以外的古材料來比較來開拓研究的範圍。著名的四大家，如段玉裁的說文解字注，桂馥的說文解字義證，王筠的說文釋例，朱駿聲的說文通訓定聲，可說皆是許慎的忠臣。在當時已有少數的人利用金文來輔翼說文，如嚴可均作說文翼，吳大澂作說文古籀補。許瀚、王筠等人也間采金文和說文相較；而較早的莊述祖想超出說文的範圍，專用彝器文字來編造一個字形系統，作了說文古籀疏證。莊氏的企圖完全失敗，而吳氏較爲謹嚴，他雖未純粹離說文而獨立，而確乎爲古文字學立好一個根基。在他以前的段玉裁說"凡言古文者倉頡所作古文也"，而吳氏說文古籀補敘謂"許氏以壁中書爲古文，疑皆周末七國時所作"，他是從金文中看出來的。與其同時而稍晚有孫詒讓久治金文，而已及見甲骨文，他以爲許慎看不到最早的古文字，名原敘曰："今說文九千字則以秦篆爲正，其所錄古文蓋捃拾漆書經典以及鼎彝欵識爲之，籀文則出于史篇，要皆周以後文字也。"孫氏既及見商代甲骨文，所以又說："竊思以商周文字展轉變易之跡，上推書契之初軌"，"會最比屬，以尋古文大小篆沿革之大例。"所謂"展轉變易之跡"是文字的形體的不定，所謂"沿革之大例"是在變易的形體中發現規律的存在。這和許慎以靜止的六書爲"字例之條"自然是一大進步。他分析每一個字，由後代已知部分推認前代未知部分，每一個字在不同的時期有略爲相異的形體，譬如某字在商代作甲形，周代作乙形，秦代作丙形，漢代作丁形，將此甲乙丙丁四形系列起來就是某字"變易之跡"。但是孫氏究竟還是太受說文學的影響，有許多處不免拘泥。

清末到現在，才是古文字學真正成長的時期。古文字學所以成立在這時期，乃因爲清世說文學的研究已達到極成熟的地步，而同時豐富的古文字的材料也逐漸發現。在此必須一述古文字材料的出現與收集。

呂氏春秋節葬和安死兩篇述盜墓取寶的事，可知發掘古墓在戰國之世已經有了。漢世也有三數有銘的古器出現。史記封禪書記武帝時"（李）少君見上，上有故銅器,問少君,少君曰:此器齊桓公十年陳于柏寢。已而案其刻,果齊桓公器"。漢書郊祀志宣帝時得尸臣鼎于美陽,張敞能讀之。後漢書竇嬰傳和帝時得仲山甫鼎于匈奴。禮記祭統引孔悝鼎。説文叙説:"郡國亦往往于山川得鼎彝,其銘即前代之古文,皆自相似。"漢及其後,古器代有發現,大家視爲祥瑞,因而改元。南北朝後始有拓墨之法,魏正始三體石經唐開元時有拓本十三張。汗簡末附略叙曰:"臣按開元五年得三字春秋臣儀縫[句有脱誤]石經面題云臣鍾紹京[紹京下宜有進字]一十三紙,又有開元印,翰林院印。"又秦世石鼓亦于唐初發現,元和郡縣圖志卷二天興縣云:"石鼓文在縣南二十里許……貞觀中吏部侍郎蘇勖紀其事。"韋應物、韓愈都有石鼓歌。秦始皇刻石唐時亦有拓本,嶧山碑被焚后乃有棗木傳刻本,杜甫李潮八分小篆歌所謂"嶧山之碑野火焚,棗木傳刻肥失真"。宋時又有詛楚文的發現,廣川書跋云:"初得大沈湫文于邻,又得巫咸文于渭,最後得亞駝文于洛。"宋人開始爲古器物的收藏,而秦漢以來的碑碣占一大部分,所以這種學問相沿爲金石學。當初大家刻法帖,本供書法的摹效,所以秦漢以來的碑碣文字比難以認識的三代鐘鼎文字更切實有用。注重銅器的有呂大臨的考古圖,宋徽宗敕撰(王黼等編)博古圖,佚名的續考古圖,這一派雖也並録銘文但兼繪器物的圖象(所謂文縷),是古器物學的濫觴;又有王俅的嘯堂集古録、薛尚功的歷代鐘鼎彝器欸識法帖、王厚之復齋鐘鼎欸識,這一派只録銘文(所謂欸識),是古器銘學的濫觴。古器物銘文漸多,遂有輯字爲書者,最早是考古圖釋文(四庫全書署"宋呂大臨撰"),用韻編次。政和中王楚作鐘鼎篆韻二卷,今佚,薛書引作王楚集韻。宣和中杜從古作集篆古文韻海(見阮元四庫未收書提要)。南宋紹興時薛尚功作鐘鼎篆韻七卷單行本晁書有"廣"字,晁氏郡齋讀書志云:"元祐中呂大臨所載僅數百字,政和中王楚所傳亦不過數千字,今是書所録凡一萬一百二十有五。"今佚。宋史藝文志于書名上加"重廣"二字,文獻通考作鐘鼎篆韻。金時党懷英作鐘鼎集韻,元楊鈞據薛、党書作增廣鐘鼎篆韻(宛委別藏本,商務影印)。吾邱衍作續古集韻(陳宗彝抱獨廬禁書本)。明釋道泰作集鐘鼎古文韻選,朱時望作金石韻集(存)。清汪立名訂補朱書作鐘鼎字源,書刻于康熙五十五年。這些字書都是前後相襲,而薛氏篆韻本于他所作鐘鼎彝器欸識,故有萬餘字,最爲繁富;鐘鼎字源僅得五千四百餘字。

　　清乾隆時,内府藏器極富,高宗敕編西清古鑑等書,自此以後,私家收藏之風大盛,錢坫、阮元、劉喜海、曹載奎、吳榮光、吳式芬、吳雲、潘祖蔭、徐同柏、吳大澂、劉心源、丁麟年、朱善旂、陳介祺、盛昱、端方都各有收藏,並拓印出來。其中阮氏積古齋鐘鼎彝器欸識影響最大,因爲他自己是經學小學大家,所以經學小學家才注意到欵識的應用。當時攈古録對于史實的考證，吳大澂、孫詒讓對于文字的認識，陳介祺對于真偽的辨識，都是各具所長的。當時還有種種原因，促成此學的興起：（1）說文學的成就；（2）經學和史學的發達；（3）印刷術的進步；（4）其他古器物的發現。尤其是後者，使宋世所謂“金石學”因之變質。

　　道光初，四川發現封泥，同光間山東也有出土的，上面多是漢世的官名。同光間六國有銘的古陶器在山東的臨淄歷城一帶發現，河北的易州也有出土的。光緒二十五年商代的甲骨出土于安陽，對于文字學的貢獻尤爲重大。光緒二十六年新疆出土魏晉的木簡；三十二年又在敦煌發現漢代的木簡、紙帛，唐人手寫經卷和尚書切韻等。從此宋以來所謂“金石”，已不能包容，所以我們改稱爲古器物學。宋、元、明已有錢幣印璽的圖録，不大爲世人所注目，咸同以後對印璽的收藏也漸漸看重，而各種類型的貨幣的出土又富于前代。除此而外，銘文極長的銅器如盂鼎毛公層鼎也相繼出土。這些新出的古文字，不但增加文字學的材料，並且這些材料又是有時代可考的。這對于探尋文字源流，才有逐漸完成的可能。所以我們說，古器物學的發達促成古器銘學（即前人的欵識學），古器銘學的發達促成古文字學。所謂古文字學實在即是以古文字爲研究基礎的文字學。除了古文字，文字學便不健全。

第四節　文字學的材料、分期、方法和内容

　　由上所述，可知近代的文字學實際上就是古文字學。清季以來孫詒讓、羅振玉、王國維三氏對于此學的貢獻，只是努力解脱二千年來說文學的束縛，而爲古文字學首先作清除道路的工作。我們必須依附說文，必須根據說文，上以溯先秦的文字的源頭，下以辨識漢以後文字變易之跡，而不能認說文爲完全不錯。近代文字學與清代說文學的分別，至少後者以說文爲研究文字學唯一的材料，而視此材料大部分爲正確。說文在文字學材料中占最重要的位置，但其本身不能避免兩種缺憾：一、它所收集保存的材料很少史籀篇以前的商周文字，而六國時除了壁中古文外，缺少極多爲我們在陶器、貨幣、印璽、兵器上所見到的六國文字；二、它以歷來傳寫摹刻的書本方法保存下來，經過李陽冰有意的修改，二徐兄弟的校正，又經過寫者刻者無意的譌誤，它和許慎手訂本多少不同了。

　　今日研究文字學，主要的材料，大別爲二：一爲當時的材料，二爲傳寫的材料。譬如出土商代的甲骨文字，商周銅器文字，六國時陶器、兵器、貨幣、印璽文字，秦代的石刻文字，漢代的石刻木簡文字。這些器物上的文字皆當時人所寫

刻,我們根據它可研究彼時的文字,凡一切刻本、印本、鈔本都是傳寫的材料,它比原材料的作成時期晚。如説文作成于建光元年(一二一)以前,北齊顔之推時已有"今之説文皆許慎手跡乎"(書證篇)的疑問。我們今日所見到的最古本子是北宋所刻大徐本。又如陳陸德明的經典釋文,其中尚書一部分(堯典舜典)的隋代鈔本于清末在敦煌石室出現,取以校現在的釋文,至少有三分之一完全不同,這是經過北宋陳鄂等删除的結果。又如漢元帝時史游的急就章,有一個早期摹本叫"松江本",是明正統四年楊政刊石于松江的摹宋葉石林本,而宋葉氏所摹者是"相傳爲吳皇象書",此本和近年西域所出漢人寫在木觚上的急就章自有不同,而後者在時代上較優于松江本。傳寫本常發生校勘學與板本學的問題,如説文"攸""也"兩字下都引"秦刻石作某",有人據此以爲許慎曾參考應用秦刻石,有人以爲唐人所加,我們自然相信後説,並推測它是李陽冰的刊定説文所加注語,後人不辨,混入正文。倘若我們得有六朝傳寫本,便能毫無疑問的解答了。傳寫的材料雖有如此的缺點,然在研究文字學時,仍需大量的應用,幾乎一切書本都是我們的材料。但比較重要的,是歷代的字書、韻書、訓詁書。利用此材料時,須經過板本、校勘、輯佚的手續。利用當時的材料,須和考古學、古史學發生密切的關係。【文字考證與歷史。】

　　每一個字不能離"音""義"而獨立,研究文字學之不能離開"音"與"義"猶如車之不能無輪。研究文字學,是以字形爲其主要的對象,以"字音""字義""字法"爲其輔翼。一個有形的字必有音讀意義,而此音讀意義每受其所處的句位的影響,所以單個的字和綴合單個字的章句,其音讀意義便有差異,這是"文法學"所以要列入文字學次要對象的原因。但聲韻學、訓詁學與文法學自有其獨立的疆域,自成爲一種學問,其自成爲一學亦不能離研究字形的文字學而獨立,四者之間必須互助,俾能相成。必須分立,方能彰顯各學的任務。因爲此故,我們對于爾雅廣韻的看法自與但從事訓詁學、聲韻學者不同,而他們對于説文的看法也自與我們不同。雖然看法不同,但客觀的科學,一定可以得到殊途而同歸的一致。

　　中國文字自其發生一直到今日,在中國地域裏永被應用,從未間斷。應用的地域,只有越後越廣。在此廣大地域中,主要的文字,止此一種。文字學的對象,自然是自有文字以來直至今日這一整個期間的文字。此一長時期,在研究的方便上可以畫分爲古代與近代。古代是漢以前,近代是漢以後。近代文字以隸書爲基礎,雖然有不同書體的出現,而大體不變,所不同者不過是某一時期某一人書法的風格。小篆、隸書、草書都在秦世出現,而六國的文字至此統一爲一種官書,所以古代文字至此告終。文字學的主要任務,是研究文字的發生和演變,漢以後文字的演變比起漢以前可算微小,所以我們注重古代文字學。字書、韻書、訓詁書屬于秦代者爲數極少,漢以後才漸漸多起來,所以研究文字學主要的材料以漢以前的當時的材料(即古器物銘文)爲主。古器物銘文大半可以考出一個相對的年代,根據同一個字而見于不同年代的銘文,可以發現一個字的歷史,所以我們研究的方法之一是歷史的。對于字的認識,推求它古代的形式和它古今的變易,需要由已識的部分推認,偏旁的分析是必要的,所以研究方法之二是分析的。根據許多字的歷史,許多分析的結果,可以歸納爲若干較大的條例,所以研究方法之三是綜合的。分析的結果可以推已知及于未知,綜合出來的條例可以應用于新事,所以研究的方法之四是演繹的。這些方法都是所謂科學方法,重客觀,去私見。我們要文字學建立爲一種科學,必須嚴格遵守上述的方法。【研究文字古今之變,要注意古代;研究地方性的通俗性的文字,要注意近代。】

　　近代的文字學是一種新成立的學問,一切還待開拓發展;兹就個人所見到的,把文字學所應包涵的內容略述于下:

　　文字學一　　概論

　　概述文字的起源、結構與性質;字體的種類和變異的原因。説文解字和古器銘學的介紹。

　　文字學二　　古代文字學

　　是古器銘學的概論,时代包括商、周、六國、秦,材料包括甲骨、銅器、玉器、陶器、石器、印璽、貨幣、木簡等。叙述各器物發現的歷史、內容;着手研究的程序和準備;研究的方法;時代與地域的特徵;條例的尋求。

　　文字學三　　近代文字學

　　漢以後字體的變異,各時各地俗字的發生,碑刻文字,異族的漢字化,漢字改革。

　　文字學四　　專題研究

　　文字學史一　　概論

　　漢以來研究文字學的分期,各期文字學的發展,歷代各家對于文字學或與文字學有關係的學説。

　　文字學史二　　專書專家研究

　　是文字學史的分論。倉頡篇研究,説文研究,二徐研究,段玉裁研究。

古器銘學

是古文字學的分論。分爲甲骨刻辭研究、銅器銘文研究、陶器銘文研究、石器銘文研究等。或改用時代，分商文字研究、周文字研究、六國文字研究、秦文研究等。

第二章

第一節　文字的開始

中國文字從什麼時候開始，是一個很難解答的問題。向來的看法都因爲缺乏真實的證據，近乎推測。或因爲說文叙曰"黃帝之史倉頡""倉頡初作書"，就以爲黃帝時已有文字。或以爲宋以來箸録的銅器和貨幣銘文往往有所謂夏器的，就以爲夏代已有文字。或因爲在甘肅出土的陶器上有類似文字的畫圖，就以爲新石器時代已有文字。或因爲論語泰伯孔子道堯"焕乎其有文章"，就以爲堯時已有文字。到今日爲止，我們所能肯定的，是商代已經有文字了，因爲我們看到商代（紀元前一三〇〇─前一〇二七）的文字。商代以前可能有文字，但是文字起于商以前多少年，現在無法確定。將來憑藉考古學或許有解答的機會，就是發掘商以前古代遺址，就其可定時代的器物上發現文字。民國二十六年第一次編此講義，亦曾有一番推測，現在録于下方：

有人以爲"中國的象形文字至少已有一萬年以上的歷史"，但是仰韶、辛店時代（紀元前二六〇〇─前二三〇〇）的陶片上只有圖畫，没有"有意的文字"。所以至少没有發現四千五百年前的文字。盤庚遷殷大約在紀元前一三〇〇左右，安陽出土的甲骨文字是盤庚以後的商文字。所以大約在紀元前十三世紀前後，商人已應用文字。盤庚至商末，都于安陽，據竹書紀年說共長二百七十三年，現在的甲骨文字便屬于這一時期。早期甲骨文作象形的，晚期或變爲形聲，可以看出二百多年間文字的變易。甲骨文字很多象形文字似乎離開那從圖畫演化出來的原始文字還不遠。據甲骨刻辭上所見的商代的世系，湯至盤庚十世，普通二十五年一世，十世約二百五十年。則湯之入主中原當在紀元前一五五〇年。商族發源東北，湯以前沿渤海而至山東半島。今在山東城子崖發掘，得有類乎殷虚的甲骨，但有鑿灼而不刻字，似乎成湯以前住在東土的商民族尚未用文字。從此推斷，文字的興起或應用約在成湯時，即去今三千五百年至四千年之間。

以上的推斷不免有一種先入之見,即以甲骨文爲最早的文字,因此自然產生文字爲商人發明的結果。戰國之末三晉之人傳説倉頡造字(見荀子解蔽篇、韓非子五蠹篇、吕氏春秋君守篇)。倉頡和商契聲音相近,爾雅釋鳥和夏小正都説"倉庚商庚",鄭語有"商契能和合五教"的話,鄭語是戰國書。所以倉頡或許是商契的譌傳。戰國盛行創制之説,因此傅會契爲創造書契的人。我現在雖仍以爲倉頡可能是商契的譌傳,但文字是否爲商民族發明,則不能斷定。

每一個民族的文字,或爲自造的,或爲承襲别一民族的。前者如雲南摩些人的文字,後者如元朝之用漢字。中國歷史的通例,常是武力强盛的異族接受被征服民族的文字,而被征服民族的文化較征服民族高。因此周代商後當如孔子所説"周因于殷禮"(論語爲政)。但夏、商、周爲不同姓的民族,此三族可能各有一種文字,可能二族承襲其他一族的文字。周代的早期金文,其形式往往古于商代文字,其原因之一或許是商周同接受别一民族夏的文字,所以周族有早于商族晚期文字的古形。我從古地理研究,知道古太原在漢河東郡(今山西省南部黄河大轉彎的河以東河以北地帶,安邑爲中心),爲古代夏國都邑,周族的發祥地,湯所居的亳也在此。我們可以假設,湯征服了夏以後,接受夏的文字和文化。湯以前的先王先公從上甲起,都用天干爲名號,和夏世大康、中康、少康(康即庚,殷本紀庚丁,卜辭作康丁)、孔甲、履癸(以上見夏本紀)、胤甲(見竹書紀年)同。若如此説,那末成湯以前的商人不用文字,似乎可以解決山東半島商人遺址中卜骨不刻字的疑問了。孔子説:"殷因于夏禮。"(論語爲政)又説:"周監于二代,郁郁乎文哉。"(論語八佾)是孔子相信夏代文化之高,又相信三代相因襲的關係。若夏世已有文字,竹書紀年説夏世"有王與無王用歲四百七十一年",則文字之興或在紀元前二〇〇〇年,去今四千年。總之,紀元前一三〇〇前後已有文字,是可確定的。這種文字必已經過幾百年的演變,所以紀元前二〇〇〇至一三〇〇之間可以暫定爲文字的醖釀時期。

第二節　文字的起源

人類表示思想與情感可有許多方法,就是"姿態""聲音""符號""語言""文字"等。一個人對于某一事的贊同,至少有五種方法表示:點一下頭是姿態的表示,發出一聲"呃"是聲音的表示,説出一句"可以"是語言的表示,在紙上畫出一個正號"+"是符號的表示,寫出一個"可"字是文字的表示。感歎的"聲

音"是"語言"的雛形，"姿態"是肢體動作的"符號"；但是，感歎的"聲音"並不
能代表語言，符號也不能代表文字。上舉一例是簡單的諾否，若要表示一個複
雜的事情，如"我明天騎馬下鄉"，就非語言與文字不可。一個瘖人用單調的聲
音與姿態，不能演出複雜的事情，其故在此。動物與人類常用"聲音"與"姿態"
表意，野蠻的人類間用符號。常用的符號有兩種：一是刻契，在石骨竹木上刻
劃；一是結繩，在繩上作結。此種方法在中國用于文化較低的民族，如藏族苗
族、山西一部分販夫。文心雕龍書紀篇曰："契者結也，上古純質，結繩執契，今
羌胡徵數，負販記緡，其遺風歟？"圖書集成引朱子曰："結繩，今溪洞諸蠻猶有此
俗；又有刻板者，凡年月時以至人馬糧草之數皆刻板爲記，都不相亂。"嚴如煜苗疆
風俗考："苗民不知文字……性善記，懼有忘，則結于繩。"凡此二法都只是徵數，就
是一部分仍靠記憶，而將所刻的道數與結子，代表所欲記事物的數目。刻契與結
繩對無論何種事情只用"劃"與"結"代表，它與語言文字之表現個別的具體的複
雜的事物，是截然不同的。

　　易繫辭下曰："古者庖犧氏之王天下也，仰則觀象于天，俯則觀法于地，觀鳥
獸之文，與地之宜，近取諸身，遠取諸物，于是始作八卦。……上古結繩而治，後
世聖人易之以書契，百官以治，萬民以察，蓋取諸夬。"繫辭這一節本分爲兩段，
上一段述庖犧作八卦罔罟，神農作耒耒，黃帝、堯、舜作舟楫杵臼弧矢；下一段述
上古穴居後世聖人易之宮室，上古野葬後世聖人易之以棺槨，上古結繩後世聖
人易之以書契。據繫辭作者本意，八卦與書契本不相干，書契只是代結繩，與文
字也本不相干。許慎讀"書契"爲書，截取繫辭此節的首尾而合爲一段，又易"後
世聖人"爲"倉頡"，故説文解字叙云："古者庖犧氏之王天下也，仰則觀象于天，
俯則觀法于地，視鳥獸之文，與地之宜，近取諸身，遠取諸物，于是始作易八卦，
以垂憲象。及神農氏，結繩爲治而統其事，庶業其繁，飾僞萌生。黃帝之史倉
頡，見鳥獸蹏迒之跡，知分理之可相別異也，初造書契，百工以乂，万品以察，蓋
取諸夬。"自經許氏改編，而後有以下的意義：書契即文字。文字發展的次序，先
有庖犧氏的八卦，進而爲神農氏的結繩，更進而爲倉頡的書契；庖犧、神農、倉頡
是先後相次的聖人，八卦、結繩、書契是先後記載事物的工具。從結繩變爲書
契，是因爲"庶業其繁，飾僞萌生"，然則書契較複雜于結繩，八卦、結繩、書契三
事是由簡易而漸趨于繁複。

　　許慎所以改"上古結繩而治"爲"及神農氏結繩爲治而統其事"者，因爲莊
子胠篋篇（作于易傳後）曰："昔者容成氏、大庭氏、伯皇氏、中央氏、栗陸氏、驪畜
氏、軒轅氏、赫胥氏、尊盧氏、祝融氏、伏犧氏、神農氏，當是時也，民結繩而用

之。"許慎所以改"後世聖人易之以書契"爲"倉頡……初造書契"者,因爲有倉頡作書的傳説:吕氏春秋君守篇"倉頡作書",世本作篇"倉頡作書",韓非子五蠹篇"昔者倉頡之作書也",淮南子本經篇"昔者倉頡作書而天雨粟,鬼夜哭"。但"書"與"書契"是不能混同的,周禮書契有兩種意義:一爲券契符書,如小宰"聽取予以書契",宰夫"五曰府,掌官契以治藏",酒正"凡有秩酒者以書契授之",質人"掌稽市之書契"。二爲簿書的凡要,如司會"凡在書契版圖者之貳",大司馬"群吏選車徒讀書契"。鄭衆注小宰曰"書契,符書",鄭玄注質人曰"書契,取予市物之券也",是屬于前者;鄭玄注司會曰"書謂簿書,契其最凡也",又注大司馬曰"讀書契,以簿書校録軍實之凡要",是屬于後者。後者不論,所謂券契符書,其制度可得而考。

　　鄭玄注質人云:"書契,取予市物之券也。其券之象,書兩札,刻其側。"尚書序釋文:"書者文字,契者刻木而書其側。……鄭玄云:以書書木邊言其事,刻其木,謂之書契也。"尚書序正義:"鄭云書之于木,刻其側爲契,各持其一,後以相考合。"説文刀部:"券,契也,從刀夬聲,券別之書以刀判契其旁,故曰契券。"釋名釋書契:"契,刻也,刻識其數也。"由上所述,契是書所約之事于兩札,兩札文同,併兩札而刻其邊側,取者予者各持一札,以後合契時合其邊側所刻之齒以考驗真僞。【左傳襄公十年"使王叔氏與伯輿合要,王叔氏不能舉其契"。】因此契券有左右,曲禮"獻粟者執右券",老子"聖人執左契而不責於人";史記平原君傳"操右券以責";史記田敬仲完世家"公常執左券以責于秦韓"。史記馮驩傳"皆持取有錢之券合之",可知契券對合如符。以齒對合,故契有齒,管子輕重甲篇"子大夫有五穀菽粟者,勿敢左右,請以平賈取之,子與之定其券契之齒,釜鏂之數,不得爲侈弇矣"。列子説符篇徐鍇引韓子"宋人有游于道得人遺契者,歸而藏之,密數其齒,告鄰人曰:吾富可待矣",墨子公孟篇"是數人之齒而以爲富",易林大畜之未濟"符左契右,相與合齒",據此齒數與契券内容多少有關。近出土漢簡契券,札旁刻齒,與文獻所記符合。其制度今猶行于苗族。陸次雲峒谿纖志:"木契者,刻木爲符以志事也。苗人雖有文字,不能皆習,故每有事,刻木記之,以爲約信之驗。"諸巨鼎瑶獞傳:"刻木爲齒,與人交易,謂之打木格。"嚴如煜苗疆風俗考:"爲契卷,刻木爲信。"方亨咸苗俗紀聞:"俗無文契,凡稱貸交易,刻木爲信,未嘗有渝者。木即常木,或一刻,或數刻,以多寡遠近不同。分爲二,各執一,如約時合之若符節也。"

　　書契者書文字于木,而仍契齒于側,在未有文字以前契只是刻齒而已。契之刻齒,猶繩之結結,都是徵數。尚書序正義:"結繩當如鄭注云:爲約,事大大其繩,事小小其繩。”【鄭注(易繫辭正義引):“爲約,事大大其繩,事小小其繩。”】是結繩本是簡單的契約,故約字從糸。左傳哀十一“人尋約”、儀禮既夕禮“約綏約轡”注並云:“約,繩也。”國策秦策“彼若以齊約韓魏”“臣請爲王約從”、齊策“今君約天下之兵”、荀子非十二子“閉約而無解”注並云:“約,結也。”易繫辭“上古結繩而治,後世聖人易之以書契”,即以契券代結繩,所以文心雕龍書紀篇曰“上古鈍質,結繩執契”,亦以契爲契券。上古的契只刻齒而無字,安特生在甘肅朱家寨仰韶期遺址中所得的幾個刻齒骨,刻有不平行的相交綫,是一種很古的骨契。鄴中片羽二集卷下頁二十八有一對玉契,刻齒四道平行(原書編者名爲玉合符),是一種很古的玉契。

由上所述,結繩書契都是用很簡單的符號爲要約,與文字是無關涉的。許慎在大部曰:“契,大約也。从大从㓞(小徐作从大㓞聲)。易曰:後代聖人易之以書契。”契仍用其刻義。但説文叙既曰“倉頡……初造書契”,又曰“倉頡之初作書蓋依類象形”,可有二個解釋,一是書與書契不同,倉頡初造書契,後造象形的書;一是書契同于書。許慎“初造書契”“初作書”,似乎後説爲勝。

八卦與文字的不同,更是顯然。八卦用⚊與⚋代表兩種對立的符號,疊三爻而成卦,如☷爲坤卦,疊六爻而爲六十四卦,象世間萬物,如説卦曰:“坤爲地,爲母,爲布,爲釜,爲吝嗇,爲均,爲子母牛,爲大輿,爲文,爲衆,爲柄,其于地也爲黑。”坤卦代表十二件事物,與文字之表示個别的事物,完全不同。如此説來八卦、結繩、書契和文字本都無關。文字在發展中並没有經過八卦、結繩、書契一類的歷程。許慎在説文叙中一方面承認八卦、結繩、書契爲前後相承者,一方面又認爲最初的書契是“依類象形”。許氏曰“倉頡見鳥獸蹏迒之跡,知分理之可相别異也,初造書契”,又曰“倉頡之初作書,蓋依類象形,故謂之文”,又述書中的象形是“畫成其物,隨體詰詘”,則最初的文字是依類畫成的圖畫。

我們從文字發展的歷史,知道愈古的文字愈象形,愈近于圖畫,因此文字的前身是圖畫,是從圖畫蜕變出來的。此意古人早已見到,宋鄭樵六書證篇象形第一條曰:“書與畫同出,畫取形,書取象;畫取多,書取少。……書窮能變,故畫雖取多而得算常少,書雖取少而得算常多。六書也者,皆象形之變也。”清末孫詒讓名原象形文字第三曰:“蓋書契權輿本于圖象,其初制必如今所傳巴比倫、埃及古石刻文,畫成其物,全如作繢,此原始象形字也。其所奇詭,不便書寫,又不能斠若畫一,于是省易之,或改文就質,微具匡郭,或删繁成簡,㩼寫大意,或舉偏賅全,略規一體,此省變象形字也。(原注:亦有原始象形字簡而後增益之者,然不多見。)最後整齊之,以就篆引之體,而後文字之與繢畫其界乃截然別異。"二氏都説書畫同流,而不盡相同。

　　書與畫只是方法工具相近(也非完全一樣),它們的動機、作用與目的完全不同。一個古器物上畫了一匹馬,若是最初的目的只爲美觀,那末這只是一個馬的圖畫而非文字;若是畫者自己屬于"馬"族,因此在器上畫了自己的族名以爲識別,使別人看了知道此器的所有者是"馬"族的人,這個"馬"便是文字,因爲它具備文字的作用。因此,書與畫有以下的不同:

　　一、畫是畫者將目所見到的物體形象寫出來,其動機或純粹爲藝術的,其目的或是滿足自己的欣賞,或是與別人同賞。書是書者利用目所見到的物體形象爲工具,以記載某一時心中的思想或情感,其目的或爲他時備忘或爲他人辨識自己思想之用。

　　二、書者的目的只在達意,因此所用的"文字"是物體的"象形"而非物體的"圖象",其所象的只是物體大略的共相。如大部分的犬是細長身,尾向上卷,豕是肥短身,尾向下垂,所以甲骨文"犬"　　和"豕"　　分別便如此,使人見而識別。文字是物體的大略的共相,與圖畫之爲個別的具體不同。圖畫對于一犬一豕的畫法便各有不同。

　　三、文字爲某一民族表達思想情感的共同媒介,爲共同用以書寫與辨認的符號,所以結構要簡略、比較一致,每一個字自成一個單位。圖畫不受這些拘束。

　　四、文字必需與語言密切合作,文字的讀音要與語言一致,文法要和語法並行。圖畫與語言無關。【參英文本。最古之銘刻在器物一定的地位上。】

　　世界各民族的文字可以分爲兩大類,一大類是自然發展的,一大類是人力製造的。前一類又可分爲形符文字與音符文字兩種,這兩種的形符與音符都是從圖畫蜕變出來的。不過,音符文字的音符已經與象形毫無關係,它們只是幾十個代表聲音的符號而已。中國文字屬于形符,而一部分形符兼作音符用,不能算作純粹的形符文字。

第三節　　文名字與形音義

【此節與下節合併】

　　漢以前,"文字"的名稱經過三個時期。第一個時期稱文字爲"文"。左傳宣十二"夫文止戈爲武"、宣十五"故文反正爲乏"、昭元及晉語"於文皿蟲爲蠱"

杜韋注並云"文,字也";中庸"書同文"。第二個時期稱文字爲"名"。論語子路"必也正名乎"皇疏引鄭玄注"正名謂正書字也,古者曰名,今世曰字";儀禮聘禮"百名以上書于策"鄭玄注"名,書文也,今謂之字",釋文云"名謂文字也";周禮外史"掌達書名于四方"鄭注"古曰名,今曰字";又大行人"九歲屬瞽史諭書名"鄭注"書名,書之字也,古曰名";管子君臣篇"書同名"。第三個時期稱"文""名"爲"文字",始于秦始皇琅邪臺刻石"同書文字",一直沿用至今。

許慎説文叙對于"文""字"都加以定義,曰"依類象形故謂之文",是文是象形。又曰"其後形聲相益故謂之字,字者言孶乳而寖多也",是字爲複體。段玉裁周禮漢讀考序曰:"點畫謂之文,文滋謂之字,音讀謂之名。"我們以下"文""名""字"代表"象形""音讀""形聲相益"。

每一個文字皆具三個屬性,即"形""音""義"。語言與文字必須表達"意義",否則即失去所以爲語言與文字者。一個文字的"義"可由三種方法表出:一由形表出,二由音表出,三由形與音表出。因此可見"形""音""義"三者並非並立的,其關係如下:

$$
\begin{array}{c}
形 \searrow \\
\qquad 義 \\
音 \nearrow
\end{array}
$$

如此説,則文字的主要屬性是形與音,而義是此二者的共同屬性。如此則文字可以分爲三類,即完全表形的,完全表音的,一半表形一半表音的。

每一字的形音義在文字發展中不是固定的。"形"有形的變化,"音"有音的假借,"義"有義的引申。這些到下一章要詳細的討論。

第四節　文字的基本類型

上節説文字的義可由三種方法表出:一由形,一由音,一半由形半由音。第一種是象形字,第二種是聲假字(假借字或假音字),第三種是形聲字。我們觀察中國古文字的演變,知道最早的是象形字,其次借用象形字的音讀以爲別個事物的名,就是聲假字(換言之,以象形作爲音符),形聲字一部分與聲假字同時,一部分在聲假字以後。以上説"文"是象形,"名"是音讀,"字"是形聲相益,所以"象形字""聲假字""形聲字"可以用來代表"文""名""字"。這就是中國文字的三個基本型式。

簡單的説,文→名→字或象形字→聲假字→形聲字是文字發展的三個時期。分析起來，有如下表所示：

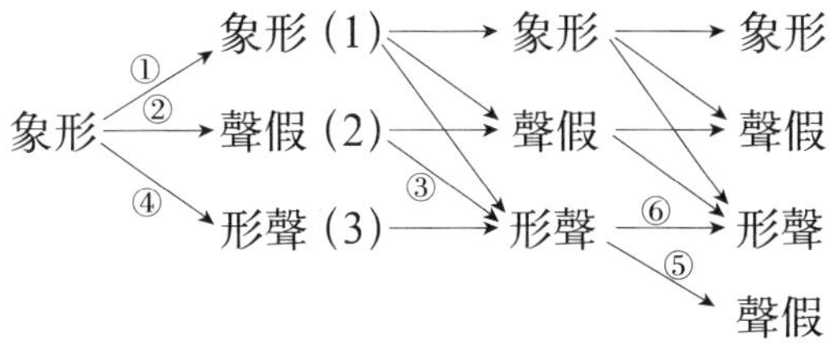

①是最早的象形字，一直當作象形字用下去，如“日”“月”之類。有些象形字的音讀借作别個事物的名稱，如甲骨文（今作其）本象箕形，後來借作“其他”的其，“其”字一直爲聲假，便是②。又如甲骨文羽字本象羽毛形，假作翌日的翌，後來加形符日而爲㗲（説文“昱，明日也”），便是③。有些象形字加音符而爲形聲字，如甲骨文的鳳字作“雚”，後來加凡的音符爲“鳯”，便是④。有些形聲字，又被借爲别個事物的名稱，如疇，説文作𤰝，從田𠃬聲，而𠃬象疇形，疇是形聲字，借爲“誰”，爾雅釋詁“疇，誰也”，便是⑤。⑥一直爲形聲字，如松。這也不過是簡單的分析，如象形字→形聲字是很複雜的，以後自要詳細的叙述。

文名字代表文字演進的三個階段，同時也是整個中國文字三個基本類型。這三個基本類型之所以不同，在每一類型的“形”“音”“義”間的關係不同。

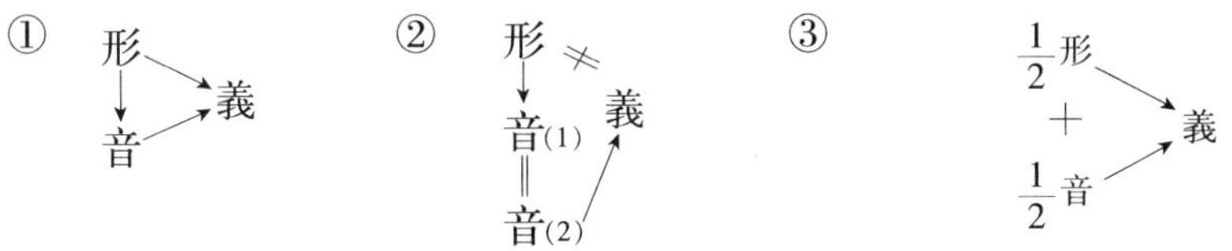

第①類型是象形字，如甲骨文的“虎”字象“虎”形，一看到此形即得虎之義，在語言中，人呼動物中的老虎爲 Xuo，一看到文字上的“虎”字當然也名之爲 Xuo，由此 Xuo 之聲即得虎之義。象形字的形與音是合一的。第②類型是聲假字，如甲骨文的“女”字象女子之形，在語言中呼作 ṋio，而語言中第二人稱爾汝的“汝”也呼作 ṋio，爾汝的汝無形可象，就借用女子的“女”，所以甲骨文金文爾汝都作“女”，爾汝的“汝”和“女”字的象形毫無關係，只因爲女字的音讀與第二人稱的音讀相同，就借用它（女字）作第二人稱的代名詞。所以，當女子的女用作男女的“女”時，它是第①類型；當“女”字借爲爾汝的“汝”，它是第②類型。因此，聲假字無論其來原是象形或形聲，既然假借了以後，就與原來的象形或形聲只有聲音上的關聯,沒有意義上的關聯。第③類型是形聲字,形聲字由形符與音符合組而成,形符表出大類的意義,音符表出小類的意義。如江字從水工聲,水是形符表示江是屬于水一類的,但天下水名極多,如江河濟淮等,工是音符表出江是水類中名叫"工"的一類。

一九四九年十月廿八日重訂。

①象形一直是象形——日,月,山,水

②象形變爲聲假——羽象翼形,假爲明日之翌

③聲假變爲形聲——羽變爲昍,葺遘,刟架

④形聲變爲聲假——水名之汝,假作爾汝

⑤形聲一直是形聲——霽,河

⑥聲假一直是聲假——其,我

⑦象形變爲形聲——飢,啓

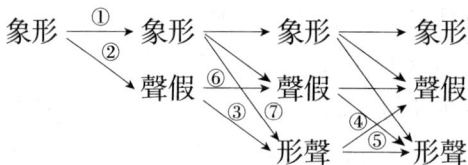

附録一：

説文五百四十部首統系

一丄三王士
示
玉珏
气
丨
屮艸蓐茻生
小
八
釆
牛半犛告
口凵吅哭品㗊舌干只古甘曰旨
止走辵癶步此正是出足疋
彳亍延行
齒
牙
冊龠
干
屵
丩句
十卅
辛言誩音
丵菐
𠬞𠬜共異舁
臼晨爨

革
鬲䰜
爪𠬪
𠃸鬥
又史聿書畫隶㼱
𠂇
支
臣
殳殺
几(殊)
寸
皮
攴教放
卜
用
爻㸚
目䀠䀠眉盾
自白鼻習
百
羽
隹奞萑瞿雔雥
𠁥首
羊羴苟
鳥

烏
𠦒 冓
幺 𢆶 玄
叀
予
歺 𣦼
冎 骨
肉 筋 有 多
刀 刃 㓞
丯 耒
角
竹 箕
丌
工 左 㠭 巫
乃
丂 可 兮 号
壴 喜 鼓
豆 豈 豊 豐 䖒
虍 虎 虤
皿 血
凵 去 缶
丶
丹 青
井
皀 食
鬯
亼 會 倉
入
矢 至
高 京
冂
亯 㫗
畗
亩 嗇
來 麥
夊 舛 䑞 桀 久 韋
木 林 巢 桼 𣐺 朿
東 束 㯻
才
叒
之
帀
𣎵(孛)
乇
𠂹 𠌶 華
𥝌 稽
囗
貝
邑 𨛜
日 旦 晶
㫃 倝
月 明 夕
囧
毌
马
𠧪
齊
片
鼎 員
录
禾 秝 黍 香
米 毇
臼
凶

木（沛）林 麻

未

而 耑

韭

瓜 瓠

宀 宮 呂

呂

穴

疒

冖 冥

冃 冄

网

网

襾

巾 市 帛

白

㡀 黹

人 匕 匕 从 比 北 丞 壬 重 臥 儿 兄 克
　先 皃 兆 先 禿

丘

身 㐆

衣 裘

老

毛 毳

尸 尺 尾 履

舟

方

見 覞

欠 歜 次 旡（反欠）

百 頁 面 首 𦣻

丏

彡 須 彣

文

長 髟

司 后

卩 厄 印 色 卯 辟 危

勹 包

鬼 甶 厹

厶

山 屾

厂 广 丸

石

勿

冄

豕 豚

希 彑

豸

㕚

易

象

馬

廌

鹿 麤

怠

兔

萈

犬 狀

鼠

能 熊

火 炎 黑 焱 炙

囱

大 亦 赤 矢 夭 交 尣 允 奢 夰 夫 立 竝
壺 壹

羍

夲				
凶	思			
心	惢			
く	巛	川		
水	沝	瀕		
泉	蟲			
永	辰			
谷				
仌				
雨	雲			
魚	鱻			
燕				
龍				
飛				
非				
飞				
乙	西			
不				
鹵	鹽			
戶	門			
耳				
臣				
手				
筆				
女	母			
民				
丿	厂	乀	亅	
氏	氐			
戈	戊	我		
琴				
乚	厶			
匸				

匚	曲			
甾				
瓦				
弓	弜	弦		
糸	系	素	絲	率
虫	蚰	蟲	它	風
龜	黽			
卵				
二				
土	垚	堇	里	
田	畕	男		
黃				
力	劦			
金				
开				
勹				
几	且			
斤				
斗				
矛				
車				
自	阜	辥		
厽				
四				
宁				
叕				
亞				
五				
六				
七				
九				

内 嘼 甲 乙 丙 丁 戊 己 巴 庚 辛 辡 壬 癸

子 了 孨 去 丑 寅 卯 辰 巳 午 未 申 酉 戌 亥

附録二：

憶　夢　家

趙　蘿　蕤

　　夢家生於 1911 年，原籍浙江上虞。他的父親陳金鏞老先生曾任上海廣學會編輯，是一位非常忠厚純樸的長者。夢家有八個姊妹，兩個哥哥，兩個弟弟，都是一母所生。在南京工作的三姊郁磐把他扶養成人。她當了四五十年的中學教師，前年去世。她還扶養了夢家以下的兩個弟弟，一個妹妹。

　　夢家在中央大學學的是法律，最後得了一張律師執照。但是他沒有當過一天律師而是從十六歲便開始寫詩，1931 年 1 月便出版了他的第一册詩夢家詩集，並立即出了名。那時他還不到二十歲。同年 9 月又出版了他編集的新月詩選，1933 年 4 月再版。這個詩選裏面有編者長達三十頁的序言（每頁約二百字）。他用還是相當稚嫩而近乎華麗的辭藻闡述了新月派有關詩歌的觀點。這部不到三百頁的集子選載了十八位詩人的作品，幾乎沒有例外都是篇幅不多的描寫愛情和景物的抒情詩，内容、風格都表現了極大程度的一致，説明新月派詩歌確有它的特點。編者在序言中説：“我們在相似或相近的氣息之下，稟着同樣以嚴正態度認真寫詩的精神（並且只爲着詩才寫詩）……”又説：“我們歡喜‘醇正’與‘純粹’。我們愛無瑕疵的白玉，和不斷鍛煉的純鋼。”説明了内容與技巧兩個方面的意圖①。新月派是一個五四運動後發展起來的右翼文學流派，擁有胡適、梁實秋這樣的人物。三十年代後期這個流派就一蹶不振了。夢家是新月詩人中的一名健將和代表人物，他的代表作是一些類似新月詩選内容的抒情詩，如一朵野花、給薇（又名小詩）、雁子、潘彼得的夢、鷄鳴寺的野路、太平門外、過當塗河等。在技巧和格律方面，夢家也多所推敲，有所創造。他師事徐志摩

---

①　後來的詩作還有陳夢家作詩在前綫（1932 年 7 月，後來收入鐵馬集；他曾於 1932 年初和幾個同學參加十九路軍兩個月）、鐵馬集（1934 年 1 月）和夢家存詩（1936 年 3 月）。

和聞一多兩位先生，但他没有徐志摩那樣精深的西方文學造詣，也決没有聞先生對祖國、對人民的强烈政治責任感。

作爲詩人，夢家的創作生涯前後只七八年。1932 年他在青島熟識了聞一多先生，同年底他到北平，由於燕京大學宗教學院教授劉廷芳的介紹，在該院當了短時期的學生，並於次年早春去塞外小游。他也曾短期在蕪湖中學任國文教師。1934—1936 年，他在燕京大學攻讀古文字學。從此以後他幾乎把他的全部精力都傾注於古史與古文字的研究。僅僅 1936 年一年（他大半時間還是學生的時候），就在燕京學報、禹貢、考古等雜誌發表了長短不一的七篇文章，開始了他的學者的生活。

夢家在燕京大學作了兩年研究生後便留在學校當助教。1937 年盧溝橋事變後，他離開了北平。由於聞一多先生的推薦，他到清華大學當了國文教員（那時清華已在長沙，是臨時大學的一部分）。1938 年春臨時大學遷到昆明，成爲西南聯合大學。從 1938 年春到 1944 年秋，他除教書外，仍孜孜不倦地致力於古史和古文字的研究，寫了許多文章和小册子，如老子分釋和西周年代考。

1944 年秋，在國内階級鬥争十分尖鋭，民主運動在昆明等地蓬勃興起的時候，他由美國哈佛大學教授費正清和清華大學哲學系教授金岳霖介紹，到美國芝加哥大學教授古文字學。選讀他這門課的美國學生寥寥無幾，只四五人，但正像他初到紐約答一家小報的記者問時説的，他到美國來主要是要編一部全美所藏中國銅器圖録。在美國三年中，他就是爲了這個目標而努力奮鬥。

他在芝大教授古文字學的合同只一年。雖然後來他和這個大學已没有工作上的關係，但是他的活動基地仍在該校的東方學院。從第二年開始他遍訪美國藏有青銅器的人家、博物館、古董商，然後回到芝加哥大學的辦公室整理所收集到的資料，打出清樣。就是這樣，周而復始：訪問、整理、再訪問、再整理。凡是他可以往訪的藏家，他必定敲門而入，把藏器一一仔細看過，没有照相的照相，有現成照片的記下儘可能詳盡的資料。不能往訪的，路途遥遠的，或只藏一器的，他寫信函索，務必得到他需要的一切：比如演海狼（杰克·倫敦小説改編）的著名電影演員愛德華·G. 羅賓遜藏有一器，他遠在洛杉磯，於是就給他去一封信。多數私人收藏家都是富貴之家。否則，誰買得起一件、兩件，乃至數件精美絶倫、價值昂貴的中國青銅器呢？流散在美國各地的祖國瓌寶又何止成百成千成萬？夢家是無所顧忌的，只要是有器之家，他是必然要叩門的。他訪問了紐約赫赫有名的M 夫人，因經營地産而成富豪的O. K. 夫人，華盛頓郵報的老闆某某夫人，等等。他當然也造訪了紐約的所有擁有銅器或銅器資料的古董商如盧芹齋和其他國籍不同的古董商人,也訪問了美國各地藏有銅器的博物館①。只要有可能,他就要把每一件銅器拿在手裏細細觀察,記下必要的資料。逗留在博物館的時候,他也順便收集各館的印有中國文物或其他藏品的圖册。他和所有藏家、古董商、博物館幾乎都有通信關係,並留有信件的存底。所有這些資料現在都保存在科學院考古研究所。在美國期間他也曾去加拿大看了多倫多博物館的藏器。據我所知,他勝利地完成了他盡全力想要完成的工作,只有一個例外。這一次夢家與之打交道的是一個特別狡猾的紐約姦商B某。他是一個聲名狼藉、曾到中國和俄國的姦商,尤其和北平琉璃廠姦商岳某,狼狽爲姦,盜買過不少珍貴文物。夢家曾多次找他,希望得到一份由他經手的銅器圖錄。某天深夜將到第二天凌晨的時刻,他微笑着抱着一部圖錄回到旅館。不幸的是第二天B某使出了各種招數又把圖錄索討了回去。這是一部兩册帶套的綫裝圖錄。他遇到了一次重大的失敗。

1947 年夏,夢家遊歷了英、法、丹麥、荷蘭、瑞典等國,目的只是一個:收集中國青銅器的資料。他爲此出入貴族之家,走遍藏有銅器的博物館,在漢學家高本漢的陪同下見到了酷好中國文物的瑞典國王。在這次遊歷之後他又回到了芝加哥。該是整理行裝回到清華的時候了。他已基本完成了他到美國去的任務。知道他的一些美國人對他的工作表示贊賞。羅氏基金的某負責人告訴他應該永久住在美國,並要給他找一個固定的工作。但是他毫不遲疑地表示一定要如他所計劃的那樣回到祖國,回到清華大學。他的行期已經緊迫了。這是1947 年初秋的事。在美國的三年中,除上述的編寫龐大的流美銅器圖錄外,還用英文撰寫並發表了一些文章:中國銅器的藝術風格、周代的偉大、商代文化、一件可以確定年代的早周銅器、康侯簋,等等。1946 年他和芝加哥藝術館的凱萊合編了白金漢所藏中國銅器圖錄。

回到清華的第一年他爲學校購買了許多祖國文物,並成立了"文物陳列室"。

在解放戰爭即將獲得決定性勝利的時刻,夢家的立場是不够明朗的,至少極端缺乏成熟的政治識見。但是在清華大學解放的前夕,他曾經勸告那些即將乘蔣幫派來的飛機出走的朋友不要離開北平,他懷着十分忻喜的心情迎接清華、燕京的解放,並在解放軍正式入城的前夕就和朋友們騎車進了城。

1952 年院系調整,他轉到科學院考古所工作。1956 年他用殷虛卜辭綜述

---

① 有些古董商和博物館中國文物部分的負責人都曾親自到我國來盜買我國的許多珍貴文物。

的稿費在錢糧衚衕買了一所房子。從此他一個人佔有了一間很大的寢室兼書房,在裏面擺下了兩張畫桌。這一大一小兩畫桌拼在一起成了他的書桌,上面堆滿了各種需要不時翻閱的圖籍、稿本、文具和一盞檯燈。夢家勤奮治學有着很好的物質條件。他身體好,不知疲倦,每天能工作差不多十小時到十二小時。他肩上曾長過一個脂肪瘤,有幾個拔掉了齲齒留下的空隙沒有填補上。但是他終於把瘤子割除了,牙也修配好。在這兩件事辦完後,我笑對他說:"現在你是個完人了。"

夢家喜歡朋友,對朋友從不苛求。他愛戴老人,如徐森玉、容庚、于思泊、商承祚諸先生;也親近青年,對他們無所不談。他有許多朋友,很喜歡常常去看望他們,海闊天空地暢談一切。他喜歡遊山玩水,但這樣的閒暇和機會不多。他在家裏雖因忙於工作,沒有什麼體力勞動,但需要勞動的時候,他不怕髒、不怕累,而且興高采烈。他不大喜歡活動量較小的、單獨的休息方法:不喜歡種花,不喜歡照相(他有一個可以拍攝文物和書籍的照相機),不喜歡聽音樂,但是他喜歡看戲(各種形式的),喜歡寫這方面的評論文章和泛論文藝的小文,如發表在人民日報副刊的論閒空、論人情等。據說這些文章很受讀者歡迎。不過他新詩作得很少。他寫過甘地一詩,寫過幾首詠景物的小詩,曾在詩刊上發表。他喜歡和郭小川、艾青等同志交朋友。

他還有一個癖好,那就是用幾乎他的全部收入購買明代傢具。這些傢具已如他所願全部歸了國家。

他的興趣很廣,但是他的主攻方向仍毫無疑問是古史、古文字和古籍的研究。1964 年,家裏有了電視機。他幾乎天天晚上看電視。看到晚上九點半、十點、十點半,我睡覺去了,他才開始工作。有時醒過來,午夜已過,還能從門縫裏看到一條蛋黃色的燈光,還能聽到滴答——滴答——他擱筆的聲音。不知什麼時候房間才完全黑了。但是他還是每天早起按時上班,傍晚按時下班。他在所裏、家裏各有一套比較完備的常用書,在兩處都能有效地工作。在三十年的時間裏,他在佔有詳盡的資料下,寫了許多文章,著了許多書,編了各種圖錄,還留下了未完成、未發表的大約二百萬字的遺稿和未整理完畢的其他資料。

1966 年 9 月初夢家受了林彪、"四人幫"反革命修正主義路綫的殘酷迫害,與世長辭了,終年五十五歲。感謝華主席爲首的黨中央一舉粉碎了"四人幫",在逝世後十二年的今天夢家得到了平反昭雪。考古所於 1978 年 12 月 28 日上午爲他開了追悼會。夏鼐所長在悼詞中充分肯定了夢家在治學方面作出的成績,並認爲他熱愛祖國,熱愛毛主席,願爲社會主義事業積極貢獻自己的力量。

在他生前，尹達和夏鼐兩位同志一直關心、支持他的工作。對此，夢家的親屬感到莫大的寬慰。深可愫惜的是他死得太早。在過去的十二年以及今後的歲月中他還可能寫出許多著作，爲他所熱愛的祖國的現代化增加一些磚瓦。但是他没有能這樣作。現在考古所的同志們常常想念他，並爲了整理他的遺稿作了不少工作，他的部分遺著不久就可出版。夢家該可以瞑目了吧。

　　以上叙述絕大部分憑記憶。如有錯誤，希望夢家的朋友，特別是考古所和清華大學的同志們指正。

（新文學史料 1979 年第 3 期）

附録三:

懷念陳夢家先生

周永珍

　　陳夢家先生是我國著名的古文字學家、考古學家。生於 1911 年,原籍浙江上虞。

　　先生十六歲時開始寫詩,二十歲便已是一位有名的新月派詩人。在 1936 年以前他先後出版了夢家詩集、鐵馬集、夢家存詩等專集,還編了一册新月詩選。

　　先生先在中央大學學法律,1932 年到北平燕京大學,就讀於宗教學院。1934—1936 年在燕京大學攻讀古文字學。此後,他傾全副精力於古文字學及古史學的研究。僅 1936 年便寫有古文字中的商周祭祀、商代的神話與巫術、令彝新釋等七篇文章,發表在燕京學報、禹貢、考古社刊上。

　　1937 年盧溝橋事變,先生離開北平,由聞一多先生推薦,到長沙清華大學教授國文。1938 年春到 1944 年夏在昆明西南聯大任教,講授古文字學、尚書通論等課程。授課之餘,仍進行古文字學、年代學及古史的研究,寫有高禖郊社祖廟通考、商代地理小記、五行之起源、商王名號考、射與郊、古文尚書作者考、汲冢竹書考、王若曰考等,發表在燕京學報、清華學報、圖書季刊和說文月刊上。此外還出版了老子分釋、西周年代考、海外中國銅器圖録等專著。

　　1944 年由美國哈佛大學費正清教授和清華大學金岳霖教授介紹,到美國芝加哥大學講授中國古文字學。但先生去美的主要目的是要收集編寫一部流散於美國的中國銅器圖録,也就是後來出版的美帝國主義劫掠的我國殷周銅器集録。爲了能够得到每一件銅器資料,他遍訪了美國藏有銅器的人家、博物館,乃至古董商肆。他以極大的愛國熱情與驚人的治學毅力,艱辛備嘗,爲祖國贏得了一大批可貴的資料。

　　1947 年夏,先生遊歷了英、法、瑞典、丹麥、荷蘭等國,致力於收集流散於歐洲的我國銅器資料。同年秋回到了芝加哥,完成了他去歐美的任務。這時有人勸他留住美國，但他毅然起程，於 1947 年秋回到了祖國，回到了他多年工作過的清華大學。他在美國三年，除編寫龐大的流美銅器圖錄以外，還用英文發表了中國青銅器的式樣、周代的偉大、商代文化、一件可以確定年代的早期銅器、康侯簋等論文。1946 年他還和芝加哥藝術博物館的凱萊合編了白金漢所藏中國銅器圖錄。

　　全國解放後，先生於 1952 年轉到科學院考古研究所工作，任考古研究所研究員、考古所學術委員會委員、考古學報編委和考古通訊副主編，並主持考古書刊的編輯出版。此一時期，他在甲骨、金文、年代學及其它方面的研究，也進入了一個系統整理、綜合研究的新階段。在甲骨學方面，他寫了甲骨斷代學四篇，以後又編著了殷虛卜辭綜述；銅器研究方面，有殷代銅器、西周銅器斷代六篇、壽縣蔡侯墓銅器、宜侯矢簋和它的意義，以後，又編纂出版了美帝國主義劫掠的我國殷周銅器集錄；關於年代學的，則有商殷與夏周的年代問題、六國紀年。其它尚有尚書通論、武威漢簡等專著。六十年代以後始治漢簡。武威漢簡是先生1960—1962 年，對甘肅武威磨咀子出土的竹木儀禮簡、日忌、雜占簡和王杖十簡的整理與研究。相繼又對居延、敦煌和酒泉的漢簡進行了大量的研究和考訂，寫有十四篇論文，五篇已經發表。在此同時，除治簡冊還旁及我國歷代度量衡制度的研究。東周盟誓與出土載書載考古 1966 年第 5 期，是先生生前發表的最後一篇文章。

　　陳先生從三十年代後期開始研究金文、甲骨，三十年來，繼承王國維、郭沫若先生，在總結前人研究成果的基礎上，對殷虛的甲骨、西周銅器銘刻進行系統的綜合研究，使金文、甲骨之學進入了一個新的、更高的階段。先生在這方面作出了重要的貢獻，而殷虛卜辭綜述、西周銅器斷代則是他在這方面的兩部代表作。殷虛卜辭綜述全書二十章，包括文字、斷代、年代、曆法天象、方國地理、政治區域、先公舊臣、先王先妣、廟號、百官、農業等，分別就甲骨刻辭中的各種內容，以及前人、近人的成說加以綜述，提出了許多有學術價值的重要論點。西周銅器斷代共發表了六篇，分別討論了從武王時期到懿、孝時期的銅器，凡九十八器，其中頗多創見。陳先生整理西周銅器，首先確定分期和不同時期的標準器，輯錄出土地點及組合關係，尤爲重視科學發掘所得的成組銅器群。他根據銘文器形和花紋幾方面的關係，以及銘文中同人、同族、同地和同事等各類內部聯繫，把若干獨立的銅器聯繫起來，使分散的銘文得以在內容上互相補充，前後串連，從而使金文材料，成爲史料。遺憾的是西周中期以後部分沒能繼續發表，許多國內外研究西周銅器的學者，對此深表惋惜。幸而先生還留下一部分遺稿，將由考古研究所整理付印。這對於關心這部著作的每一個人來説,都將是一種慰藉。總之,當今有志於斯學者,無不以先生這兩部書爲主要讀物;治斯學者,總要提到陳先生的考證;研究古代史的,也常常引述陳先生的著作。

先生對於形態學也有精到的研究,他編纂的美帝國主義劫掠的我國殷周銅器集録一書,按器分類,以期表現各種器形的變化和發展。尤其是做到不同類器在形制、花紋、銘文上的相互聯繫,這也是先生在器物分類學上的一大貢獻。早在四十年代編著海外中國銅器圖録第一集時,收在卷首的中國銅器概述一文,就很重視器物分類的改進。這些也是資料整理與研究結合得比較好的撰著,可以做爲範例。

先生在 1956 年回顧他的治學道路時,曾説:"我於二十五年前因研究古代的宗教、神話、禮俗而治古文字學,由於古文字學的研究而轉入古史的研究。"又説:"除了方法是最主要的以外,工具和資料是研究古史的首要條件。在工具方面,没有小學的訓練就無法讀通古書,無法利用古器物上的銘文;没有版本學和古器物學的知識就無從斷定我們所采用的書本和器物的年代;没有年代學、曆法和古地理作骨架,史實將無從附麗。"先生的這些精闢論述,既是他長期從事研究工作的總結,也爲我們指出了治學的途徑。

陳先生在治學中,非常注意充分地佔有材料,務必使自己的立論建立在材料翔實的基礎上。而對於材料,確定年代則是首要的。先生在殷虛卜辭綜述前言中説:"作者在一九三二年起從事甲骨研究之時,曾經片面的注重於文字的分析與尋求卜辭中的禮俗。後來因爲作完了銅器斷代的工作,才覺得應從斷代着手、全面的研究卜辭,遂於 1949 年起寫了甲骨斷代學四篇。"陳先生這種從考古學着眼,以斷代爲綱,進行全面研究的方法,也貫串在他對漢簡研究的工作中。爲了研究古史,還曾專門致力於年代學的研究,從夏商的積年、西周年代考,一直到六國紀年表,爲研究古代史建立了一個完整的年代標尺。

先生文思敏捷,學識廣博。然而更加難能可貴的是他幾十年如一日,孜孜不倦地勤奮工作和寫作。他白天上班,天天還工作到深夜。他的著述除上面説到的以外,還有許多未及發表或未竟之作。美帝國主義劫掠的我國殷周銅器集録是他計劃完成的中國銅器綜述五集中的一集,已基本完成的尚有流散北歐及加拿大的兩集,其餘流散英、法兩國的未來得及整理。除去西周銅器斷代以外,他還準備撰寫東周銅器斷代,並且材料業已收集。漢簡綴述中未發表部分約二十五萬字,由考古研究所整理,現已問世。其它還有我國度量衡的研究、戰國帛書考、戰國貨幣總述、漢代銅器與工官、考古圖跋,等等,或已完成,或待完成。

遺稿將由考古研究所陸續整理出版。陳先生關於漢簡的研究，如武威漢簡、漢簡綴述等著作，是他六十年代僅僅用了兩三年時間寫成的，可見他用力之勤。1957 年陳先生被錯劃成右派，但政治上的打擊並未使他治學的毅力銳減。就在那批判他最嚴峻的時刻，他用了十天時間，將故宮的九百張銅器拓片與三代的著錄一一核對。此事是我們在他逝世後見到他的工作日記及核驗拓片的詳細記錄時才知道的。翻檢遺篇回想起先生曾說，進行東周銅器斷代須和陶器材料相配合，到那時需要一些同志的幫助；老年時再進行中國版畫的研究，年歲大了，做些有興趣的工作。後來見到先生的藏書中，確有一些精美的宋代以來的繡像、插圖本小說、書刊及版畫。手澤猶存，人已化去。

　　陳先生對於年長的學者，如徐森玉、楊樹達、王獻唐、于省吾等老先生，都極爲尊敬。對於青年學生也很關心愛護，無論新老學生，或是登門求教者，都給予熱情的幫助和鼓勵。先生沒有門戶之見，獎掖不拘一格。對青年學生不單指導文章寫作，並從字體書寫、句讀標點，到目錄、版本、金、甲、古史之學，都一一加以指點，因人施教，不棄頑劣。先生興趣廣泛，喜歡聊天，終日埋頭工作，偶作休憩與同志們海闊天空，談笑風生。因他曾是詩人，雖寫文字、古史等考證文章，也文筆清新，簡括練達。

　　陳夢家先生因受林彪、"四人幫"迫害，於 1966 年 9 月含冤逝世，終年五十五歲。不然以先生旺熾之生命，五十多歲之盛年，著述方殷，定會有更多的著作。我們爲祖國失去一位不可多得的考古學家而惋惜，也爲我輩失去良師而悲痛！

　　陳先生和我們永別已經十五年了，我們常常想念他，特別是最近幾年大批古文字新資料不斷出土的時候，我們更加懷念先生。先生以畢生的精力獻給了祖國的考古事業，並且作出了大的貢獻，因此受到人們的緬懷。先生地下有知，也可含笑自慰了。

（考古 1981 年第 2 期）